कबीर संजय

कबीर संजय का जन्म 10 जुलाई, 1977 को इलाहाबाद, उत्तर प्रदेश में हुआ। उन्होंने इलाहाबाद विश्वविद्यालय से स्नातक किया। साहित्य के अलावा सामाजिक-राजनीतिक गतिविधियों में भी शामिल रहे। पर्यावरण और वन्यजीवन से जुड़े सवाल भी उनकी रचनात्मकता के केन्द्र में हैं।

उनकी प्रकाशित कृतियाँ हैं—'सुरखाब के पंख', 'फेंगशुई' (कहानी-संग्रह); 'चीता : भारतीय जंगलों का गुम शहजादा', 'ओरांग उटान : अनाथ, बेघर और सेक्स ग़ुलाम' (वन्य जीवन)

उनकी कहानी 'पत्थर के फूल' लखनऊ में मंचित हो चुकी है। वन्यजीवन और पर्यावरण पर केन्द्रित लोकप्रिय फेसबुक पेज 'जंगलकथा' के संचालक हैं।

उन्हें 'प्रथम रवीन्द्र कालिया स्मृति सम्मान' से सम्मानित किया गया है।

सम्प्रति : दैनिक हिन्दुस्तान में प्रमुख संवाददाता।

ई-मेल : sanjaykabeer@gmail.com

फेंगशुई

कबीर संजय

लोकभारती पेपरबैक्स

लोकभारती पेपरबैक्स में
पहला संस्करण : 2023

लोकभारती पेपरबैक्स : उत्कृष्ट साहित्य के लोकप्रिय संस्करण

लोकभारती प्रकाशन
पहली मंजिल, दरबारी बिल्डिंग, महात्मा गांधी मार्ग
प्रयागराज-211 001
द्वारा प्रकाशित

वेबसाइट : www.lokbhartiprakashan.com
ई-मेल : info@lokbhartiprakashan.com

शाखाएँ : 1-बी, नेताजी सुभाष मार्ग, दरियागंज, नई दिल्ली-110 002
अशोक राजपथ, साइंस कॉलेज के सामने, पटना-800 006

बी.के. ऑफसेट
नवीन शाहदरा, दिल्ली-110 032
द्वारा मुद्रित

मूल्य : ₹199

FENGSHUI
Stories by Kabir Sanjay

ISBN : 978-81-962184-4-7

देबू को...

तुम न जाने किस जहाँ में खो गए...

क्रम

आई स्पाई

तनु और नीतू लस्टम-पस्टम स्कूल से घर पहुँचीं। तनु ने लोहे का गेट खोला और दोनों अन्दर आ गईं। तनु ने गेट के बोल्ट को उल्टा घुमाकर बन्द कर दिया। दरवाजे के पास जूतों की रैक लगी हुई थी। यहाँ पर कई जूते-चप्पलों के साथ ही पापा के जूतों की भी एक जोड़ी रहती थी। पापा-मम्मी काम पर जाते समय घर की चाभी इसी जूते में रख जाते थे। तनु ने जूते में से चाभी निकाली और दरवाजे का ताला खोला।

घर के अन्दर घुसते ही दोनों बहनों ने सबसे पहले तो बस्ते का बोझ उतार फेंका। नीतू छोटी थी। तनु बड़ी। दोनों में दो साल की छोटाई-बड़ाई थी। लेकिन इतने में भी जिम्मेदारियों और नखरों की भूमिका तय हो ही जाती है। पहले तो तनु ने भी अपने बस्ते को यूँ ही कुर्सी के पास छोड़ दिया और अपने जूते और मोजे उतारने लगी। इतने में नीतू भी अपने जूते और मोजे उतारते हुए अन्दर वाले कमरे में जा घुसी। तनु ने अपने जूते-मोजे उतारे और उसे दरवाजे के बाहर जूतों वाली रैक में रख दिया। अन्दर जाकर उसने जूते रैक में नहीं रखने के लिए नीतू को डाँट पिलाई तो नीतू भी कुछ ना-नुकुर करते हुए जूते को रैक में रख आई।

नीतू का स्कूल में दाखिला इसी साल हुआ था। पहली कक्षा में। उसकी उम्र छह साल के लगभग रही होगी। तनु उससे दो साल बड़ी

थी। माँ स्वास्थ्य विभाग में नौकरी करती थीं। पिता केमिकल फैक्टरी में सुपरवाइजर थे। माँ-बाप दोनों को ही काम पर जाना होता था। इसलिए बेटियों को घर सँभालना और उसकी देख-रेख करना काफी-कुछ आ गया था। सुबह जब वे दोनों सोकर उठतीं तो पता चलता कि माँ-बाप तो काफी पहले से ही उठ चुके हैं। अपने नाश्ते के साथ-साथ वे बेटियों का टिफिन भी तैयार कर देते। उसी हबड़-तबड़ में तनु और नीतू भी स्कूल की तैयारी करती थीं। सात बजे वे दोनों घर से स्कूल के लिए चल देतीं। स्कूल ज्यादा दूर नहीं था। कॉलोनी में सब लोग जानते भी थे। तो दोनों बहनें एक-दूसरे का हाथ पकड़े स्कूल चली जाती थीं। बारह बजे स्कूल की छुट्टी होती थी तो दोनों बहनें वैसे ही एक-दूसरे का हाथ पकड़े हुए वापस आ जातीं। तनु और नीतू को चाभी के बारे में पता था। वे दरवाजा खोलती थीं और तब तक घर में ही रहती थीं जब तक कि माँ-बाप काम से वापस नहीं आ जाते थे।

उनके स्कूल जाने के तुरन्त बाद ही पिता घर से निकल जाते थे। लेकिन, उनके आने का समय थोड़ा ज्यादा था। वो शाम को सात-आठ बजे तक घर आते। जबकि, माँ घर से नौ बजे तक निकलती और छह बजे तक घर आ जातीं। इस बीच दोनों बहनें घर के अन्दर रहतीं। मोहल्ला जाना-पहचाना था। सभी बच्चे घुले-मिले थे। पास-पड़ोस भी सबको जानता-पहचानता था। इसलिए कोई दिक्कत की बात नहीं थी। कोई परेशानी हो तो आसपास किसी को भी कहा जा सकता था। रसोई में दोनों बहनों के लिए खाना रखा होता। तनु एक प्लेट में खुद के लिए और दूसरी में नीतू के लिए खाना निकाल देती। दोनों खाना खाते। फिर अक्सर ही आस-पड़ोस की लड़कियाँ भी खेलने आ जातीं। खेल-खेल में कब छह बज जाते पता ही नहीं चलता। इसी बीच कई बार आपस में गुत्थम-गुत्था भी हो जाता। मारपीट और मान-मनौव्वल तो आम बात थी।

उस दिन भी स्कूल से घर आते समय तनु से नीतू थोड़ा नाराज-सी ही थी। तनु ने नीतू का हाथ नहीं पकड़ा और अपनी दोस्त के साथ बात करते हुए आगे ही आगे निकल आई। जबकि, नीतू बार-बार उसे अपना हाथ पकड़ाती रही। इसके बाद भी जब तनु का ध्यान उस पर नहीं गया तो नीतू ने भी मन में सोचा, हुँह बड़ी आईं।

खैर तनु को आखिर अपनी बहन का ध्यान आया और उसने कसकर नीतू का हाथ पकड़ लिया। नीतू ने पहले तो हाथ छुड़ाने की कोशिश की फिर अपना हाथ उसके हाथों में रहने दिया और दोनों साथ-साथ चलने लगीं।

जूते-मोजे उतारने, यूनीफॉर्म उतारकर घर के कपड़े पहनने, मुँह-हाथ धोने तक में तनु का रोब चलता है। अपना काम करते-करते वह नीतू को डाँटना-फटकारना नहीं भूलती। फिर दोनों खाना खाने लगीं। खाना अभी खतम भी नहीं हुआ था कि बिट्टी और प्रीती भी आ गईं। इससे खाना जरा जल्दी खतम हुआ। फिर खेलने का दौर शुरू हो गया। छुपम-छुपाई या आई स्पाई बचपन में खेले जाने वाले सबसे मजेदार खेलों में से एक है। चार में से किसी एक को स्पाई का काम करना था। वो आँगन के पास जाकर दीवार की तरफ मुँह करके दस तक की गिनती गिनता, इस बीच सभी लोगों को अपनी-अपनी जगह पर छुप जाना था। छिपने की गिनी-चुनी जगहें थीं घर में। उसी में बदल-बदल कर कोई कहीं तो कोई कहीं छिप जाता था। जल्दी ही सब लोग ढूँढ़ भी लिए जाते। जिसे देख लिया जाता उसे जाकर आइस-पाइस बोल देते। सबसे पहले जो 'आइस-पाइस' में पकड़ाया, अगली बार बाकी लोगों को ढूँढ़ने की जिम्मेदारी उसकी हो जाती।

नीतू स्पाई बनी थी। बाकी लोगों को ढूँढ़ रही थी। नई जगह की तलाश करते-करते तनु लकड़ी की सीढ़ी पर पैर रखकर ऊपर टाँड़ पर चढ़ गई। टाँड़ पर लगाए गए पर्दे के पीछे वो चुपचाप अपनी साँस रोककर बैठ गई। इसी बीच उसकी निगाह यहाँ पर रखे एक गत्ते के डिब्बे पर पड़ी। यह डिब्बा उसने पहले यहाँ नहीं देखा था। उसने अन्दर हाथ डाला तो अन्दर टॉफी के पाउच जैसे ढेर सारे छोटे-छोटे पाउच दिखे। हाँ, ये टॉफी की तरह गोल-मटोल नहीं बल्कि पतले-पतले थे। लेकिन उसके अन्दर कुछ बन्द तो जरूर था। उसने अपनी उँगलियों से टटोलकर देखा। कुछ तो जरूर है। तनु पढ़ना सीख ही रही थी। ज्यादातर चीजें वह जोड़-जोड़कर पढ़ लेती थी। होंठों से थोड़ा बुदबुदाहट तो होती थी लेकिन वह मन में पढ़ लेती थी। पर कई बार मात्रा अलग-अलग लग जाती और अक्षर गलत हो जाते।

नि-धो-र। पहले उसने पढ़ा। फिर उसे अपनी गलती का अहसास हुआ। नहीं, नहीं। न, फिर छोटी इ की मात्रा, र फिर र में ओ की मात्रा फिर ध। नि-रो-ध। पूरा पढ़ने के बाद भी उसे कुछ खास समझ में नहीं आया तो उसने

एक पाउच हल्के-से फाड़ लिया। पाउच के अन्दर से एक चिकना-चिकना सा, सफेद रंग का गुब्बारा निकल आया। उसकी खुशी का ठिकाना नहीं रहा। इतने में ही पाउच के फाड़े जाने की आवाज सुनकर नीतू ने उसे ढूँढ़ लिया।

उसने तुरन्त ही आइस-पाइस बोल दिया।

पर अब आइस-पाइस बोले जाने की परवाह किसको थी।

अपने हाथ में गुब्बारे के चार-पाँच पाउच लेकर तनु नीचे उतर आई। उसके हाथ में गुब्बारा देखकर बाकी सहेलियों की भी खुशी और हैरत का ठिकाना नहीं रहा। हालाँकि गुब्बारे की चिकनाई और उसमें लगा हल्का-सा पाउडर, उसे थोड़ा सन्दिग्ध भी बना रहा था। ऐसा लग रहा था जैसे उसमें कोई रहस्य छुपा हुआ हो पर कुछ ही देर में शुरुआती हिचक दूर हो गई और उस पर जिज्ञासा हावी हो गई। उन्होंने गुब्बारे को फुलाना शुरू किया। अभी तक उनके हाथ लगने वाले गुब्बारों से तो यह बहुत बड़ा था। उसे फुलाने में उनकी खुद की साँसें ही फूलने लगीं।

गुब्बारों की कमी तो थी नहीं। सबने एक-एक पाउच ले लिया और उसमें से गुब्बारे बनाकर फुलाने लगी। गुब्बारे का मुँह सामान्य गुब्बारों से बड़ा था, इसलिए उसमें गाँठ लगानी थोड़ी कठिन थी। पर थोड़ी कोशिश से क्या नहीं हो सकता। गाँठ बाँधी गई और उसके बाद गुब्बारे के साथ खेल शुरू हुआ। गुब्बारे से एक-दूसरे को मारने का खेल चला तो कभी गुब्बारे को तलवार या लाठी की तरह पकड़कर युद्ध भी निपट गया। गुब्बारे की फुटबॉल तो सबसे मजेदार थी। कोई आम दिन होता तो वे कुछ देर आइस-पाइस खेलने के बाद घर-घर खेलने लगतीं। जिसमें कोई मम्मी-पापा बन जाता तो कोई एक बच्चा। फिर कोई एक मेहमान बन जाता। फिर मम्मी-पापा के घर मेहमान आते। उनको चाय-नाश्ता बनाकर देने का सिलसिला चलता। कभी मम्मी के पेट में बच्चा भी आ जाता तो डॉक्टर बुलाया जाता। डॉक्टर आला लगाकर देखता और कहता, हाँ बच्चा ठीक है, बस अब पैदा होने ही वाला है। जाहिर है कि प्रेगनेंट शब्द उनकी डिक्शनरी में शामिल हो चुका था। भले ही शरीर के सारे भेद उजागर नहीं हों। जब अड़ोस-पड़ोस की आँटियाँ आपस में बड़े रहस्यमय अन्दाज में किसी के प्रेगनेंट होने के बारे में बात करतीं तो उन लड़कियों के भी कान खड़े हो जाते। उनके यहाँ भी जब डॉक्टर आते तो वे भी बड़े रहस्यमय अन्दाज में प्रेगनेंट होने की जानकारी का उद्घाटन करतीं।

पर उस दिन तो उनके लिए खेल का एक नया ही जरिया खुल गया। शाम को जब तक माँ-बाप के आने का समय होता तब तक लड़ाई-झगड़े में तमाम गुब्बारे फूट चुके थे या पंचर होकर किसी किनारे सुस्त से पड़ गए थे। छुपाकर रखे गए गुब्बारे खुद निकालने के अपराध में मार खाने की प्रबल सम्भावना थी इसलिए उन लोगों ने तुरन्त ही सभी गुब्बारों के अवशेषों को समेटा और उसे कचरे की टोकरी में डाल दिया।

किसी को पता भी नहीं चला। माँ-बाप भी आए। खाना-वाना बना। सोया-वोया भी गया। अगली सुबह भी हो गई। वैसे ही भागदौड़ भी शुरू हुई पर स्कूल से आने के बाद फिर से गुब्बारे फुलाने और उसके साथ खेलने का खेल शुरू हो गया। जी भर कर गुब्बारे से खेल होता। हालाँकि उसे फुलाने में कई बार होंठों पर अजीब-सी चिकनाहट लगने लगती पर खेल के उत्साह में इस पर कौन ध्यान देता। बीच खेल में कोई गुब्बारा फट जाता तो गत्ते के डिब्बे से दूसरा निकाल लिया जाता। हाँ, इस बात का ध्यान रखना जरूरी था कि इसका पता घर में किसी को न लगने पाए। तो माँ-बाप के आने के पहले ही गुब्बारे के सभी अवशेष कचरे के डिब्बे में पहुँच चुके होते।

यूँ तो घर-घर खेलने में भी कम मजा नहीं था। लेकिन वो तो सभी लड़कियाँ एक-दूसरे के साथ और एक-दूसरे के घर में खेल ही लेती हैं। लेकिन, गुब्बारे का नया खेल और घर में कोई रोक-टोक नहीं होने के चलते अब बच्चों के लिए तनु और नीतू का घर खेल के लिए सबसे उपयुक्त हो गया था। तनु और नीतू के स्कूल से आते ही उनके घर पर बच्चों का जमघट-सा लग जाता। चाहे जो भी खेल शुरू होता पर जल्दी ही गुब्बारे फुलाकर उससे लड़ाई लड़ने का खेल शुरू हो जाता।

गत्ते से पाउच खतम ही नहीं होते थे। तनु को अन्दाजा था कि मम्मी को जरूर कहीं से ये गुब्बारे मिलते हैं। फिर वो उन्हें छिपाकर इस गत्ते में रख देती हैं। एक रात तो अचानक नींद खुलने पर उसे लगा कि पापा हाथ डालकर उन्हें टटोल भी रहे हैं। कहीं गिन तो नहीं रहे। गुब्बारे कम तो नहीं हो गए। उन्हें पता तो नहीं चल जाएगा। जाहिर है कि उन्हें पता नहीं चलता। क्योंकि कुछ ही देर में वे गत्ते से हाथ निकालकर अपने कमरे में सोने चले जाते।

तनु को अपनी माँ पर गुस्सा भी बहुत आता। अरे जब इतने गुब्बारे हैं तो वे बच्चों को खेलने के लिए क्यों नहीं दिए जा रहे हैं। उन्हें छिपाकर क्यों

रखा जा रहा है। पर इसपे बहस तो दूर उसने कभी इसकी भनक भी नहीं लगने दी कि उसे गत्ते में रखे गए गुब्बारों के बारे में जानकारी है।

एक दिन दोपहर में तनु और नीतू के घर ढेर सारे बच्चे जमा थे। अचानक ही आसमान में काले-काले बादल छा गए। तेज-तेज हवा चलने लगी। कुछ ही देर में बड़ी जोर की बारिश आई। मोटी-मोटी बूँदों वाली। बारिश की झड़ी लग गई। हवा के साथ पानी की बड़ी-बड़ी बूँदों का राग-सा छिड़ गया। कभी तेज तो कभी और तेज। पानी के परनाले बहने लगे। आँगन में टखनों तक पानी जमा हो गया। घर के बाहर भी टखने के बराबर तक पानी बहने लगा। इसी बीच किसी बच्चे ने खूब बड़ा-सा फुलाया हुआ गुब्बारा पानी में तैरा दिया। गुब्बारा पहले तो पानी में गोल-गोल घूमता रहा फिर घर के बाहर से बह रहे पानी की मुख्य धारा में मिल गया और तेजी से तैरता हुआ आगे चला गया। उसे इतनी तेजी से तैरता हुआ देखकर दूसरे बच्चों का भी उत्साह बढ़ गया। उन्होंने भी अपने-अपने गुब्बारे पानी में तैराने शुरू कर दिए। पूरी गली में बारिश के पानी में बहते गुब्बारों का रेला-सा निकल पड़ा। जैसे सफेद गुब्बारों का कोई मौन जुलूस गुजर रहा हो। मौसम की पहली बारिश थी तो कई लोग अपने-अपने घरों से बारिश का मजा ले रहे थे। उनकी निगाहें सड़क के बीचों-बीच बह रहे सफेद रंग के चिकने-चिकने गुब्बारों पर पड़ीं तो उनकी हैरतों का ठिकाना नहीं रहा।

ये यू-ट्यूब और एचडी का जमाना तो था नहीं कि हीरो और हीरोइन एक-दूसरे के मुँह में मुँह घुसाए, अपनी-अपनी जीभों से एक-दूसरे का स्वाद चखने की कोशिश कर रहे हों। ये तो वो जमाना था कि जब रंगोली और चित्रहार आने से आधे घंटा पहले ही लोग पालथी मारकर टीवी के सामने जम जाते थे। गाने में हीरो-हीरोइन अचानक पेड़ के पीछे चले जाते तो गुलाब के दो फूलों को स्क्रीन पर लड़ाया जाने लगता। कभी-कभी दो तोते एक-दूसरे से अठखेलियाँ करने लगते। टीवी के स्क्रीन पर इधर दो फूलों के लड़ने का दृश्य दिखाई देता, उधर रंगोली और चित्रहार देख रहे सारे बड़े बगलें झाँकने लगते और बच्चे सोचते कि अरे ये अभी गाना गाते-गाते हीरो-हीरोइन पेड़ के पीछे क्यों छिप गए।

बच्चे जिस पहेली को बूझने में सालों लगा देते हैं, पहले से जानने के चलते बड़े उस पहेली का भेद एक नजर देखते ही सुलझा लेते हैं। उन गुब्बारों

का राज समझते उन्हें देर नहीं लगी। उन्होंने देखा कि गुब्बारे एक लाइन बनाकर ठाकुर साब के घर से निकल रहे हैं। उनकी दोनों बेटियाँ गुब्बारों को बड़े उत्साह के साथ पानी में तैरा रही हैं। उनकी बड़ी वाली बेटी तो किसी एक्सपर्ट की तरह ही गुब्बारे फुला रही है और उसे पानी में तैरा रही है। कभी गुब्बारा पानी की मुख्य धारा तक जाने का रास्ता भटकने लगता तो वह थोड़ा-थोड़ा पानी उलीचकर उसे रास्ता भी दिखाने लगती। जैसे ही गुब्बारा पानी की मुख्य धारा में शामिल होता बच्चे खुशी से चिल्ला पड़ते। हो-ओ। हो-ओ-ओ।

कुछ ही देर में बच्चों के माँ-बाप छाता लेकर अपने बच्चों को ले जाने के लिए आ गए। माँ-बाप की आँखों में बसे क्रोध को बच्चे समझ ही नहीं पाए। बिट्टी के गाल पर तो वहीं पर तमाचे बज गए। अक्सर बच्चों को यह भी पता नहीं चलता कि उन्हें मार क्यों पड़ी है। उसकी वजह भी नहीं बताई जाती। मार की सघनता और माँ-बाप के चेहरे पर चढ़ी त्यौरियों से उन्हें खुद ही अन्दाजा लगाना पड़ता कि आखिर उनसे गलती क्या हुई हैं और किस स्तर की हुई है। इसमें कई बार वे नाकाम ही साबित होते हैं। इस बार भी बच्चों की समझ नहीं आया कि आखिर ये कुटाई हुई क्यों। लेकिन, कुटाई हुई सारे बच्चों की।

इधर, जब सारे बच्चे चले गए तो तनु और नीतू भी अपना उत्साह बनाए नहीं रख सकीं। बच्चों के माँ-बाप की आँखों में उन दोनों के लिए भी उलाहना और गुस्सा मौजूद था। अपने बालसुलभ भय से वे इसे तुरन्त ही पढ़ चुकी थीं। इसलिए पानी में गुब्बारे तैराने का खेल छोड़कर वे भी चुपचाप अन्दर आ गईं।

कुछ देर बाद बारिश बन्द हो गई। पानी की धार बहनी भी बन्द हो गई। पानी अनेक गुब्बारों को तो अपने साथ बहा ले गया। पहले नाली, फिर नाला और उसके बाद शायद पानी ने उन्हें नदी की भी सैर कराई हो। लेकिन सारे गुब्बारे इतने खुशनसीब साबित नहीं हुए। कुछ गुब्बारे वहीं किसी नाली में अटके पड़े रहे। पानी की धार के साथ वे फड़फड़ा जाते और मोहल्ले के कई शरीफ लोगों की शराफत को चुनौती-सी देने लगते। कई लोग उन्हें देखते तो निगाहें दूसरी तरफ फेर लेते। अब कौन उन्हें जाकर हटाए। उन गुब्बारो में कुछ ऐसी कैफियत आई हुई थी कि उनके अस्तित्व के बारे में जानकारी तो सबको थी लेकिन उसके अस्तित्व को स्वीकार कोई नहीं करना चाहता था।

शाम हो गई। बच्चे चले गए थे तो नीतू और तनु को भी नींद आ गई। मम्मी के आने से उनकी नींद खुली। दफ्तर से आने के बाद मम्मी अभी चाय पीकर हटी ही थीं कि पड़ोस वाली आंटी जो उनकी सबसे पक्की सहेली थी, घर आ गईं। बोली :

"आ गइन, ठीक रओ सब।"

"हाँ। हाँ ठीक रहा सब।"

"खाना-वाना खाय लौ।"

"हाँ खाय लौ।"

"कछु बतानो हतो तुमे। तुमाई मोड़िन ने आज तो अति धर दई। हम तो मूड़ उठाय के चलै नई पा रऐ थे। पूरी गली में मोड़िन ने गुब्बारै पार दए। तुमने कछु सिखाओ नई इने। कछु नई समझाती। तेईंसो, बहुतै बदमास मोड़िन हैं।"

"का बात हुई?"

आंटी ने मम्मी के कानों के पास अपना मुँह सटाकर कुछ खुसुर-फुसुर करना शुरू कर दिया। अब क्या बात हुई यह न तो तनु की समझ में आया और न ही नीतू की। लेकिन उस खुसुर-फुसुर के नतीजे फौरन सामने आ गए। आंटी के जाते ही मम्मी ने झाड़ू उठा लिया और उसी झाड़ू से दोनों को पीटना शुरू कर दिया।

"बहुत हेर-ढूँढ़। हाँ। घर में क्या रखा है, क्या नहीं रखा है। किसी को ढूँढ़ने की क्या जरूरत है। घर की चीजों को किसी और के सामने दिखाने की क्या जरूरत है।"

दोनों बहनें सफाई क्या देतीं। जब झाड़ू की बरसात होती हो तो कोई बात भी सुनता है भला। बुरी तरह से पिटकर दोनों अन्दर वाले कमरे में जाकर एक-दूसरे से चिपककर लेट गईं। रुलाई पहले तो जैसे किसी बाँध को तोड़कर किलक-किलक कर बाहर निकलती रही फिर बाँध का बहाव कम होने लगा। बीच-बीच में वे सुबक-सुबक पड़तीं पर रोना बन्द होने का नाम ही नहीं लेता।

आखिर मम्मी को भी दया आ गई। आखिर ये कोई बड़ी बात तो थी नहीं। उनके काम का ही हिस्सा था। अस्पताल की तरफ से उन्हें ढेर सारा मिलता था। परिवार नियोजन के फायदे बताते हुए उसको बाँटना होता था।

बाँटते समय भी कई बार ऐसे-ऐसे सवालों के जवाब देने पड़ते हैं कि कोई भी आदमी बेशर्म हो जाए। कैसे इसका इस्तेमाल करना है, ये समझाने में तो कई बार सारे शरीर का खून मुँह पर आने को उतारू हो जाता है। कुछ औरतें तो इतनी जाहिल हैं कि समझ ही नहीं पातीं। आदमी समझना नहीं चाहते। खैर बच्चों को क्या पता।

अपनी दोनों बच्चियों को उन्होंने बाँहों में भर लिया।

"जब कह दिया है कि घर का कोई सामान इधर-उधर मत किया करो तो तुम दोनों लोग ऐसा करती क्यों हो। कहना क्यों नहीं मानती हो।"

"अरे तो मम्मी कर क्या दिया। गुब्बारा रखा ही तो था। खेलने में लग गए। हमने सोचा कि मम्मी लाई हैं, हमें देना भूल गईं। इसलिए हम खेलने लगे। इसमें गलती क्या हो गई।"

अब मम्मी को भी जवाब नहीं सूझा। बात बनाकर बोलीं, "अरे बेटा, ये गुब्बारा गाँव-गिराँव के बच्चों के लिए आता है। इसको सरकार भेजती है। खराब प्लास्टिक से बनता है। केमिकल लगा रहता है। बच्चों की सेहत खराब हो सकती है। इसीलिए मना करते हैं। इसे तो गाँव में जाकर बाँटते हैं। तुम्हारे लिए तो हम खुदै गुब्बारे वाले से अच्छा गुब्बारा खरीद देते हैं।"

दोनों बच्चों ने इस बात को समझा कि गुब्बारा गरीब बच्चों के लिए आया है। उनके पास कुछ खेलने को तो रहता नहीं है। "तुम्हारे पास तो देखो खेलने के लिए कितनी सारी चीजें हैं। गाँव के बच्चों के पास तो कुछ नहीं है। इसलिए अगर उनके गुब्बारों से भी तुम ही लोग खेलने लगोगी तो वे लोग बेचारे किससे खेलेंगे।" बात समझ में आई तो उन्हें पछतावा भी हुआ। गाँव के बच्चों के कितने गुब्बारे उन्होंने यूँ ही बरबाद कर दिए। माँ ने गत्ते के डिब्बे को और ऊँचाई पर रख दिया।

इस घटना को दो-तीन दिन बीत गए। तनु और नीतू को देखकर अभी भी मोहल्ले में कई लोगों के चेहरे पर भेदभरी मुस्कान आ जाती है। ऐसा लगता है कि जैसे वे कोई रहस्य छिपाए हुए हैं। हाँ, तनु और नीतू इस भेद को भला क्या जानें।

तो, एक दिन पड़ोस वाली आंटी तनु और नीतू को मिल गईं। झाड़ू से पड़ी उस दिन की मार की याद तनु और नीतू को अभी भी ताजा थी ही तो उन्होंने आंटी से तगादा कर लेना ही ठीक समझा।

"क्यों, आंटी ऐसा क्या हो गया था कि तुमाई नाक कट गई उस दिन। हमने जरा-सा गुब्बारे से खेल लिया तो...।"

"अरे तो तुमाई अम्मा ने न समझाई तुमे।"

"समझाई तो आंटी। गाँव के बच्चों के लिए आते हैं ये गुब्बारे। खराब प्लास्टिक के होते हैं। केमिकल लगा होता है। इसीलिए अम्मा मना करती हैं। बाकी और कोई बुराई नहीं है।"

"अरे, तुम मोड़िन लोग भी। बुराई-वुराई क्या है। तुम क्या समझोगी। तुमे तो कुछ भी ज्ञान नहीं है। माँ-बाप तो घर में रहते नहीं। चले जाते हैं कमाने। बेटियाँ घर में अकेले। बेकदरी तो होनी ही है। नाक कटाने पे तुली हैं।"

"अरे चाची। हमें कुछ मत कओ।" अपने माँ-बाप पर लगने वाले आक्षेप से तनु का पारा भी सातवें आसमान पर पहुँचने लगा। "तुमाई बिट्टी भी कम नहीं है। चार-चार गुब्बारे दिए हैं हमने। अपने बस्ते में लेकर फिरती हैं। और भी माँगत रही। ई तो हमी हैं, मना कर दिए। न, और न देते हम।"

"सत्यानाश।" आंटी के मुँह से निकला। अबकी तो आंटी ने एकदम से अपना सिर ही पीट लिया।

थप्पड़

मुक्ता अग्रवाल के होंठ लाल-लाल और गाल फूले-फूले थे। उसकी आँखें काली थीं और वे हमेशा चकर-मकर करती रहतीं। दुनिया के प्रति उसकी आँखों में एक उत्सुकता थी जो हमेशा बनी रहती। माथा उसका चौड़ा था जिससे उसकी बुद्धिमत्ता स्पष्ट हो जाती। बालों का रंग भूरा। खूब घने, सुनहरे। माँ उसके बालों को अलग-अलग हिस्सों में बाँट दिया करती थी। फिर कहीं उनमें मेल-मिलाप न हो जाए, इसके लिए वो दोनों हिस्सों को अलग-अलग बाँध भी देती थीं।

जब कभी वो तेजी से चलती-दौड़ती थी तो उसके सिर के पीछे से जबरन बाँधकर अलग किए गए बालों के दो हिस्से पीछे से नाचते-कूदते रहते। खूब साफ-सुथरी सफेद कमीज और उस पर नीली स्कर्ट। नीचे सफेद रंग के मोजे जिसके ऊपरी हिस्से पर लाल रंग की धारियाँ बनी हुई थीं। यह पूरी यूनीफॉर्म मुक्ता पर बहुत जँचती थी। माँ अपनी बेटी को रोज ही बेहद करीने से तैयार करके भेजती। बेटी पूरे दिन हँसमुख बनी रहती। जब मुक्ता का टिफिन खुलता तो उसकी सुगन्ध से पूरी कक्षा के बच्चों का मन ललचाने लगता। उसके टिफिन में कभी आलू के गोल-गोल पराठे होते थे तो कभी भिंडी की सब्जी के साथ तीन कोने वाला पराठा होता। इस तीन कोने वाले पराठे की कई परतें होतीं, जिनमें से एक-एक परत बहुत ही अच्छी तरह से

सिंकी हुई होती थी। मुक्ता अग्रवाल के टिफिन में चम्मच भी होता। अचार की फाँक भी। आम की फाँक के इर्द-गिर्द लिपटा हुआ मसाला और तेल और उससे उठने वाली गन्ध। सचमुच मुँह में पानी लाने का सारा सामान वहाँ मौजूद था।

उसके टिफिन में एक छोटा-सा कोना अलग बना हुआ था। इसमें उसकी माँ कभी तो छिले हुए अखरोट के कुछ हिस्से रख देती थी तो कभी रात के भिगोये हुए दो बादाम। कभी खजूर तो कभी काजू के दो टुकड़े। लेकिन, सूखे मेवे का कोई न कोई हिस्सा वहाँ पर होता जरूर था। उसके टिफिन का ढक्कन भी बड़ा मजबूत था। वो खूब अच्छी तरह से बन्द हो जाता। फिर खोलने में आसानी से खुल जाता। उसमें से अचार का तेल कभी रिसता नहीं था। कई बच्चे ऐसे थे, जिनके स्टील के कटोरे से अचार का तेल रिसकर पूरे बस्ते को रंग देता था। पूरे बस्ते में ही तेल फैल जाता था। कई बार तो वो कॉपियों और किताबों को भी अपनी चपेट में ले लेता था। वे किसी तरह से उसमें से निकला हुआ तेल पोंछते थे और फिर उसे अपने सिर में लगा लेते थे। या फिर वे अपने कपड़ों में पोंछने लगते थे। गर्ज यह कि वे तेल को जहाँ भी पोंछते, वहीं से अचार की वह भीनी-भीनी गन्ध आने लगती थी। यह गन्ध अगर अरहर की दाल और भाप उठाते चावल के साथ आए तो भूख बढ़ जाती है। लेकिन, किसी बच्चे के सिर या शरीर या यूनीफॉर्म या बस्ते से जब यह गन्ध आने लगती, तो उसमें से एक हींक उठती। उस गन्ध से कोई नाक-भौं भी सिकोड़ने लगता।

कई बच्चों के स्टील के कटोरदान भी सहज नहीं थे। मुक्ता अग्रवाल का टिफिन अच्छे से बन्द होता था। वह आज्ञाकारी था। उसमें से सब्जियाँ रिसती नहीं थीं। लेकिन जब उन्हें खोलो तो वे बिना कोई चीं-चुपड़ किए हुए चुपचाप हँसते-गाते खुल जाते थे। लेकिन, कई बच्चे ऐसे थे, जिनके कटोरदान बेहद जिद्दी थे। पूरी ताकत के साथ अपने-आप को भींच लेते। खुलने में ही नहीं आते। ढक्कन जिद पकड़ लेता। बच्चे अपने नाखूनों में फँसाकर उसे खोलने की कोशिश करते। पर वे इस तरह से एक-दूसरे को पकड़ लेते जैसे चिपक गए हों। बच्चे अपने नाखूनों की ताकत आजमाते, फिर दूसरे बच्चों से खोलने के लिए कहते। कई बार इसी जोर आजमाइश में कटोरदान का ढक्कन तेजी से खुल जाता और उसमें रखा हुआ खाना भी उछलकर नीचे फर्श पर गिर

पड़ता। कई बार ऐसा होता कि जोर-आजमाइश के लिए कटोरदान कक्षा के अन्य बच्चों तक घूमता रहता, कोई उसे खोल भी नहीं पाता और इतने में ही खाने का वक्त समाप्त हो जाता। या फिर क्लास के बाकी बच्चे अपना खाना खतम करके पानी पीने और बाहर मैदान में खेलने भाग जाते।

कई बच्चे ऐसे भी थे जो शर्मिंदगी में पहले तो एक-दो बार अपना कटोरदान खोलने की कोशिश करते। फिर चुपचाप बैठ जाते। कहीं किसी बच्चे से खुलवाने गए तो कटोरे का खाना निकलकर बाहर न गिर पड़े। उनके कटोरे में रात की बची हुई बासी रोटी हुआ करती थी। इसे रात की ही बची हुई बासी सब्जी या फिर अचार की एक फाँक के साथ खाना पड़ता था। अगर कटोरदान खुला और रात की बासी बची हुई रोटी और सब्जी को बच्चों ने देख दिया तो वे चिढ़ाएँगे। या फिर शायद कुछ नहीं कहें। पर कुछ नहीं कहने पर भी उनकी आँखों में कुछ सवाल होगा। वे पूछेंगे। सुबह माँ ने खाना नहीं बनाया। कोई यह जवाब भी दे सकता है कि माँ की तबीयत ठीक नहीं थी। सुबह उठ नहीं पाई। खुद ही तैयार होकर आ गया। लेकिन अगर, अगर रोज-रोज ऐसा ही होने लगे तो फिर...। कई बार बच्चे इसी शर्मिंदगी में अपना कटोरदान पहले तो एक-दो बार खोलने की कोशिश करते। अपने नाखून फँसाकर अपनी हथेलियों और उँगलियो का पूरा जोर लगाते। फिर जब देखते कि कटोरदान पूरी तरह से जिद पकड़े बैठा है और खुलने वाला नहीं है तो उसे चुपचाप अपने बस्ते में खिसका देते। नाटक ऐसा करते जैसे खाना खा लिया हो और बाहर पानी पीने और खेलने निकल पड़ते थे।

मैं ऐसे ही बच्चों में शामिल था। दब्बू और डरपोक, संकोची। कोई भी बात कहने से पहले डर-सा लगा रहता। पता नहीं सही होगा कि गलत। जब कटोरदान खुलता तो मैं एक हाथ से अपनी रोटियों को ढँके हुए और दूसरे से उसके कौर बनाता हुआ जल्दी-जल्दी उसे अपने मुँह डालकर चबाने लगता। वैसे तो सारे ही बच्चे कौर को मुँह में तेजी से डालकर चबाते थे। वे तेजी से खाते ताकि बाहर पानी पीने जा सकें। फिर भोजनावकाश समाप्त होने की घंटी बजने से पहले थोड़ा खेल भी सकें। खेल क्या था। यह खाने के बाद खाना पचाने की पूरी कवायद थी। बच्चे एक दिशा से दूसरी दिशा में भागते रहते। कोई उसमें अपने दोस्तों को छूने लगता तो कोई भागने लगता। किसी-किसी के बीच रेस लग जाती। जितनी तेज भागते थे, उतनी ही तेज

शोर भी मचाते थे। खाने की घंटी बजी हो तो लगता जैसे कि स्कूल में कोई तूफान मचा हुआ है। हर तरफ से शोर-शराबा गूँजता रहता था।

मैं भी अपने खाने को जल्दी से मुँह में डाल-डालकर चबाता। इसमें बाहर खेलने की जल्दबाजी भी होती और दूसरों को दिखाए बिना अपना खाना अपने पेट में डाल लेने की एक भोली और मासूम कवायद भी होती। आप कहेंगे कि अपनी ही बात को मैं खुद ही भोली और मासूम कह रहा हूँ। अब क्या कहूँ। बचपन में ज्यादा कुछ कहा नहीं। बस हर वक्त चुप ही रहा। इसलिए अब मन कहता है कि हर वक्त कुछ न कुछ कहता रहूँ। थोड़ा अगर ज्यादा भी हो जाए तो आप लोग बुरा नहीं मानेंगे, इसका मुझे भरोसा भी है।

खाने में मजा जैसा तो कुछ था नहीं, तो मैं खाने को जल्दी से जल्दी मुँह में डालकर बाहर निकलकर पानी पीने चला जाता। पानी पीने के बाद मैं भी तेजी से दौड़ लगाने लगता। मेरे दोस्त मेरे पीछे। कभी मैं उनके पीछे। हम आजाद कुत्तों की तरह एक-दूसरे के पीछे भागते। एक-दूसरे के शरीर को नोंच-खसोट कर फिर से भागने लगते। बिना कोई उद्‌देश्य के कभी कोई आगे भागता तो कभी कोई उसका पीछा करने लगता। क्यों भागा जा रहा है, क्यों पीछा किया जा रहा है। इस सबके पीछे कोई कारण नहीं था। सबकुछ अनायास था। हम अपने हाथों को हवाई जहाज की तरह लहरा-लहराकर उससे सन्तुलन बनाते हुए उड़ते हुए भागते रहते। जैसे कोई हवाई जहाज हवा में लहराते, सन्तुलन बनाते हुए भागा जा रहा हो। हमारे शरीर पसीने से भीग जाते। सफेद कमीज पर खारे पसीने की सफेद-सफेद धारियाँ बन जातीं। हमारी सारी एनर्जी उस आधे घंटे में समाप्त हो जाती। इस खेल में हम कुछ बड़े काम भी कर सकते थे लेकिन स्कूल की घंटी हमारे सारे उत्साह पर पानी फेर देती। वैसे तो हर क्लास खतम होने के बाद जिस नम्बर की क्लास खतम हुई है, उतनी ही घंटियाँ बजा करती थीं। पर भोजनावकाश समाप्त होने के बाद एक साथ लगातार घंटियाँ बजने लगती थीं। यह अनवरत बजतीं। यह तब तक बजती थीं जब तक कि ज्यादातर मैदान खाली हो जाए। हम भी किसी थकी-माँदी बिल्ली की तरह चुपचाप आकर अपनी डेस्क पर बैठ जाते।

यहाँ पर हमारा बस्ता हमारा इन्तजार कर रहा होता। इस बस्ते में हमारी किताबें और कॉपियाँ होती थीं। अब यह तो नहीं कहा सकता है कि उन

किताबों से हमारे मन ऊबे हुए थे। नहीं ऐसा नहीं है। उन किताबों में बहुत सारी अच्छी बातें भी थीं। उन्हें हम मन लगाकर पढ़ते और याद भी करते थे। कुछ ऐसी भी थी जो हमें आज तक समझ में नहीं आईं। लेकिन, हम उन्हें रट लेने की पूरी कोशिश करते। हमारे साथ के कुछ बच्चों ने तो पूरे के पूरे सबक की फोटो अपने दिमाग में बैठा रखी थी। जब भी उनसे दोबारा पूछा जाता था वे पूरा का पूरा सबक अपनी याददाश्त से उतार देते थे।

गिला मुझे इन सबसे बिलकुल भी नहीं है। भाई, हमारी इतनी बड़ी जिन्दगी है, कुछ न कुछ उतार-चढ़ाव तो होते ही हैं। कुछ न कुछ फालतू भी होता है। कुछ न कुछ ऐसी बातें तो होती हैं जो हमें नागवार गुजरती हैं। लेकिन, हर तरफ से हमें भरोसा यही दिलाया जाता कि यह सबकुछ तुम्हारे काम आने वाला है। यही वह कुंजी है जो तुम्हारे लिए आगे सफलता के द्वार खोलने वाली है। परिश्रम से मत घबराओ। खैर, हम परिश्रम से घबराते भी नहीं थे। सफलता की उस कुंजी को ज्यादा से ज्यादा पकड़कर रखने, उसे अपनी मुट्ठी में बन्द रखने की कोशिशों में हम जुटे रहते। कहीं वो हमसे खो न जाए। कहीं हमसे गिर न जाए। बस उसे अपने पास दुबकाए रखना है। अपने पास से जाने नहीं देना है।

इन सारी बातों से मुझे कोई शिकायत नहीं है। गिला तो मुझे इस बात का है कि जिन बातों का भरोसा दिलाया गया था, उनमें से बहुत सी बातें ऐसी थीं जो आज तक पूरी नहीं हुई। बहुत सारे सबक मुझे ऐसे रटा दिए गए, जिनका वास्ता मुझसे आज तक नहीं पड़ा। न तो अपने जीवन में और न ही किसी परीक्षा में। पता नहीं कैसे ये हमारी नींव मजबूत बनाई गई। ऐसी बातें रटा दी गई, जिनका कोई उपयोग ही नहीं हो सका। ऐसे सबक को याद करते-करते हमारे दिमाग कुन्द हो गए। किताबों से हमें एक अजीब सा वैराग्य हो गया। हम ज्यादा से ज्यादा उससे दूर रहने की कोशिश करते। और इस बात पर चिढ़ते भी थे कि हम उससे जितना दूर जाने की कोशिश करते हैं, वह हमसे उतनी ही ज्यादा आकर चिपक जाती है।

इसका असर हमारी किताबों और कॉपियों पर भी दिखाई पड़ता था। अक्सर ही किताबों-कॉपियों के पन्ने मुड़ जाते थे। उनके कवर मुड़कर टेढ़े हो जाते थे। फिर कहीं से फटकर टूट जाते थे। कॉपियों के पन्ने बेदर्दी से फाड़ दिए जाते थे। फिर उनकी चिन्दियाँ उड़ा दी जाती थीं। एक बार तो इस

बात पर भी शर्त लग गई कि कागज के कितने छोटे टुकड़े किए जाते सकते हैं। एक पेज को पहले तो आधा-आधा फाड़ दिया। फिर उनका आधा-आधा। फिर उनका आधा-आधा। फिर उनका आधा-आधा।

यह सिलसिला तब तक चलने वाला था जब तक कि कागज के बहुत ही महीन छोटे-छोटे टुकड़े न हो जाएँ। ऐसे कागजों को हम कई बार हवा में भी उड़ा दिया करते थे। छोटी चीजें हल्की होती हैं। हवा भी उनका भार ज्यादा देर तक उठा लेती है। वे देर तक उड़ते रहते। जैसे सफेद-सफेद तितलियों का कोई झुंड हो जो देर तक हवा में बस यूँ ही अकबका कर मँडराता रहता हो। उन सफेद-सफेद तितलियों पर कहीं-कहीं हमारे अक्षरों की नीली-नीली डिजाइन भी बनी हुई हो। फिर कुछ देर हवा के साथ उड़नमश्ती करती वे सफेद-सफेद तितलियाँ आकर जमीन पर बैठ जाती थीं। जब तक ये सफेद तितलियाँ हवा में रहती थीं, तब तक हमारे उत्साह का शोर भी हवा के साथ उठता-बैठता रहता था।

पर मुक्ता अग्रवाल हम लोगों से अलग थी। उसकी किताबें और कॉपियाँ हमेशा करीने से सजी होतीं। किताबों और कॉपियों पर खाकी रंग का कवर चढ़ा होता और उस पर बहुत ही अच्छी तरह से नेम स्लिप चिपकाई हुई होती थी। वे किताबें और कॉपियाँ गली के आवारा कुत्तों की तरह बेनाम नहीं थीं। बल्कि उन्हें नाम मिला हुआ था। हर किताब और कॉपी पर मुक्ता ने पहले तो अपना नाम, फिर क्लास और फिर विषय लिख रखा था। उनमें से किसी भी किताब या कॉपी का कोई भी पन्ना न तो फटा हुआ था और न ही कोई पन्ना कहीं से मुड़ा हुआ था। हमारी किताब-कॉपियों के पन्ने अक्सर ही हमसे अपनी जान बख्श देने की दुहाई माँगते रहते थे। लेकिन, मुक्ता अग्रवाल के पास मौजूद किताबें और कॉपियाँ अपनी किस्मत पर गर्व करती थीं। अक्सर ही कॉपी जाँचने के लिए सबकी कॉपियाँ जमा करा ली जाती। पूरी क्लास की कॉपियाँ एक साथ, एक पर एक करके ईंटों की तरह रखी जाती थीं। लेकिन, इसमें मुक्ता की कॉपी दूर से अलग ही चमकती रहती।

आचार्य जी हों या फिर दीदी जी, किसी को भी अगर किताब से पढ़कर कोई सबक सुनाना हो तो वे सबसे पहले मुक्ता अग्रवाल से ही किताब माँगते थे। उसी से लेकर पढ़ते। पाठ सुनाते। फिर उसकी तारीफ करते और कहते कि देखो सभी की किताब ऐसी होनी चाहिए। अपने किताब-कॉपियों का

खयाल रखो। उनकी इस तरह से देखभाल करो। कहीं से भी कोई पन्ना न तो मुड़े और न ही फटे।

जब मुक्ता अग्रवाल की तारीफ हो रही होती तो वह अपना सिर हल्का-सा झुका लेती। कई बार उसके होंठों पर हल्की मुस्कान भी आ जाती थी। कई बार वो अपनी चंचल-चपल और चुस्त निगाहों से हम सबकी तरफ एक उड़ती-उड़ती सी नजर भी डाल लेती। उसके भूरे-भूरे सुनहरे बालों की चोटियाँ हल्के-से हिलती रहती थीं। उन बालों को लाल-लाल रंग के रिबन ने दो अलग-अलग हिस्सों में बाँटा हुआ था। शायद, पहले ही कह चुका हूँ कि उसके बाल सिल्की थे। एकदम महीन। हवा में सरसराते थे। एकदम सूखे हुए। उनमें तेल नहीं था। लेकिन, वे सूखे लगते नहीं थे। बल्कि उनमें एक चमक थी। उसके बाल भी उसके गालों और होठों की तरह ही एक अनूठी आभा से दमकते थे।

इसकी तुलना मैं अगर-अपने-आप से करूँ तो शायद आपको लगे कि यह कहाँ की बात लेकर बैठ गया। लेकिन, थोड़ी देर के लिए ऐसा करना भी कुछ खास बुरा नहीं है। मैं सुबह जब सोकर उठता था तो बिस्तर पर रात भर की कसरत के बाद अक्सर ही मेरे बाल खड़े हो चुके होते थे। पता नहीं क्या बात थी, सुबह उन बालों को बैठाने की पूरी कोशिश करो लेकिन वे बैठते ही नहीं थे। सुबह सात बजे हमें स्कूल पहुँच जाना होता था। सवा सात बजे तक स्कूल में प्रार्थना शुरू हो जाती। देर करने का मतलब था कि हमें स्कूल के गेट पर खड़े होकर पूरी प्रार्थना सुननी होगी। इस दौरान उधर से गुजरने वाले सभी लोग हमें बड़ी दया और हँसी भरी निगाहों से देखते रहते। कई बार उनमें से कोई एक पूछता कि ये बच्चे बाहर क्यों खड़े हैं। उनमें से कोई दूसरा जवाब देता कि स्कूल में देर से आने की सजा मिली हुई है। कोई तीसरा कहता कि बच्चों को स्कूल में ऐसी सजा नहीं दी जानी चाहिए। फिर उनमें से ही कोई एक जवाब देता कि नहीं भाई बच्चों को अपने स्कूल आने का समय तो पता होना ही चाहिए। उन्हें समय पर पहुँचने की आदत तो होनी ही चाहिए। उन्हें समय की कीमत पता होनी चाहिए। फिर कोई कहता कि लेकिन समय की कीमत बताने के और भी तो तरीके हैं, उनसे भी तो बताया जा सकता है। इस तरह से अपने स्कूल से नफरत उनके मन में बचपन से ही पैदा होने लगेगी। बाद में वे अपने समय को

जाया करना सीख सकते हैं और इस तरह के किसी भी सिस्टम से चिढ़ उन्हें अराजक बना सकती है।

इन बहसों का क्या हल होगा, यह हमें नहीं पता था। इनका कोई अन्त हमारे देखे था भी नहीं। लेकिन, कुल मिलाकर सड़क से गुजरने वाले लोगों की बातचीत हमें शर्मिंदा करती थी। हम शर्म से गड़ जाते। सिर अपना झुकाए। अपने कान अन्दर होने वाली प्रार्थना की आवाज पर गड़ाए। एक-एक लाइन सुनते हुए। क्योंकि, इसी से हमें पता चलना था कि अभी और कितनी देर तक हमारी यह सजा चलने वाली है।

सजाओं का वार खाली नहीं जाता। अक्सर ही इसके तात्कालिक परिणाम भी दिखते हैं। दूरगामी परिणाम भले ही इससे एकदम उलट हो जाए। लेकिन तुरन्त तो हमेशा ही कुछ न कुछ होते हुए दिखता था। ऐसे ही हम भी हमेशा समय से स्कूल पहुँचने की फिराक में रहते। स्कूल से अभी कुछ कदम दूर ही होते और स्कूल की घंटी बजने लगती तो फिर हम अपना बस्ता सँभाले तेज दौड़ लगाने लगते। किसी तरह से हाँफते-दौड़ते स्कूल के गेट के अन्दर दाखिल होते तो काफी देर तो साँसें सँभालने में लग जाती।

यूँ तो जिन्दगी के हर मोड़ पर मुझे हमेशा ही अलग-अलग शिक्षक मिले हैं। लेकिन, तीन शिक्षक ऐसे हैं जिन्हें मैं कभी भी भूल नहीं सकता। बचपन से लेकर आज तक वे मेरे चरित्र निर्माण में महत्वपूर्ण भूमिका निभाते रहे हैं। इन तीनों ने ही सबसे ज्यादा सिखाया है। भय, लालच और प्रशंसा। इन तीन शिक्षकों ने हमारा चरित्र निर्माण किया है। हम उन्हीं से पाले-पोसे गए। उन्हीं के जरिए हमने सीखा कि क्या चीज करणीय है और क्या न करणीय है। क्या अनुकरणीय है यह भी हमने जाना। हमारे अलग-अलग शिक्षकों ने भी ने इन्हीं तीन शिक्षकों में से किसी न किसी एक को अपना ईष्ट, अपना गुरु बना रखा था। कोई भय का पुजारी था तो कोई लालच का, तो कोई प्रशंसा का। ठीक वैसे ही जैसे ब्रह्मा, विष्णु और महेश में कोई ब्रह्मा का पुजारी है तो कोई विष्णु का और कोई महेश यानी शिव का।

हमारे देश के चरित्र निर्माण में सजाओं की महत्वपूर्ण भूमिका है। हर काम के लिए सजाएँ तय हैं। पूरा का पूरा दंड विधान ही है। हमारे शिक्षक भी इसके प्रति बेहद सचेत थे। इसलिए वे जितना ज्यादा मेहनत हमें पढ़ाने पर करते थे, उतनी ही मेहनत हमें सजा देने पर भी करते थे। उन्होंने हमें

सजा देने के एक से एक सृजनात्मक तरीके निकाल रखे थे। इस मामले वे बेहद नवोन्मेषी या इनोवेटिव थे। अपनी किसी खास स्टाइल की सजा देते-देते अचानक वे उनमें कुछ नया जोड़ देते। इससे सजा और भी ज्यादा कारगर हो जाती। सजा देने के तरीके पर पढ़ाने वाले विषय का भी खासा अस़र देखने को मिलता था। जैसे गणित के आचार्य जी के सजा देने का तरीका अलग था। जबकि, अंग्रेजी के आचार्य जी ने सजा देने का अलग ही तरीका निकाल रखा था।

अंग्रेजी रामजी दुबे पढ़ाते थे। सजा देने के मामले में उनका अनोखा ही तरीका था। इस तरीके में वे खुद तो किसी को हाथ भी नहीं लगाते थे। पर चोट सबसे ज्यादा लगती थी। हमारी कक्षा में थोड़ी-थोड़ी जगह छोड़कर कुर्सी-डेस्क की चार लाइनें लगी हुई थीं। इसी पर एक कुर्सी-डेस्क पर दो-दो बच्चे बैठते थे। बच्चों को अनुक्रमांक दिए गए थे। उसी के अनुसार सभी को बैठना होता था। इन अनुक्रमांकों को आजकल की तरह किसी अल्फाबेटिकल ऑर्डर में नहीं रखा गया था। बल्कि इसके पीछे कोई अज्ञात तर्क काम कर रहा होता था। खैर, इस अज्ञात तर्क के बलबूते मुक्ता अग्रवाल सबसे आगे की सीट पर बैठती थी। जबकि, मेरी सीट सबसे पीछे की कतार में थी। यह पीछे की दुनिया आगे की दुनिया से एकदम अलग थी। यहाँ पर हम स्कूल की सत्ता से बहुत दूर अपनी ही दुनिया में खोए हुए रह सकते थे। कुछ लोगों को हमेशा सत्ताओं का साथ भाता है, वे हमेशा सत्ता के आगे रहना पसन्द करते हैं। सत्ता की निगाह में रहना चाहते हैं। लेकिन, कुछ ऐसे भी होते हैं, जो उनसे हमेशा ही सुरक्षित दूरी बनाए रखना पसन्द करते हैं। अफसर की अगाड़ी और घोड़े की पिछाड़ी से दूर। यह सब चरित्र निर्माण ही तो है।

पढ़ाते-पढ़ाते दुबे जी कोई सवाल सामने रख देते थे। फिर वे बीच में से किसी बच्चे को खड़ा कर देते। सवाल का जवाब उससे माँगा जाने लगता। जवाब नहीं बता पानेवाले के बाद अगले से पूछा जाता था। जब तक कि सही जवाब नहीं आ जाए तब तक एक-एक करके जवाबदेही में नाकाम रहनेवाले बच्चे अपनी-अपनी सीटों पर खड़े हो जाते। उन्हें बैठने की इजाजत नहीं थी। जब अन्ततः उस सवाल का सही जवाब आ जाता। फिर सही जवाब देनेवाला बच्चा सभी नाकाम बच्चों को खुद सजा देता था। अब आप समझ सकते हैं कि अपने ही किसी साथी के हाथों से पिटना कितना ज्यादा शर्मसार

करने वाला हुआ करता था। कई बार हममें से कोई ऐसा भी होता था जो कि अपने किसी साथी को पीटना पसन्द नहीं करता। लेकिन, दुबे जी की हिदायत बड़ी सख्त थी। गाल पर पड़नेवाले तमाचे की चोट में वे जरा भी भेदभाव बर्दाश्त नहीं कर सकते थे। उन्हें तो वैसी ही चोट की आवाज सुनाई पड़नी चाहिए। वैसे ही शर्मसार और झुके हुए सिर चाहिए। इसमें गैरबराबरी उन्हें पसन्द नहीं थी।

अब इसका क्या करें कि नाकाम और जवाब देने में विफल रहनेवालों की कतार अक्सर ही कहीं से भी शुरू होती और चलते-चलते वह मुक्ता अग्रवाल तक जाकर टूट जाती। मुक्ता के पास उस सवाल का जवाब भी होता, जिससे पूरी कक्षा अपना दम हार चुकी होती। बस फिर क्या था। दुबे जी के दंड विधान के मुताबिक अब सभी बच्चों को एक-एक थप्पड़ लगाने के महती दायित्व का निर्वहन मुक्ता अग्रवाल को करना था।

बताते चलें कि हमारा स्कूल शहर के एक बहुत बड़े रईस लालाजी की जमीन पर बना हुआ था। यूँ तो इस रईस व्यक्ति के कई भाई थे और सब अलग-अलग धन्धों में सफल साबित हुए। जितनी सम्पत्ति उन्हें विरासत में मिली, उसे कई गुना करने में उन्होंने कोई कोर-कसर नहीं छोड़ी थी और कामयाबी उनके कदम भी चूमती थी। लेकिन, उनका एक भाई बचपन में किसी बीमारी का शिकार होकर मर गया था। उसी के नाम पर उन्होंने यह स्कूल खड़ा किया था। थोड़ा धरम-करम तो जरूरी है न भाई। लाला जी को आलू मिल लगाने के लिए सरकार से बहुत बड़ी जमीन मिली थी। यहाँ पर आलू का कोल्ड स्टोरेज था और चटनी-अचार की फैक्टरी थी। इसी के एक हिस्से में उन्होंने स्कूल स्थापित कर दिया था। लाला जी के कोल्ड स्टोरेज में मुक्ता अग्रवाल के पिताजी सुपरवाइजर थे। जबकि, मेरे पिताजी कोल्ड स्टोरेज की जीप चलाते थे। छोटे शहरों के छोटे मुहल्ले चाहे कितना भी फैलाव लिए हुए हों, लेकिन होते वे छोटे ही हैं। अक्सर ही किसी न किसी काम से मुक्ता के पिताजी का आना हमारे घर हो जाता था। या फिर मेरे पिता जी किसी न किसी काम से उनके यहाँ चले जाते थे।

कभी बाजार में वह अपने पापा के साथ दिख जाती तो हम दोनों एक-दूसरे को चोर निगाहों से देखते और वैसे ही मुस्कुराने लगते जैसे बच्चे अपनी कक्षा से अलग, कक्षा के किसी बच्चे को देखने पर भेदभरी

चोर निगाहों से देखकर मुस्कुराने लगते हैं। जैसे कक्षा के न जाने कितने भेद हमारे अपने साझा हैं जिनके बारे में न उसके पापा को पता है और न ही मेरे पापा को।

इसलिए जब नाकाम बच्चों को चाँटा लगाते हुए मुक्ता मेरे पास तक आती तो मेरी निगाहें शर्म से नीची हो जाती। मैं एकटक अपनी आँखें नीचे कर लेता और वहाँ पर मुझे मुक्ता के काली पॉलिश से चमचमाते जूते दिखाई पड़ते, फिर उसके साफ-सुथरे सफेद रंग के मोजे, जिस पर लाल रंग की एक धारी पड़ी रहती थी। मेरे पास तक आकर वह एक पल को हिचक जाती। मुझे ऐसा लगता कि थप्पड़ लगाते हुए उसके हाथ भी काँप जाते थे। लेकिन, अपनी सीट पर बैठे दुबे जी की निगाहें बड़ी सख्त थीं। मुक्ता ने अपने हाथ को जोर से लहराया लेकिन मेरे गाल तक पहुँचते-पहुँचते उसकी रफ्तार में कमी आ गई। उसने धीरे से मुझे एक थप्पड़ जड़ दिया। लेकिन, इस थप्पड़ की आवाज वैसी करारी नहीं थी जैसी दुबे जी चाहते थे। उन्होंने मुक्ता को अपने पास बुलाया और खींचकर थप्पड़ मारा। थप्पड़ की आवाज से पूरी कक्षा गूँज उठी थी। "ऐसे ही थप्पड़ मारना है तुम्हें", दुबेजी ने कहा।

मुक्ता सामने आई तो उसकी आँखें पीड़ा और अपमान से डबडबाई हुई थीं। उसने इस बार कोई कोताही नहीं की। इस बार उसका थप्पड़ इतना अनपेक्षित और जोरदार था कि मैं जमीन पर लोट गया। देखा न आपने, हम जैसों पर किसी की सदाशयता भी भारी कितनी पड़ती है।

इस तरह भारत के चरित्र निर्माण या भविष्य निर्माण का दुबेजी का सपना पूरा होता रहा। मेरी निगाहें न तो पहले ऊपर उठतीं और न ही बाद में। मैं तो अपने-आप में डूबा सिर्फ मुक्ता के जूतों को देखता रहता, जो धीरे से मुड़कर मुझसे दूर हो जाते। सभी नाकाम बच्चों को थप्पड़ लगाने के दायित्व का निर्वहन करने के बाद वह अपनी सीट पर जाकर बैठ जाती।

ये हमारे शैक्षिक जीवन की तीसरी कक्षा थी, जो हमें आगे के जीवन का सामना करने के लिए तैयार कर रही थी। अन्य दूसरी कक्षाओं की तरह ही इसने भी हमारे जीवन में कई महत्वपूर्ण सबक जोड़े। इस कक्षा में मैंने कम से कम तीन बार मुक्ता के हाथों की धमक को अपने गालों पर महसूस किया होगा।

पहली बार के चाँटे वाले दिन के बाद का यह शायद तीसरा या चौथा दिन रहा होगा। शाम के समय घर के गेट पर किसी ने खट-खट की तो कौन आया है देखने के लिए मैं बाहर निकला। बाहर मुक्ता के पापा खड़े थे। मैंने तुरन्त नमस्ते की। उन्होंने पूछा, 'तुम्हारे पापा हैं'। मैंने कहा, 'हैं'। इसी बीच मैंने देखा कि गेट के बाद स्कूटर पर मुक्ता भी बैठी हुई है। वह थोड़ा चोर निगाहों से मेरी तरफ ही देख रही है। मेरी निगाहें तुरन्त ही उससे ज्यादा बड़ी चोर हो गईं। मुक्ता के पापा के सामने भी मैं बगलें झाँकने लगा। उन्होंने कहा, 'जरा बुला दो'। अन्दर जाकर मैंने पापा को बता दिया। खुद अन्दर ही रह गया। बाहर जाने की हिम्मत ही नहीं पड़ रही थी। मुक्ता अग्रवाल की चकर-मकर आँखें अभी भी इधर-उधर तक रही थीं। उसे शायद उम्मीद थी कि मैं बाहर निकलूँगा।

अच्छा हुआ कि अग्रवाल अंकल को कोई छोटा-मोटा काम था। वे कुछ बातचीत करके बाहर के बाहर से ही चले गए। उसके अगले दिन स्कूल की कक्षा में मैं भी था और मुक्ता अग्रवाल भी। लेकिन, बीते दिन की कोई निशानी हमारे बीच में नहीं थी। हो सकता है कि अपने साथ बैठने वाली सहेलियों को उसने बताया हो कि वह मेरे घर गई थी। लेकिन, मेरे लिए इस घटना का उल्लेख अपने दोस्तों से करने का कोई कारण ही नहीं था। यह बताने से भी क्या हासिल होने वाला था।

दिन हमेशा की तरह ही बीतते रहे। भारी मेहनत-मशक्कत के बाद तीसरी कक्षा भी पार हो गई। बहुत अच्छे नम्बर तो क्या कहा जाए, लेकिन अगली कक्षा में जाने लायक हो गए। मुक्ता अग्रवाल ने पूरी कक्षा में सबसे अच्छे नम्बर प्राप्त किए थे। इसका फायदा भी उसको हुआ। तीसरी कक्षा के बाद उसके पापा ने मुक्ता का नाम स्कूल से कटवा लिया। उसका एडमीशन शहर के ही एक बड़े अंग्रेजी स्कूल में हो गया। वह शायद इस लायक थी भी नहीं कि इस स्कूल में पढ़ती। पढ़ाई-लिखाई से लेकर अपने पूरे रंग-ढंग में भी वह हमारी पूरी कक्षा में अजूबी-सी लगती थी। मैंने पहले ही कहा था कि उसके होंठ लाल-लाल और गाल फूले-फूले थे। उसके सुनहरे बालों की दो अलग-अलग धाराओं को दो अलग-अलग फौव्वारों की शकल में बाँध दिया जाता था। जब वह उछलती हुई चलती-दौड़ती-भागती थी तो उसके सुनहरे बालों के दोनों फौव्वारे भी उसके साथ ही उछलते-दौड़ते-भागते रहते थे।

थप्पड़

हमारी चौथी कक्षा अब पहले की तुलना में ज्यादा आसान थी। दुबे जी अभी भी सजा देने के काफी सृजनात्मक तरीके निकाला करते थे। लेकिन, मुक्ता अग्रवाल के चाँटे में जो कष्ट था फिर किसी भी सजा में वह कष्ट नहीं हुआ। हालाँकि, कोशिश उन्होंने बहुत की। लेकिन, वैसी तासीर फिर नहीं पैदा हुई।

खैर, एक ही मुहल्ले में रहने के चलते अभी भी कभी-कभी मुक्ता से आमना-सामना हो जाता था। और कुछ नहीं तो कई बार ऐसा हो जाता कि मैं पापा के साथ स्कूटर पर सब्जी खरीदने गया हूँ, वहाँ पर मुक्ता के पापा भी सब्जी खरीदने आए हुए हैं। कई बार उनके साथ मुक्ता भी होती थी। हम दोनों एक-दूसरे को चोर नजरों से देखा करते थे। पता नहीं क्यों शर्मा जाते। कई बार तो लगता कि जैसे हमारे बड़े भी हमारी नजरों की पहेली को बूझने की कोशिश कर रहे हैं। हालाँकि, वे इस पहेली को बूझ कितना पाते हैं, इसके बारे में कम से कम मुझे तो कोई अन्दाजा नहीं रहा कभी।

समय गुजरता रहा। साल दर साल बीतते रहे। मेरे खयाल से उस समय मैं कोई दसवीं कक्षा में रहा हूँगा, जब एक दिन अचानक वैसे ही गेट पर खटखट हुई। मैं बाहर निकला तो सामने मुक्ता के पापा खड़े थे। मैंने उन्हें नमस्ते किया। उन्होंने मेरे पापा के बारे में पूछा। पहले की तुलना में उम्र के साथ अब मेरे आत्मविश्वास में थोड़ा इजाफा हो चुका था। मैंने कहा कि पापा हैं और गेट खोलकर उन्हें अन्दर बुलाया। वे अन्दर आकर बैठ गए। उनके हाथ में शादी का कार्ड था। मुक्ता अग्रवाल की शादी तय हो गई थी। वह पापा के साथ अन्दर बैठ गए। चाय के साथ चर्चा हो रही थी। बिटिया अपनी मौसी के यहाँ किसी शादी में गई हुई थी। वहीं पर किसी ने उसे पसन्द कर लिया था। रिश्ता अच्छा था तो अब क्या इनकार करते। हाँ, उन लोगों ने कहा है कि आगे की पढ़ाई हम अपने घर में कराएँगे। बड़ा अच्छा परिवार था। बहुत बड़ा कारोबार था। पढ़ी-लिखी लड़की आएगी तो सबकुछ सँभालने में भी मदद मिलेगी। इसलिए मुक्ता अग्रवाल के पापा भी इनकार नहीं कर सके।

तो उसकी शादी तय हो गई। उस समय तक विवाह समारोह में बहुत ज्यादा तामझाम घुस नहीं पाया था। घर के सामने सड़क को छेककर शामियाना लग जाता था। जहाँ पर बारात का स्वागत होता। या फिर घर की छत पर

शामियाना लगाकर काम हो जाता। मोहल्ले के पार्क में भी विवाह समारोह आयोजित हो जाते। लेकिन, मुक्ता के पापा ने शादी बड़ी धूम-धाम से की। शहर के किसी होटल में पूरा वैवाहिक कार्यक्रम था। वहाँ पर धूमधाम से बारात आई और वहीं से विदा हो गई।

अब मुहल्ले में अगर शादी होती तो शायद हमें भी जाने का मौका मिलता। लेकिन, होटल दूर होने के चलते हमारा वहाँ पर जाना सम्भव नहीं था। मुक्ता की शादी हो गई। इसके बाद भी कई साल बीत गए। समय के साथ-साथ हम भी बड़े होते गए। जीवन की परेशानियाँ भी बढ़ती गईं। अपने-आप को साबित करने की चिन्ता भी बढ़ती गई। पहले तो किसी तरह बीए, एमए पूरा हुआ। फिर जॉब लगी तो कहीं किसी एक ठौर पर टिकने वाली नहीं। हर सप्ताह कहीं न कहीं का टूर लग जाता। एक शहर से दूसरे शहर में भटकते रहते। ऐसे ही किसी दिन हापुड़ से गुजरे तो अचानक याद आया कि इसी शहर में किसी जगह पर मुक्ता अग्रवाल भी रहती होगी। उसके ससुराल वाले हापुड़ के बड़े आढ़तियों में शामिल थे। अब पता नहीं कैसी दिखती होगी। हम लोग अचानक एक-दूसरे के सामने आ भी जाएँ तो क्या पता एक-दूसरे को पहचान भी पाएँगे कि नहीं।

मैं तो उसे आज भी याद करता था। क्या उसको मैं भी याद रहा होऊँगा। इसकी सम्भावना बेहद कम है। खड़े-खड़े बालों और सूखे हुए होंठ वाला वह पतला-दुबला लड़का क्या किसी को याद रह सकता है। इसकी तो कल्पना करना भी व्यर्थ ही है।

एक शहर से दूसरे शहर में भटकते हुए ऐसे ही एक दिन मेरी भी शादी तय हो गई। मैं छुट्टियों में घर आया था। पन्द्रह दिन बाद शादी थी। कार्ड बँट रहे थे। हर किसी के पास बहुत ढेर सारा काम और जिम्मेदारियाँ थीं। मुहल्ले में थोड़े-बहुत कार्ड बाँटने की जिम्मेदारी मुझे भी मिल गई। तो ऐसे ही एक दिन मैं अग्रवाल अंकल के घर पहुँच गया।

मैं अभी गेट का दरवाजा खटखटाने की सोच ही रहा था कि अपनी साड़ी का आँचल सँभालती हुई एक औरत बाहर दालान में निकली। उसे देखकर ऐसा लगा कि जैसे कोई चमकदार और चमकीला रंग लगातार धूप पड़ने से बेरंग हो चुका हो। उसके सुनहरे बालों में सफेदी बढ़ गई थी। उसके लाल-लाल होंठ सूख चुके थे। उसकी आँखों की चकर-मकर गायब हो गई

थी। इतने में पीछे से भागते हुए उसके दो बच्चे भी चले आए। एक की उम्र बारह साल रही होगी तो दूसरी वाली दस के लगभग रही होगी। बारह वाले ने दस वाली की कॉपी फाड़ दी थी। दस वाली अपना मुकदमा लेकर माँ के पास आई थी। माँ के चेहरे पर ऊब और खीज के भाव थे। उसने गुस्से से आँखें तरेरी। लेकिन, दोनों में से कोई भी सुनने को तैयार नहीं था। इस पर उसने दोनों के ही गाल पर दो-दो थप्पड़ जड़ दिए। गलती किसकी है, यह बात दीगर है, लेकिन थप्पड़ में सन्तुलन बराबर का मौजूद था।

स्थिति कुछ ऐसी बन गई कि मुझे लगा कि वापस लौट जाऊँ। कि अचानक ही उसे गेट पर मेरे खड़े होने का खयाल आया। उसी गुस्से भरी मुद्रा में उसने मेरी तरफ देखा और अपनी आँखों से ही सवाल किया "कहिए"।

मेरे कुछ भाव हलक में जमा हो गए। मैंने कहा, "जी अग्रवाल अंकल को शादी का कार्ड देना है।" उसने मेरे हाथों से कार्ड ले लिया। उसने ऊपर नाम पढ़ा और मेरी तरफ देखा। उसकी आँखों में पहचान की चमक जाग गई। उसकी निगाहें शर्म से डूब गई और वह मुझसे नजरें चुराते हुए घर के अन्दर भाग गई।

मैं कुछ देर गेट पर खड़ा रहा। फिर चुपचाप लौटकर स्कूटर पर किक मारने लगा। स्कूटर स्टार्ट नहीं हो रहा था। अचानक मैंने अपनी पूरी ताकत से स्कूटर में एक लात मारी। स्कूटर का हैंडिल मेरी हाथ से छूट गया। अगले पल स्कूटर जमीन पर लोट रहा था। वैसे ही जैसे मुक्ता का थप्पड़ खाकर मैं जमीन पर लोट गया था।

मुक्ता ने किसका थप्पड़ खाया था!

फेंगशुई

एक

ये कोई हैरत की बात नहीं कि उसे यह पता था कि उसके आसपास के लोगों की निगाहें उसके ऊपर कहाँ आकर ठहर जाती हैं। उसे इसकी बहुत परवाह भी नहीं थी। निगाहों की इन भिनभिनाती हुई मक्खियों को अपने कन्धों से भगाने के लिए उसकी एक उड़ती हुई सी नजर ही काफी है। आवारा निगाहों की मक्खियाँ उसके आसपास मँडराना शुरू करती नहीं कि वो अपनी एक तिरछी नजरों का तीर उस तरफ छोड़ देती। मक्खियाँ भिनभिनाती हुईं, मजबूर-सी होती हुईं, वहाँ से भाग जातीं। पर सभी मक्खियाँ इतनी सीधी भी नहीं होतीं। कुछ होती हैं बेहद ढीठ। कुछ तो ढूँढ़ती रहती हैं कि शरीर में घाव कहाँ है। उसी घाव में वे अपने अंडे छोड़ देती हैं जिससे घाव नासूर बनने लगता है। सड़ने लगता है। उसमें पस बनती है, मवाद से अन्दर तक का हिस्सा टप-टप करने लगता है। ढीठ मक्खियों की साध पूरी हो जाती है।

खैर, मक्खियों की इन कारस्तानियों को कौन नहीं जानता। वो भी इसे समझती थी। लेकिन, मक्खियों को देखा-अनदेखा करने का हुनर उसने पता नहीं कहाँ से सीखा हुआ था। हाँ, अपने आसपास होने वाली सरगोशियों और कानाफूसियों को वह सुनती जरूर थी। सुनाई न भी दें तो उसकी सुन-गुन तो

उसे रहती थी। ये कहानी भी कुछ तो उसके मन की बातों से शुरू होती है, तो कुछ उसके आसपास हल्के-हल्के फुसफुसाने वाली आवाजों पर। इसलिए दोनों को एकसाथ सुनते हुए चलना पड़ेगा।

ऑफिस में अपनी टेबल तक जब वो पहुँची तो सीढ़ियाँ चढ़ने के चलते उफनाई हुई उसकी साँसें अभी थमी नहीं थीं। मेट्रो से तेज कदमों से चलते हुए वह अपने ऑफिस की लिफ्ट तक पहुँची थी। लिफ्ट का दरवाजा खुला तो उसने अपनी घड़ी पर एक निगाह डाली। बारह बजकर पैंतीस मिनट हो रहे थे। यानी पैंतीस मिनट की देरी हो चुकी थी। लिफ्ट से निकलकर जब उसने बायोमीट्रिक मशीन में अपनी उँगलियों की छाप दी तो उपस्थिति दर्ज होने के साथ ही बायोमीट्रिक मशीन ने बारह बजकर सैंतीस मिनट होने की ताकीद की। जैसे मशीन को भी पता हो कि कौन समय से आया है तो कौन देर से। खैर, अपनी साँसों को धीरे-धीरे संयत करते-करते उसने अपने आसपास से उठी निगाहों को अभिवादन के शब्द कहे। हैलो सर। कैसे हैं सर। गुड मॉर्निंग सर। और उनका जवाब लेते-देते अपने कम्प्यूटर का बटन ऑन कर दिया। कम्प्यूटर के सीपीयू ने अपना काम तेजी से करना शुरू किया। डिस्क चेक की। रैम पढ़ा। विंडो सेवन का मैसेज दिखाया और डेस्कटॉप पर एक-एक करके सभी प्रोग्राम के आईकन दिखने लगे। इतने में उसने अपनी कुर्सी सँभाल ली। कुर्सी के नीचे लगे लीवर को हल्का-सा दबाकर, उसकी लम्बाई थोड़ा कम करके वह बैठ गई। गूगल क्रोम पर क्लिक करने के साथ ही उसने अपनी रोज की आदत के हिसाब से एक साथ पाँच टैब खोल लिए। पाँचों टैब के लिए कम्प्यूटर ने बफरिंग करनी शुरू की। सबसे पहले जो यूआरएल खुला उस पर उसने ई-मेल से पहले अपना फेसबुक खोल लिया। फेसबुक पर अपना लॉगइन आईडी और पासवर्ड टाइप किया और जब तक कि पेज खुले उसने दूसरे टैब पर अपना ई-मेल खोल लिया। तीसरे टैब पर उसने गूगल न्यूज खोला। चौथे पर अपने ऑफिस की आईडी खोली और पाँचवे टैब पर उसने डेली मेल खोल लिया। धीरे-धीरे करके सभी पन्ने लोड होते रहे। सबसे पहले फेसबुक खुला। वह नोटीफिकेशन देखने लगी। कई सारे लाइक्स आकर पड़े हुए थे। चैट बॉक्स में कुछ मैसेज भी इन्तजार कर रहे थे। फिलहाल इन सबको पढ़ने का वक्त नहीं था तो वह ई-मेल खोल कर इनबॉक्स में आए हुए सन्देशों पर नजर डालने लगी।

यहाँ पर भी एक सरसरी निगाह डालने के बाद उसने जीमेल को भी मिनिमाइज कर दिया। फिर ऑफीशियल मेल चैक करने लगी। गूगल न्यूज देखा और फिर डेली मेल की सबसे ऊपर की हेडिंग पर निगाह डालने लगी। इस बीच में उसने एक हल्की-सी निगाह कम्प्यूटर के बगल में मौजूद एक छोटे-से सजीव पर डाली। छोटे-से शीशे के जार में फेंगशुई वाले बाँसों का गट्ठर अपनी हरी-हरी पत्तियों से खुशियाँ बिखेरता हुआ-सा पानी में अपने घुटने डुबाए खड़ा था। उसकी हल्की सफेद, कुछ पीलिमा लिए हुए जड़ें एकदम छोटे-छोटे पतले धागों जैसी पानी में तैर रही थीं। इन धागों में कहीं-कहीं पर काई के हल्के निशान जमने लगे थे। इस शीशे के जार पर एक सफेद कागज की पट्टी लगी हुई थी। इस पर बाँसों के इस नाजुक-से गट्ठर का नाम लिखा था। ग्लिटर। जी हाँ, फेंगशुई के इन बाँसों का यहाँ पर यही नाम था। गट्ठर एक लाल रंग के रिबन से बँधा हुआ था। तोते जैसे रंगों वाले बाँस की हरी पत्तियाँ एकदम ताजा थीं। अपने दाहिने हाथ में माउस को पकड़े-पकड़े और करसर को स्क्रीन पर जगह-जगह घुमाते और क्लिक करते हुए उसने हल्के-से इन पत्तियों को छू लिया। इन पत्तियों पर हाथ फेरना उसे पसन्द था। वो पत्तियों की सतह को अपनी उँगलियों के पोरों से छूती-सहलाती। पत्तों के रेशे जैसे उसे जागते हुए से लगते। गिटार के तारों को धीरे से सहलाने से जैसे वे हल्के-हल्के कम्पन करने लगते हैं। कुछ-कुछ ऐसा ही यहाँ भी महसूस होता।

उँगलियों के पोरों से बाँस की पत्तियों को सहलाने और दूसरे हाथ की अँगुलियों से माउस को क्लिक करने का खेल अभी चल सकता था कि सेक्शन इंचार्ज साहब ने इसमें व्यवधान डाल दिया। अलग-अलग टैब को मैक्सिमाइज और मिनिमाइज करने के खेल को काफी देर से देख रहे शर्मा जी उसके पास आए और बोले,

"निशा जी, आपको एसाइनमेंट मिल गए हैं?"

एकबारगी तो निशा ने उनकी तरफ ऐसे देखा जैसे कि कोई अजनबी उससे किसी अनजान जगह का रास्ता पूछ रहा हो। अभी वो कुछ हाँ या न करती कि शर्मा फिर बोल पड़े, हाँ-हाँ, आपको मेल कर दिया है। देख लीजिएगा। तीसरे वाले एसाइनमेंट से पहले मुझसे एक बार बात जरूर कर लीजिएगा।

इतना कहने के बाद वे अपने छोटे-से केबिन में बैठ गए। यह एकबड़े-से दफ्तर का छोटा-सा सेक्शन था। आठ-दस लोगों के लिए बनाए गए वर्गाकार

केबिनों के बीच में सेक्शन इंचार्ज के लिए छोटे-छोटे केबिन अलग से बनाए गए थे। इंचार्ज साहब की मेज के आगे दो लोगों के बैठने की कुर्सियाँ लगी हुई थीं। मेज पर कम्प्यूटर का मॉनीटर रखा हुआ था। यहीं पर बैठकर वे अपने सेक्शन के सभी लोगों को काम बाँटते थे। पूरे दफ्तर में सुबह से ही अलग-अलग सेक्शन के लिए फाइलें छाँट ली जाती थीं। इसके बाद अलग-अलग एसाइनमेंट भी बाँट दिए जाते थे। शर्मा जी अपने सेक्शन के आठ लोगों में काम का बँटवारा करते थे। ज्यादातर फाइलें सॉफ्टकॉपी में थीं। यानी उन्हें बस मेल किए जाने की जरूरत थी और वे एक कम्प्यूटर से दूसरी कम्प्यूटर तक बस यूँ ही घूमती रहती थीं।

दो

ये पाँच फुट आठ इंच लम्बी एक लड़की है। स्पोर्ट्स शूज, आसमानी नीले रंग की जींस और पीले रंग का शूट, जिसपे तोतिए हरे रंग की डिजाइन बनी हुई। नहाने के बाद भीगे हुए बालों पर मोटे दाँतों वाले कंघे फेरे गए थे। उन कंघों के डिजाइन उसके बालों पर अभी भी मौजूद थे। भीगे हुए बालों को हल्के-से ढीले-ढाले तरीके से रिबन से बाँधा गया था। बालों से धीरे-धीरे रिसने वाली पानी की कुछ बूँदों ने कुर्ते के कॉलर को हल्के-से भिगो दिया गया था। भीगे हुए बाल जब तक सूखते कॉलर पर पानी के हल्के निशान बन चुके थे।

अपने बालों को तेजी से पीछे खींचते हुए उसने उन्हें एक हल्की-सी गाँठ में बाँधने का प्रयास किया। पीछे हल्के-से जूड़े के आकार में बँधे बालों पर उसने क्लचर के पंजे फँसा दिए। क्लचर में फँसने के बाद बालों का ऊपर से एक गुलदस्ता-सा निकला हुआ दिखने लगा। जबकि, बालों के ऊपर होने से उसकी पूरी गर्दन साफ दिखाई देने लगी। गर्दन पर स्पाघेटी की गाँठ के ठीक नीचे एक टैटू बना हुआ था। गर्दन की गोरी-गोरी त्वचा पर यह कुछ-कुछ नीलिमा लिए हुए काली लकीरों से बनी हुई माँ दुर्गा की आँखें थीं। वैसी ही जैसी दुर्गा पूजा के तमाम आमंत्रण पत्रों में बनाई जाती हैं। या फिर जैसे दुर्गा पूजा के तमाम स्मरणपत्रों में दिखती हैं। काजल लगी हुई माँ दुर्गा की बड़ी-बड़ी आँखें। भृकुटियाँ तनी हुई। गर्दन पर बना हुआ यह टैटू जैसे हर किसी देखने वाले को घूरता रहता।

अपने बालों को क्लचर में फँसाने के बाद उसने ऑफीशियल ई-मेल में आए हुए नोटीफिकेशन पढ़ने शुरू किए। एक-दो-तीन। हाँ-हाँ।

इधर उसने अपने कम्प्यूटर पर एसाइनमेंट खोलने शुरू किए, इसी बीच बगल की गैलरी में मौजूद कॉफी मशीन के पास देखिए क्या सरगोशियाँ हो रही थीं—

"सर, एक आदमी के आधे दिन की तनख्वाह तो पाँच मिनट की देरी पर कट जाती है और दूसरा आदमी कितना भी देर हो जाए, कुछ फर्क ही नहीं पड़ता। यह कैसा नियम है।" एक आवाज ने पूछा।

दूसरी आवाज ने जवाब दिया, "भई, अब हमें क्या। कई बार तो कह दिया है।"

"लेकिन, सर सेक्शन के बॉस तो आप हैं। आपको तो कहना चाहिए।"

"हमने तो कई बार कह दिया। कभी बस लेट हो गई तो कभी मेट्रो धीमे चल रही थी। एक बार तो चप्पल टूट गई के बहाने पर घंटों से ज्यादा की देरी हो गई। मैडम जब ऑफिस आईं तो बस मुस्कुरा कर बोलीं कि 'सर चप्पल टूट गई थीं। आसपास कोई मोची ही नहीं था। ढूँढ़ने में ही आधा घंटा लग गया।'"

"सर, कोई आधा घंटा देर से भी आए और आधा घंटा पहले भी चला जाए।"

"इसमें कोई क्या कर सकता है। बड़े बॉस को सब पता है। मैंने भी कहा था तो बोले बस कुछ दिन की बात है। सँभाल लो।"

"कुछ दिन की कहाँ सर, ऐसा देखते-देखते तो मुझे ही छह महीने से ज्यादा हो गए।"

"तो भाई हम क्या कर सकते हैं। ऊपर वाले को बता दिया। अब जो कुछ करना है, करना तो उसे ही है।"

"लेकिन, सर गिनाने के लिए सिर तो कई हो जाते हैं, काम कुछ होता नहीं। फिर ये होता है कि इतने आदमी है। काम कुछ हो नहीं रहा है। उसकी जिम्मेदारी भी हमारी हो जाती है।"

"जिम्मेदारी का तो पूछो भी मत। बड़े बॉस से एक बार कह कर देखो, तो जवाब मिलेगा, नई लड़की है, थोड़ा तो काम सिखाना ही पड़ेगा।"

"सर काम ही सिखाना है तो सीखे न कोई। लेकिन, जब किसी की सेलरी स्लिप पर रकम लिखी हो ज्यादा और काम उसको वो सिखाए

जिसकी सेलरी स्लिप पर उससे आधी भी रकम न लिखी हो तो। ये नाइंसाफी नहीं है।"

"हाँ, लेकिन ऊपर वाले ऐसा नहीं सोचते। उनके हिसाब से यही यंग लोग आगे कुछ करेंगे। नई सोच इन्हीं के पास है। हम लोग तो बस लकीर के फकीर हैं। एक ही धुन है जो बजाए जा रहे हैं।"

इस तरह की तमाम बातें चलती रहीं। यह रुकनी भी नहीं थीं। ऑफिस के एक कोने में चाय-कॉफी मशीन के सामने खड़े होकर यह बातें हो रही थीं। बातचीत के साथ-साथ मशीन में चाय का कप भी लगाया गया। चाय वाला बटन भी सलेक्ट किया गया। चाय में चीनी के दो क्यूब भी डाले गए। चीनी को घोलने के लिए उसे प्लास्टिक की पतली-सी डंडी से घुमाया गया। उसमें चाय पत्ती के पैकेट लगाए गए। चाय पत्ती को डिप-डिप करते हुए ऑफिस का यह असन्तोष भी प्रकट हुआ। उसे कहा गया और उसे सुना गया। शर्मा जी के सवाल भी लगभग वही थे जो उनके मातहत के थे। लेकिन, अपनी कुर्सी पर बैठकर शर्मा जी इस सवाल को ठीक उसी तरह से नहीं देख सकते थे जिस तरह से कि उनके मातहत देख सकते हैं। कुर्सी पर बने रहने की मजबूरी आपकी इतनी स्वतंत्रता तो छीन ही लेती है। नजरिया या तो बदल जाता है या फिर बदलना पड़ता है।

बातें चलती रहीं। चाय का कप अपने-अपने हाथों में लेकर और चाय पर चर्चा करते हुए दोनों लोग अपने सेक्शन में वापस आ गए। मातहत की सीट लड़की के बगल में थी। इंचार्ज का छोटा-सा केबिन था। मातहत ने अपनी टेबल पर चाय का कप रखा और अपने कम्प्यूटर की स्क्रीन ऑन की। उसने भी मिनिमाइज करके कई टैब खोल रखे थे। उसमें से एक टैब खोलकर वह भी अपने काम में जुट गया। उधर इंचार्ज साहब ने भी कई टैब मिनिमाइज किए हुए थे। उन्होंने भी कोई एक टैब मैक्सीमाइज किया और उस पर लग गए। आठ लोगों के सेक्शन में दो लोग आज छुट्टी पर थे। बाकी छह लोग अपनी-अपनी सीट पर जम चुके थे। इंचार्ज साहब अपनी कुर्सी पर जम चुके थे। और सभी मिलकर कम्प्यूटर को घूरे जा रहे थे। कुल मिलाकर यह कम्प्यूटर को घूरने की नौकरी थी। आठ घंटे लगातार कम्प्यूटर को घूरते रहने, बीच-बीच में कीबोर्ड पर कुछ टाइप करने। माउस के करसर को स्क्रीन पर घुमाने और बीच-बीच में माउस को क्लिक करने

की नौकरी थी। खास तौर पर वो सीन तो सबसे मजेदार होता था जब सब के सब एकटक अपने कम्प्यूटर की स्क्रीन की ओर ताकते से मिलते। निगाहें स्क्रीन पर जमी हुई। हाथ माउस पर। उँगलियाँ कभी स्क्रोल कर रही हैं तो कभी क्लिक। माउस के एक क्लिक पर कितना कुछ है। पीठ सीधी है। गर्दन थोड़ा-सा अकड़ के साथ सीधी है। आँखें कम्प्यूटर को घूर रही हैं। यही वो काम था जिसे कम से कम आठ घंटे तक करने की उनसे उम्मीद की जाती थी।

तीन

इस आठ घंटे में से कम से कम एक घंटा तो वो लड़की जरूर कम कर देती थी। उसे कभी ऑफिस पहुँचने में देर हो जाती तो कभी किसी जरूरी काम से जल्दी निकलना हो जाता। काम भी इतना जरूरी होता कि उसके लिए रुकना सम्भव नहीं होता। फिर तो इंचार्ज साहब भी भुनभुनाते रहते और साथ बैठने वाले लोग भी। लेकिन, वो इन सबकी परवाह किए बगैर वहाँ से निकल जाती। तो इस तरह आठ घंटे तक कम्प्यूटर को घूरने के काम में से एक घंटा कम हो जाता। बाकी, इसमें भी अगर चाय पिए जाने, खाना खाने, फेसबुक पर स्टेटस अपडेट करने और दोस्तों के जरूरी अपडेट्स लाइक करने, उनके फोटोज पर कमेंट करने के समय को जोड़ लें तो यह और भी कम हो जाएगा। इन सबके बीच भी वो ग्लिटर की उन पत्तियों को सहलाना नहीं भूलती थी जो उसकी ओर देखते हुए मन्द-मन्द मुस्कुराते रहते हैं।

बाईस मंजिलों वाली यह पूरी इमारत ही एयर कंडीशंड थी। यहाँ पर हवा और धूप को आने की इजाजत नहीं थी। धूल को भी नहीं। एसी की हवा खाकर-खाकर बाँस का यह जंगली पौधा भी मुलायम हो गया था। या कि चीन का यह बाँस है ही मुलायम। हमारे यहाँ के बाँस तो शायद ज्यादा सख्त होते हैं। उनकी पत्तियों से तो उँगलियाँ भी कट जाएँ। लेकिन, इन पत्तियों पर हाथ फेरने पर उनके ऊपर की त्वचा की मुलायम चिकनाई पर ध्यान जाए बिना नहीं रहता। यहाँ पर धूल का एक कण भी शायद ही दिखाई पड़ जाए। उसे मिट्टी की जरूरत ही नहीं थी। उसकी जड़ें पानी में

तैरती रहतीं। ग्लिटर को पता नहीं इस बात पर अफसोस होगा कि खुशी। उसकी जड़ें मिट्टी में नहीं जमी हुई हैं। वो सिर्फ पानी पीकर ही खुश है। कभी आप ग्लिटर की इस खुशी का बखान इस लड़की के मुँह से सुनिए।

अरे नहीं सर। फेंगशुई कुछ अलग थोड़े ही है। हमारे यहाँ भी सदियों से यह ज्ञान मौजूद है। फेंग का मतलब हवा और शुई का मतलब पानी। इससे हवा और पानी दोनों शुद्ध होते हैं। चीन लोग मानते हैं कि हमारे आसपास हर तरफ सकारात्मक ऊर्जा बिखरी पड़ी है। इसी तरह से नकारात्मक ऊर्जा भी फैली हुई है। किसी आदमी से मिलकर कभी-कभी नहीं लगता कि कैसा मनहूस आदमी है। दोबारा उससे मिलने का मन भी न करे। हाथ भी मिलाने का मन न करे। कहीं दिख भी जाए तो आदमी मुँह फेरकर आगे बढ़ जाए। जबकि, कुछ लोग कैसे होते हैं। हर समय खुश। उन्हें देख लो लगता है कि जैसे जिन्दा रहने पर यकीन हो जाए। हर कोई उनसे मिलना चाहता है। हाथ मिलाना चाहता है। यह सकारात्मक ऊर्जा है। इस ऊर्जा को हमें समेट कर रखना चाहिए।

इसलिए यहाँ पर बाँस का पौधा उस सकारात्मक ऊर्जा का प्रतीक है। इसे लाल रिबन से बाँधकर रखा जाता है। इससे हमारे आसपास सकारात्मक ऊर्जा बिखरी रहती है। हम पॉजिटिव एनर्जी से भरे रहते हैं।

फेंगशुई के बारे में लड़की की यह समझ अभी-अभी बनी थी। कुछ बन भी रही थी। चीजों को नाम देना उसे पसन्द था। अपने आसपास की कोई भी चीज वह अनाम नहीं छोड़ती थी। किराए का एक मकान बदलकर वह जब भी दूसरे मकान में पहुँचती तो सबसे पहले तो वहाँ की गली में मौजूद कुत्तों को नाम देती। उन अनाम कुत्तों को किसी खास नाम से पुकारे जाते देख वहाँ के बाशिन्दे भी हैरान रह जाते।

ई, साला, लंगड़ा के भी नाम टाईगर है। और ई खौरही कुतीवा, एके नाम भी जूली। हँय।

तो, गली के कुत्तों के नामकरण के साथ शुरू हुआ यह सिलसिला तमाम तरह की चर्चाओं को जनम देने लगता था। लेकिन, पहले बताया था न कि उसे बाखूबी इस बात का अन्दाजा था कि उसके आसपास से उठने वाली निगाहें उसके ऊपर कहाँ पर आकर ठहर जाती हैं। इन सभी सवालिया नजरों को वह अपनी निगाहों के वार कर-कर के भगा देती थी।

पर नामकरण का उसका शौक उससे छिननेवाला नहीं था। इसलिए जब वह पहली बार इस छोटे-से बाँस के गट्ठर को लेकर आई थी, तो उसने इसका नाम रखा, ग्लिटर। किसी को दिखें या नहीं, लेकिन, उसमें चमकते प्रकाश पुंज उसे दिखते थे। अपने कम्प्यूटर की स्क्रीन पर भी उसने रंग-बिरंगी झंडियाँ बाँध रखी थीं। इससे बुरी आत्माएँ दूर रहती हैं। उनका प्रभाव मिट जाता है। इन बुरी आत्माओं को ची कहा जाता है। इन्हीं को साधने का काम फेंगशुई करती है।

ग्लिटर की पत्तियों को गिटार के तारों की तरह सहलाते हुए फेंगशुई के बारे में अभी जो ज्ञान दिया गया है न वो जाहिरा तौर पर तो अपने बगल में बैठे मिस्टर दोस्त को दिया गया है। पर ढँके-छिपे तौर पर सभी को फेंगशुई के तमाम फायदे समझाए गए हैं। फेंगशुई क्या है। कोई कहेगा कि ये एक नए तरीके का ज्ञान है जो चीन से हमें प्राप्त हुआ है। बाजारों के खुलने से पहले, आर्थिक उदारीकरण के आने से पहले, दुनिया के एक ग्लोबल विलेज में तब्दील होने से पहले यह चीन की सीमाओं में सिमटा हुआ था। जब दुनिया एक गाँव बनी तो जाहिर है कि एक घर के वहम दूसरे घरों में जाने ही हैं। तो कुछ लोग इसे वहम भी करार देते हैं। हाँ-हाँ, झाड़-फूँक जैसा ही। या उससे थोड़ा बहुत अलग। अरे जैसे अपने यहाँ घर के आँगन में तुलसी का पौधा लगा दो। बड़े-बुजुर्गों ने तो कब से कहा हुआ है। तुलसी के पौधे से घर शुभ होता है। उसकी पत्तियों में न जाने कौन-कौन सी दवाओं के गुर छिपे हुए हैं। सदियों से लोग तुलसी का पत्ता अपने घर में लगाते रहे हैं।

केले की गाछ, पीपल और नीम के पेड़। ये सब हमारे शुभ पेड़ों की सूची में हैं। लेकिन, बाँस शायद इस सूची में नहीं आता। क्योंकि, बाँस के पेड़ों के झूमने से रात के अँधेरे में जो आवाजें निकलती हैं, उनसे तो शायद डर की भावना ही पैदा होगी। लेकिन, ग्लिटर तो एक छोटा-सा, प्यारा-सा बाँस है, जो सिर्फ पानी में रहता है। उसकी हरी-हरी पत्तियाँ ऐसे लगती हैं जैसे पत्तियों की कोंपल हों। जैसे पानी के अन्दर पेड़ का छोटा-सा भ्रूण तैर रहा हो। दुनिया जहान से अनजान। दुनिया की मक्कारियों और चालाकियों से अनजान। न खाने की चिन्ता न पीने की परवाह। माँ के भ्रूण में सबकुछ आसानी से हासिल है। बस पानी में भी ऐसे ही सबकुछ मिलता जा रहा है। कुछ करने की जरूरत नहीं है। पतली-पतली नसें, अरे नहीं-नहीं, जड़ें पानी

से ही उतना खाना-पानी ले लेती है जितने की जरूरत है। तो ये फेंगशुई है। कुछ लोग तो यह भी कहते हैं कि हम तो मेड इन इंडिया पर चुटकुले ही बनाते रह गए और चीनी अपने अन्धविश्वास तक हमें बेच देते हैं।

पेड़शिशु। फेंगशुई। पेड़ों का बच्चा। बच्चा पेड़।

चार

तो जिन मोहतरमा की यहाँ बात हो रही है उन्होंने चीन के इस वहम-'कम विज्ञान-कम-शुभ-लाभ' को बहुत अच्छी तरह से कंठस्थ कर लिया था। वो तो वास्तु का भी खयाल रखती। लेकिन, क्या करे। किराए के घर में कोई क्या तो कर ले और दफ्तर में जो हो सकता है वो तो वो कर ही रही थी। ये ऐसे ही थोड़े था कि जिस दिन मैडम पीली ड्रेस पहनकर आ जाती थीं तो पूरे ऑफिस को पता चल जाता था कि भई, आज तो बृहस्पतिवार है।

भागलपुर के एक छोटे-से कस्बे से निशा जब दिल्ली पढ़ने आई थी तो यहाँ पर उसे सबकुछ बहुत ही नया-नया और अनोखा लगता था। डीयू में दाखिले के बाद तो जैसे दुनिया ही बदल गई। भाग-भाग कर बस बदलते और सीपी और इंडिया गेट के चक्कर लगाते हुए उसने दिल्ली को अपने हिसाब से करीब से देखा था। पहली-पहली बार उसने जैसे जादू के जोर से मेट्रो के दरवाजे खुलते हुए देखे। जैसे सीढ़ियों को खुद-ब-खुद चढ़ते और खुद-ब-खुद उतरते देखा। यहाँ पर चलने की जरूरत ही नहीं थी। खुद ही आपको पहुँचा दिया जाएगा। पढ़ाई पूरी हुई तो वह यहीं पर नौकरी भी करने लगी। घर जाना होता रहता। लेकिन, मन तो उसका यहीं पर रम गया था। लड़कियों की पूरी की पूरी टोली थी। मौज मस्ती के दिन थे। जब जहाँ मन किया वहीं पर दिन गुजर जाता। जब भारत ने विश्वकप जीत लिया तो कनॉट प्लेस पर शोर मचाने वाली भीड़ में वो शामिल थी। जब निर्भया का नोंचा-खसोटा हुआ शरीर सड़क पर पड़ा मिला तो इंडिया गेट पर पानी की बौछार के आगे अपने शरीर को पूरी तरह से तान कर खड़े हो जाने वाले सैलाब में भी वो शामिल रही। जब सिंगापुर के अस्पताल में इलाज के दौरान निर्भया ने दम तोड़ दिया तो नए साल पर जश्न की बजाय मातम मनानेवालों में भी वो शामिल थी। जब अन्ना हजारे को गिरफ्तार करके तिहाड़ जेल में डाल

दिया गया तो तिहाड़ के आगे धरने पर बैठनेवालों में भी वो शामिल थी। हाँ, ये भ्रष्टाचार, ये पॉलिटीशियन, ये नेता खा रहे हैं हमारे देश को। इनसे देश को आजादी चाहिए। एक नए तरह का देश तो बनना ही चाहिए। इन हौसलों को नई उड़ान चाहिए।

कहा न कि उसे नाम रखने का शौक था। वह चीजों को नाम देना जानती थी। दिल्ली में थोड़ा होश सँभालते ही उसने खुद को भी नाम दे दिया था। निशा के साथ अपना सरनेम हटाकर उसने तेजस्वी जोड़ दिया। निशा तेजस्वी। हॉस्टल में सब उसे तेजा कहते थे। प्यारी सहेलियाँ तेजू कह कर बुलाती थीं। तो कोई ऐसा भी था जो उसे सिर्फ तेज कहा करता था। जबकि, खुद वो तेजस्विनी थी।

निर्भया को इनसाफ दिलानेवाले जुलूस में शामिल होने के बाद ही उसने अपनी गर्दन पर दुर्गा माँ की आँखों का वह टैटू गुदवाया था जो उसे घूरनेवालों को पीछे से घूरती रहती थीं। कन्धे पर बिखरे हुए बालों का झुंड इसे छुपाये रखता था लेकिन बालों को जैसे ही वह बाँधकर क्लचर से ऊपर करती तो दोनों आँखें जो भी सामने मिलता उसे घूरने लगतीं। सामनेवाले की आँखें उस पर टिक-टिक जातीं। वो पहले तो उसे गौर से देखता, फिर माँ दुर्गा की आँखों को घूरता हुआ मुँह फेर लेता। फिर लौटकर उसकी आँखें वहीं आकर टिकने को होती। फिर वह चोर नजरों से गोरी-गोरी गर्दन पर उभरी उन काली-नीली रेखाओं को ताकने लगता। जब वो अपने बालों को पोनी टेल कर लेती तो चोटी का सिरा कभी उन आँखों को ढँक लेता तो कभी वे बाहर आकर फिर से सामनेवाले को घूरने लगतीं। यह एक तरह के धूप-छाँव जैसा था। जब कोई प्यार से इन रेखाओं पर उँगलियाँ फिराता तो इन आँखों के तेवर जैसे काँपने लगते। इनमें सिहरन होने लगती। कभी-कभी कोई इन आँखों पर अपने होंठ रखकर चूम भी लेता। कौन होगा वो। कौन। कोई तो।

गर्दन पर बनी इन आँखों की पलकों पर अविनाश कभी-कभी अपने होंठ रख देता था। उसके होंठ अन्दर के लावे को खदबदाने लगते थे। भूकम्प की तरह गर्दन हल्के-हल्के काँपने लगती थी। रोम-रोम झूमने लगते थे। खदबदाता हुआ यह लावा बाहर निकलने को होता था। बताया था न कि उसे चीजों को नाम देने का शौक था। गर्दन पर बनी इन आँखों को भी उसने एक नाम दिया था। यह आँखें माँ दुर्गा की याद दिलाती थीं। वो इसे निर्भया कहती थी।

कभी ऐसा भी होता कि नहाकर निकली, अभी वह शीशे के सामने खड़ी ही होती। बालों को सुखाने के लिए उसने उन्हें तौलिए में लपेटा ही होता। गीले बालों से हल्के-से रिस रही कुछ बूँदें निर्भया के टैटू को नम करती रहतीं। ऐसा लगता कि जैसे उन आँखों से कुछ आँसू टपकने वाले हैं। तभी पीछे से अविनाश आकर पानी की उन कुछ बूँदों को अपने होंठों में बसा लेता। उसकी गर्म साँसें गर्दन पर बनी उन आँखों को सुखाने लगतीं। निशा अपना पूरा बोझ अविनाश पर डाल देती। अविनाश। हाँ, अविनाश ही है, जिसके भरोसे उसने अपनी जिन्दगी को एक दिशा में बहने के लिए छोड़ दिया था।

कब मिला था अविनाश उसे। कहना मुश्किल है। पहली बार जब उसके पास अविनाश की फ्रेंड रिक्वेस्ट आई थी तो उसने सबसे पहले अपने म्यूचुअल यानी साझा दोस्तों की लिस्ट देखी। फिर उसकी कुछेक पोस्ट पर ध्यान दिया। पहली नजर में आदमी ठीक लगा तो उसने ओके कर दिया। अविनाश बेंगलुरु में रहता था। किसी कम्पनी में मैनेजर। दोस्ती हुई। फिर गहरी हो गई। फिर प्रेम भी हो गया। अब जब वह दिल्ली आता तो उसके साथ ही कमरे पर ठहर जाता। मकान-मालिक को पता था, पड़ोसियों को पता था, दूध की दुकानवाले को पता था। सभी को पता था कि दोनों लिव इन में रहते हैं। जल्द ही शादी भी करने वाले हैं।

"अविनाश की दादी की मौत इसी दिसम्बर महीने में हो गई थी। साल भर तक कुछ होता नहीं है न। त्योहार नहीं मनाए जाते। शादी-ब्याह नहीं होता। बस इसीलिए रुके हुए हैं। एक साल पूरा हो जाए तो हम लोग शादी कर लेंगे।" अपनी रिंगफिंगर में फँसे सोने के छल्ले को हल्के-से घुमाते हुए निशा ने मिस्टर दोस्त से कहा।

"अच्छा, तुम तो बहुत लकी हो, यार। अविनाश के घरवाले तैयार हो गए हैं।"

"हाँ, सब लोग तैयार हैं। अभी मुलाकात तो नहीं हुई। लेकिन, सब मान जाएँगे। मुझे तो पहली मुलाकात में ही अविनाश ने यह अँगूठी पहना दी थी।"

मामला था भी कुछ ऐसा ही। महीने में तीन-चार दिन तो ऐसे होते ही थे, जिनके लिए अविनाश बेंगलुरु से दिल्ली की प्लाइट पकड़कर आ जाता। दोनों साथ रहते। एक-दूसरे में डूबे हुए, कभी इंडिया गेट पर टहलने निकल जाते तो कभी यूँ ही सेंट्रल पार्क की घास पर उँगलियों में उँगलियाँ फँसाए

बैठे रहते। दिन निकले जा रहे थे। जुदाई थी नहीं। मिलन मौजूद था। प्यार में कोई बाधा भी नहीं थी। निशा ने अपनी रिंगफिंगर को कभी छुपाने की जरूरत नहीं समझी। बल्कि, वह तो उसे गाहे-बगाहे दिखाती भी रहती थी। सोने के इस गोल छल्ले पर बहुत ही छोटे इटैलिक अक्षरों में एंड लिखा हुआ था। ए, एन और डी। इसका मतलब अविनाश ही कुछ-कुछ समझाता। ए मतलब अविनाश और एन मतलब निशा। दोनों मिलकर एक हो गए, जुड़ गए तो एंड यानी पूरे हो गए।

पाँच

ये बन्द जगह। जहाँ बाहर से हवा को भी आने की इजाजत नहीं है। चारों तरफ जो भी हवा है वो बस एयरकंडीशनर से होकर गुजरी है। जहाँ तक पहुँचते-पहुँचते इनसान के जूतों से चिपटा मिट्टी का एक-एक कण भी झर जाता है। कन्धों पर बैठे हुए धूल के छोटे-छोटे बच्चे भी ठंड से दुबक जाते हैं। मौसमों का यहाँ पता नहीं चलता। बाहर घटाएँ खूब झूम-झूम कर बरस रही होतीं। आसमान पर काले-काले बादल छाए होते। लेकिन, यहाँ पर एलईडी की सफेद रोशनी में, एक समान तापमान के बीच बैठे हुए वो कई सौ आदमी, जो इस ऑफिस में काम करते हैं, वो चुपचाप बैठे हुए कम्प्यूटर या लैपटॉप की स्क्रीन को घूरने का काम करते रहते। निशा खुद भी इन्हीं में से एक थी। चुपचाप कम्प्यूटर के मॉनीटर को घूरते हुए, माउस को धीरे-धीरे स्क्रोल करते हुए, कभी-कभी उसे हल्के-से क्लिक करके, रिपोर्ट का कोई हिस्सा सलेक्ट करके उसे कट-पेस्ट करते हुए, कहीं से हाईलाइट करते हुए, ये विचारमग्न मुद्राएँ कई-कई घंटे बनी रहती थीं या बनी रह सकती थीं। इसका सभी को अभ्यास था। इन कुर्सियों में जैसे फेवीकोल लगा हुआ था।

निशा तो बस उस बन्द जगह से आजाद होना चाहती थी। यहाँ का जीवन एकरस था। वह दिन बिताकर जब कभी ऑफिस से बाहर निकलती तो पता चलता कि अरे, इतना पानी बरस गया। चारों तरफ घुटनों-घुटनों तक पानी भरा हुआ है। वो अपना काम पूरा करके बाहर आती तो पता चलता कि अरे, आज तो कितनी बर्फीली हवाएँ चल रही हैं। वो अपना काम करके बाहर आती तो पता चलता कि अरे, पेड़ों के पत्ते हवा में उड़े जा रहे हैं।

मौसम कैसा होली-होली जैसा हो गया है। जाड़ा उतर गया है। धूप ने कपड़े की परतें प्याज के छिलकों की तरह उतार दी हैं।

कुछ ऐसा ही दम घुटता था, उस बाईस मंजिला इमारत में। जहाँ पर सबकुछ नियत था। पहले से तय था। प्रीलोडेड प्रोग्राम। इनसान संचालित था। तापमान भी। 18 से 26। बस न इससे कम न इससे ज्यादा। मई-जून की गर्मियों में बाहर सूरज आग का गोला बना होता, लू के थपेड़ों से लोगों के चेहरे तमतमाए होते थे, लेकिन अन्दर एयरकंडीशनर इतना नीचे होता कि कई बार तो लड़कियाँ अपने दुपट्टे को शॉल की तरह ओढ़ लेतीं। या फिर अपने बैग में एक शॉल ही रखे रहतीं। तापमान ज्यादा गिरा नहीं कि उन्होंने वो शॉल ओढ़ लेनी है। एयरकंडीशनर से निकलने वाली ठंडी हवा के चलते उँगलियाँ ठिठुरने लगतीं तो निशा हल्के-से ग्लिटर की पत्तियों को सहलाने लगती। जैसे ग्लिटर उस ठंड को भी थोड़ा-सा अपने में समाहित कर लेना चाहता हो।

बस कुछ दिन और। फिर उसे यह नौकरी छोड़नी है। पता नहीं दिल्ली रहना होगा भी कि नहीं। ज्यादा सम्भावना यही है कि वो बेंगलुरू शिफ्ट हो जाएगी। वहीं पर कोई छोटी-मोटी नौकरी कर लेगी। वैसे ज्यादा अच्छा तो यही होता कि अविनाश ही दिल्ली आ जाता। पर दिल्ली आने की कभी उसने इच्छा ही नहीं जताई। जबकि, निशा के लिए दिल्ली ही घर जैसा था। नहीं, नौकरी छोड़कर घर बैठ जाने का खयाल नहीं था उसका। पर अविनाश की नौकरी थी ही। फिर किसी एक को तो अपनी नौकरी को थोड़ा-सा लो प्रोफाइल तो करना ही होगा। इसलिए वह खुद ही अपने मन में इन खयालों को बुनती रहती।

छह

एक लड़की अपने साथ हजार अफसाने लेकर चलती है। कानाफूसियाँ तो जैसे उसके आगे रेड कारपेट बिछाते हुई चलती हैं। उसके कदम उठते बाद में हैं, कानाफूसियाँ पहले ही वहाँ पहुँच जाती हैं। किस-किस पर कान दे, किस पर नहीं। इसलिए सबसे अच्छा तो यही है कि किसी पर कान ही मत दो। करो वही जो खुद का मन करे।

तमाम दुनिया के लोगों को लड़की से ऐसी-ऐसी अपेक्षाएँ हैं कि उसे पूरा करने में ही उसका जीवन खप जाए। लड़की को ऐसे होना चाहिए। उठने-बैठने, चलने-फिरने से लेकर कहाँ जाना है और कहाँ नहीं जाना है और क्या करना है और क्या नहीं करना है। प्रेम और लिवइन जैसे फैसले तो वो ले ही नहीं सकती। अपने शरीर पर उसका तो कोई हक है नहीं। इसलिए कौन उसे छुए और कौन नहीं छुए, इसको लेकर भी समाज की एक स्पष्ट राय होती है। इस राय से आप जरा-सा हटे नहीं कि समाज की आँखों में किरकिरी की तरह चुभने लगते हैं। लड़कियो, बोलो, क्या तुम आँखों की किरकिरी होना अफोर्ड कर सकती हो।

तमाम दुनिया की बातें सुनने से अच्छा है, उसे अनसुना कर दो। जिनसे जीवन में कोई मतलब भी नहीं है, उनकी अपेक्षाओं पर खरे उतरने की कोशिश तो कत्तई भी मत करो। जीवन को कुछ आसान बनाने के लिए कुछ ऐसे ही सिद्धांत निशा ने बनाए हुए थे। वह इन्हीं पर कायम भी थी। कानाफूसियों को जवाब तो क्या, वह उन पर ध्यान तक नहीं देती थी।

अपनी सीट पर बैठी अभी वह अपने कम्प्यूटर की स्क्रीन को तेज निगाहों से घूरते हुए माउस को उँगलियों से धीरे-धीरे स्क्रोल कर ही रही थी कि बॉस आ गए। उन्होंने आते ही सबके कम्प्यूटर स्क्रीन पर उड़ती हुई निगाह मारी। जैसे बस देख रहे हों। मातहतों ने फुर्ती से अपने कम्प्यूटर स्क्रीन से फेसबुक को गायब किया। उसे मिनिमाइज या फिर सीधे ही कट कर दिया।

बॉस मेहनत से उठे हुए व्यक्ति थे। उनकी पोटली में अपने जीवन और अपने साथियों के जीवन के अथाह किस्से थे। अपनी सफलताओं और दूसरों की नाकामियों के किस्से। ऐसा नहीं कि उनके जीवन में संघर्ष नहीं था। तमाम संघर्ष की गाथाएँ उनकी थीं। पर उन्होंने अपनी कमजोरियों पर पार पाया। उन्हें दूर कर दिया। आगे बढ़ते रहे। उनके तमाम साथी इस रास्ते को अपनाने में असफल रहे तो उन्होंने असफलता का मुँह देखा। आज वे कहाँ हैं, कोई क्या जाने। देखिए, कैसी विडम्बना है, असफल आदमी को असफलताएँ इतना मुँहचोर बना देती हैं कि वह उनकी ओर देखना भी नहीं पसन्द करता। तो सफल आदमी उन्हीं को अपने कन्धे पर तमगे की तरह सजाकर चलता है। पर सफलता है क्या। जो दिखता है वही सब सफलता

है। या जो नहीं दिखता, सिर्फ महसूस किया जा सकता है, वह सफलता है। अब छोड़ो भी, इसमें कौन पड़े।

लोग अपनी नाकामियों की जिम्मेदारी दूसरों पर डालकर सन्तुष्ट हो जाते हैं। बॉस का यह बेहद प्रसिद्ध डॉयलाग था। अरे बेवकूफो, अपनी नाकामियों के जिम्मेदार तुम खुद हो। अगर कोई सफल हुआ है तो अपने बूते पर हुआ है। तुम नहीं हुए तो इसका मतलब कि तुम वह नहीं कर पाए, जिसकी जमाने को जरूरत थी। जमाने को जिसकी जरूरत है, अगर कोई वह नहीं कर पाएगा, तो खतम हो जाएगा। डायनासोर लुप्त नहीं हो गए, भला। (यहाँ जमाने से तात्पर्य मार्केट से है।)

उनके हर वाक्य में एक न एक ऐसा वाक्य टपक ही पड़ता था। अपने आगे किसी का बोलना उन्हें पसन्द भी नहीं था। न तो किसी के पास जीवन का अनुभव इतना था, कि उन्हें कुछ सिखा सके और न ही किसी ने सफलता की इतनी ऊँची पायदानें चढ़ी थीं कि उनसे कुछ कह सके। इसलिए सबसे बेहतर रणनीति यही थी कि उनके सामने चुप ही रहा जाए। वैसे भी जब असहमतियों से, जब कुछ कहने पर नुकसान होने की सम्भावना हो, जब जबान खोलने की सजा अपनी रोजी-रोटी पर खतरे उठाकर भुगतने पड़े, तब सबसे बेहतर और सुरक्षित रणनीति चुप रहना ही है।

बॉस के आते ही सबके सब अपनी सीट से खड़े हो गए। पूरे माहौल में जैसे करंट-सा फैल गया। कुछ देर पहले तो कार्यालय के जिस हिस्से में बोरियत और सुस्ती फैली हुई थी। वहाँ पर अब सबकुछ चुस्ती-फुर्ती से भरा हुआ था। कुछ लोगों के कन्धे मुस्तैदी से अकड़े हुए थे। ठीक वैसे ही जैसे अफसर के सामने अर्दली के कन्धे थोड़े सिकुड़े हुए, अकड़े हुए और थोड़े-से झुके हुए होते हैं। अदब से। सम्मान से। कुछ के चेहरे पर विनम्रता और दयनीयता भरी मुस्कान थी। जैसे रामायण सीरियल के ज्यादातर पात्रों के चेहरे पर एक कभी न गायब होने वाली ऐसी चापलूस मुस्कुराहट मौजूद होती थी, जिसे देखते-देखते आखिरकार मन घिना जाए।

बॉस को नौजवानों से बड़ा लगाव था। अगर वह नौजवान कोई युवती हो तब तो कहना ही क्या। उन्हें पक्का यकीन था कि इन्हीं लोगों के कन्धे पर पूरी इंडस्ट्री का भविष्य टिका हुआ है। इन्हीं के पास नई सोच है। ये ही इंडस्ट्री को आगे ले जाएँगे।

बॉस के आने पर निशा भी झट से अपनी सीट से उठ खड़ी हुई। बॉस उसके पास ही खड़े थे। उन्होंने पहले तो उसके काम-काज के बारे में एक-दो सवाल हल्के-फुल्के अन्दाज में पूछे। फिर उसके कन्धे पर हाथ रख दिया और सबको सम्बोधित करते हुए बोलने लगे, (मतलब कि उन ढेर सारे नाकामयाब लोगों को आईना दिखाने लगे) "मैं जब इस लड़की को देखता हूँ तो मुझे लगता है कि इंडस्ट्री का भविष्य सुरक्षित है। क्या मरे-मरे अन्दाज में हम काम करते रहते हैं। क्या दिन भर में हमें कोई एक खयाल भी नहीं सूझता। क्या सुबह से शाम तक हम सिर्फ ऑफिस का टाइम खतम होने का इन्तजार करते रहते हैं। बस घड़ी पर निगाह। बस महीने की पहली तारीख का इन्तजार। क्या हमने कभी अपने-आप से पूछा कि जिस इंडस्ट्री में हम काम करते हैं, उसकी भलाई के लिए हम क्या कर रहे हैं। उस इंडस्ट्री को आगे ले जाने में हमारा क्या योगदान होगा। हम कैसे अपने-आप को ज्यादा से ज्यादा उसके अनुकूल बना पाएँगे। क्या अपने-आप को ज्यादा से ज्यादा स्किल्ड बनाने के लिए भी हम कुछ कर रहे हैं।

"जरूरी है कि हम सब अपने-आप से यह सवाल पूछें। और अगर हम अपनी और इंडस्ट्री की बेहतरी के लिए कुछ नहीं कर रहे हैं तो तैयार रहें कि बहुत जल्द हमें यह इंडस्ट्री ही बाहर फेंक देगी। नौजवान और नई सोच हमें खुद ही पीछे छोड़ देगी। फिर बाद में हम अपनी नाकामी का दोष किसी और पर मढ़ते हुए खाली हाथ रह जाएँगे। इसीलिए मैं कहता हूँ, आप सभी को कि ऐसे नौजवानों से सीखिए।"

इतनी बातें उन्होंने निशा के कन्धे पर हाथ रखे हुए कही और अपनी बात को समाप्त करते हुए हल्के-से उसका कन्धा थपथपा दिया। प्रकट में रामायण सीरियल की सीता-जैसी मुस्कान चेहरे पर समेटे और मन ही मन सौ-सौ गालियाँ देती हुई निशा कभी तो आधी नजर उठाकर बॉस की तरफ देखती, तो कभी आधी नजर अपने सहयोगियों की तरफ।

अपना संक्षिप्त-सा भाषण समाप्त करके बॉस उस सेक्शन से चले गए। वहाँ से वे शायद अपने केबिन में कुछ देर बैठेंगे। फिर कुछ देर के आराम के बाद किसी दूसरे सेक्शन के लोगों के पास ऐसा ही एक जोरदार भाषण देने पहुँच जाएँगे। इसे वे मोटीवेट यानी प्रेरित करना कहते थे। किसी भी काम को करनेवाला नहीं, बल्कि काम को करानेवाला महत्वपूर्ण होता है। लोगों के

अन्दर काम करने की शक्ति और काबिलियत तो होती है, लेकिन वे काहिल और कामचोर होते हैं। जरूरत ऐसे आदमी की होती है जो उनसे काम करा सके। इन लोगों को जितना ज्यादा उनकी हैसियत का अहसास कराओ, वे उतना ही ज्यादा काम करते हैं। कहावत है न कि मेहँदी को जितना पीसो, रंग भी उतना ही ज्यादा चढ़ता है।

अपनी इस सोच पर चलते हुए बॉस को इस छोटे-से भाषण पर सन्तोष था। अब वे दिन भर अच्छा काम करेंगे। पूरे सन्तोष और खुशी के साथ इधर उन्होंने अपनी कुर्सी पर पीठ टिकाई ही थी कि उनकी टेबल पर चाय लाकर रख दी गई। चाय में दूध और चीनी लेना वो कबका छोड़ चुके थे। गरम पानी से भाप उठ रही थी। चाय के पाउच से गरम पानी का रंग बदल रहा था। उन्होंने हल्के-से चाय की पत्ती के पाउच को धागे से उठाया और उसे पानी में धीरे-धीरे ऊपर-नीचे करने लगे। अपनी चाय के पाउच, उससे लगे धागे और अपनी उँगलियों पर उनकी निगाह टिकी। फिर उन्होंने अपनी उँगलियों को हल्के-से खुद ही छू लिया। वाह।

पर यहाँ सेक्शन के अन्दर का माहौल कुछ अलग था। कुछ-कुछ सकुचाई हुई निशा ने बाकी किसी से आँख मिलाने की बजाय चुपचाप अपने कम्प्यूटर की स्क्रीन पर निगाहें गड़ा लीं। हालाँकि, मिस्टर दोस्त से कुछ पल के लिए उसकी निगाहें मिली थीं और वहाँ पर एक खतरनाक और शरारती, कमीनी-सी मुस्कान छिपी हुई थी। पर उसने उसे अनदेखा करना ही बेहतर समझा।

सेक्शन के अन्य सहयोगियों ने ठंडी साँस छोड़ी। माहौल में मौजूद करंट ज्वार के पानी की तरह धीरे-धीरे उतर गया।

मुश्किल से पन्द्रह मिनट बाद का यह दृश्य फिर से चाय-कॉफी की मशीन के पास रिकॉर्ड किया गया है।

पहला : "भाई कुछ भी कहो, बॉस को इंडस्ट्री की जानकारी बहुत है।"

दूसरा : "तो कम्पनी क्या किसी को ऐसे ही उठाकर ऊपर बैठा देती है।"

पहला : "सुबह पाँच बजे से ही उठकर वे सोचने लगते हैं कि क्या करना है। हम लोगों को भी आगे बढ़ने के लिए कुछ करना चाहिए।"

दूसरा : "बारह लाख मिलते हैं महीने के। जितना हमारा सालाना पैकेज, उससे भी दो गुना ज्यादा तो उन्हें हाउस एलाउंस मिलते हैं। कम्पनी हर चीज को तोड़-तोड़कर देती है कि कहीं सरकार उनसे ज्यादा टैक्स न वसूल ले।

पेट्रोल का अलग। घर का अलग। ड्राइवर का अलग। गाड़ी की किश्त का अलग। पता नहीं क्या-क्या।"

यहाँ से शुरू हुआ संवाद, देखिए तो कहाँ तक पहुँचा। बात बॉस की शाबासी और निशा की इतराहट तक पहुँच गई। बॉस ने निशा के कन्धे पर कहाँ हाथ रखा था, उनकी उँगलियों के नीचे से ब्रा के स्ट्रैप का अहसास हुआ होगा कि नहीं, और जब बाकी चार उँगलियाँ कन्धे के पीछे थीं तो क्या अँगूठा कॉलर बोन के गड्ढे में, जिसे ब्यूटी बोन भी कहा करते हैं, गोता लगा रहे थे। हालाँकि, इतनी गहरी निगाह किसी के पास थी नहीं। बॉस के सामने उन हाथों को इतना गौर से देखते भी कैसे। इसके बारे में उनके पास खास सुराग नहीं था। तो बस इस पर अटकलें ही लगाते रहे।

हालाँकि, इस पर उनमें जरा भी मतभिन्नता नहीं थी कि निशा के कॉलर बोन का एक हिस्सा बेहद खूबसूरत अन्दाज में उभरा हुआ था जिसके चलते बीच में बननेवाली गहराई तो जानलेवा हो जा रही थी।

पहला : "सर, हमारे काम में कौन सी बुराई है। हमें तो नहीं मिलते हैं इंक्रीमेंट। ये कौन सा ऐसा काम कर देती हैं।"

दूसरा : "यही तो बात है भाई। जो उनके पास है, तुम्हारे पास थोड़ी है। बात को समझो।" (और फिर उसने एक अश्लील-सा इशारा करके समझा दिया।)

दोनों हो-हो करके हँसने लगे। इंडस्ट्री को आगे ले जाने की सारी कवायदें, नवोन्मेष के सारे भाषण उस संक्षिप्त से, अश्लील इशारे में डूबकर रह गए।

तो मैंने क्या कहा था, एक लड़की के आगे-पीछे हजार अफसाने चलते हैं। सरगोशियाँ चलती हैं। खामोशियाँ चलती हैं। कानाफूसियाँ चलती हैं। अतः आप लोगों से गुजारिश यही है कि इसका ज्यादा बुरा मत मानिएगा। जमाने का चलन ही यही है।

सात

पर जिन्दगी के कई सारे मुकामों और पड़ावों में से यह सिर्फ एक छोटा-सा हिस्सा था। जिन्दगी के बहुत सारे पल, बहुत सारा वक्त मेट्रो की इस भीड़-भाड़ के बीच भी कहीं सिकुड़ा-सिमटा सा ठहरा हुआ था।

फेंगशुई

राजीव चौक पर मेट्रो से निकलने वाली भीड़ की तादाद काफी ज्यादा थी। लोगों का रेला निकला तो अन्दर घुसने वालों का रेला चढ़ने लगा। एक लहर बाहर गई, खाली हुई जगह को भरने के लिए दूसरी लहर अन्दर आ गई। निशा आगे थी, अविनाश उसके पीछे से, उसके दोनों कन्धों पर हाथ रखे, गाड़ी के हैंडल की तरह से उसे मोड़ते-रास्ता दिखाते अन्दर चला आया। खूब ढेर सारी भीड़ उनके पीछे-पीछे अन्दर घुस आई। सीटें पहले ही फुल थीं। महिलाओं के लिए आरक्षित सीट भी भरी हुई थीं। हालाँकि, उस पर बैठने में निशा की कोई रुचि नहीं थी।

अविनाश ने मेट्रो की छत पर टँगी हथकड़ियों में से एक को अपनी कलाई में फँसा लिया और अपना वजन उस पर डालते हुए झूलने-सा लगा। निशा कभी तो हल्के-से उसका हाथ पकड़ लेती तो कभी उसकी कमीज। जब मेट्रो में ब्रेक लगते तो वह झूलती हुई सी अपना सारा वजन अविनाश पर डाल देती। फिर निगाह उठाकर धीरे से अविनाश की ओर शरारत भरी निगाह से देखने लगती।

छोटे-से झटके में उसके होंठ धीमे से अविनाश के कन्धे को चूम चुके होते। आसपास की भीड़-भाड़, लोगों के कन्धों की गर्मी, उनके साँसों की महक और तेज भागती जिन्दगी में घर पहुँचने की जल्दी उन दोनों के आँखों से ओझल हो चुकी होती। उनके आसपास कोई नहीं था। वे तो बस दो थे। एक-दूसरे में डूबे हुए। खोए हुए। एक-दूसरे को प्यार करने की चुनौती देते हुए। अविनाश ने अपनी दो उँगलियों को हल्के-से चूमा और उसे धीरे से निशा के होंठों पर रख दिया। निशा ने भी अपनी दो उँगलियों को हल्के-से चूमा और धीरे से उस चुम्बन को अविनाश के गालों पर बैठा दिया।

खेल शुरू हो गया। इसी तरह से अविनाश ने उसके कन्धों पर चुम्बन बैठाया तो निशा ने उसके कान की लवों पर। दोनों एक दूसरे में डूबे हुए थे। अविनाश ने अपने हाथ पर एक भरा-पूरा चुम्बन रखा और हाथ को आगे बढ़ाकर निशा की गर्दन के पीछे ले गया और निर्भया की आँखों पर उसे बैठा दिया। निशा सिहर उठी। उसने अपनी गर्दन सिकोड़ ली। गुदगुदी-सी होने लगी थी। अविनाश ने अपना हाथ वहाँ से उठाया और दो उँगलियों को कन्धे के नीचे काँख में डालने लगा। गुदगुदी की इतनी तेज लहर सी उठी कि निशा के लिए खुद को सँभालना मुश्किल हो गया। अपने कन्धे

और काँख को उसने खूब कसके सिकोड़ लिया। नहीं, हँसना भी नहीं है और सिहरना भी नहीं।

कभी-कभी ऐसे ही अविनाश को पेंटिंग का भी शौक होता। निशा की नेल पॉलिश के ब्रश से वह निशा के पेट पर ही पेंटिंग बनाने लगता। नेल-पॉलिश के ठंडे-ठंडे अहसास से वह सिहर उठती। एक गोल चेहरा। उसके बीच में दो आँखें और मुस्कुराते हुए होंठ। एक स्माइली बनाकर वह छोड़ देता। इसे मिटने नहीं देना है। हर बार जब वह बेंगलुरू से लौटकर आता तो सबसे पहले उसी स्माइली की जाँच करने बैठ जाता। कहीं निशान कमजोर तो नहीं पड़े। कहीं मिट तो नहीं गए। हालाँकि, त्वचा पर नेल पॉलिश से की गई चित्रकारी भी कहीं टिकने वाली थी भला। एक-दो दिन में ही वह मिट जाती। बस उसके निशान रह जाते। अविनाश अपने हाथों से हल्के-हल्के उस निशान को सहलाता रहता। और निशा, वो तो अविनाश के हाथों को पकड़कर उसकी उँगलियों को ही सहलाती रहती।

कभी ऐसा भी होता कि नेल पॉलिश से वह उसके ऊपर एक पतंग बना देता। "जांनती हो, मुझे पतंग क्यों अच्छी लगती है?"

"क्यों?"

"पतंग ही शायद वह पहली इनसानी कोशिश है, जो उसने उड़ने के लिए की होगी। पतंगों के साथ ही हमारी इच्छाएँ भी उड़ती हैं।"

"हाँ, वो तो ठीक है, पर पतंगें कट भी जाती हैं। वो हवा में गुम भी हो जाती हैं।"

"पर डोर अगर हाथ में हो, तो उसे वापस भी तो पा सकते हैं। बस डोर को कटने नहीं देना है।"

कुछ इसी तरह के सवालों और जवाबों में रात का पूरा सफर बीत जाता। दिन बीत जाते और छुट्टी खतम होते ही अविनाश के जाने का वक्त हो जाता। सुबह सवेरे, मुँह अँधेरे अविनाश बिस्तर से उठता और तैयार होकर एयरपोर्ट की ओर से निकल जाता। रात भर निशा के पहलू में सोया-जगा सा अविनाश सुबह ग्यारह बजते न बजते अपने ऑफिस पहुँच जाता। एकदम समय पर उसकी उँगलियाँ बायोमीट्रिक सिस्टम पर अपनी गवाही देने लग जातीं। अपने ऑफिस देर से पहुँचना उसे पसन्द नहीं था।

हर काम कायदे से होना चाहिए। समय पर। ठीक-ठाक। अपने काम को ऐसे करना है कि तुमसे बेहतर उस काम को कोई कर सके। या फिर अगर कोई काम ऐसा है जो तुम नहीं कर पाए, तो फिर उसे कोई नहीं कर पाए। मतलब, अगर तुम नहीं तो कोई नहीं। अगर कोई काम दूसरा कोई आदमी कर सकता है तो तुम क्यों नहीं। अपने अन्दर के बहाने उसे पसन्द नहीं थे। इसी को वह सफलता का मंत्र मानता था। दोस्तों के बीच बैठा होता तो इसी मंत्र को बाँटता भी रहता। खुद से भी यही दोहराता रहता।

जीने के लिए जरूरी किसी भी चीज की तरह ही निशा भी उसके जीवन में महत्व रखती थी। इसलिए अब वो मीटिंग जरूरी हो गई थी जिसे फिलहाल तो वह टालता आ रहा था। माँ-बाप लड़कियों की फोटो भेज-भेज कर उसे तंग किए हुए थे। 'तेरे मन में कोई हो तो तू ही बता दे। नहीं तो हमें अपने मन की करने दे।'

'अगर तू किसी को नहीं पसन्द करेगा तो किसी को तो तेरे लिए लड़की पसन्द करनी ही पड़ेगी न।' इस तरह के तमाम संवाद अब रोज की बात होते जा रहे थे। अविनाश के लिए भी अब निर्णायक समय आने ही वाला था। कई बार टालने के बाद आखिर उसने यह मीटिंग रख ही ली।

आठ

कनॉट प्लेस का यह एक छोटा-सा रेस्तराँ था। रेस्तराँ के एक कोने से सेंट्रल पार्क में लगा तिरंगा साफ दिखाई पड़ रहा था। हवा तेज थी। झंडा तेजी से हवा में फहर रहा था। उसके हवा में लहराने के साथ ही युवक-युवतियों की देशभक्ति की भावनाएँ भी झूम उठी थी। उसके साथ सेल्फी खिंचाने का झक-सा सवार हो गया था। कभी इधर से तो कभी उधर से, न जाने कौन सी मुद्रा उन्हें पसन्द आनेवाली थी।

बेंगलुरू से अविनाश पहले तो कानपुर अपने घर पहुँचा था। फिर वहाँ से अपने मम्मी-पापा को लेकर दिल्ली आया। दिल्ली आते ही माँ-बाप ने कमान अपने हाथ में ले ली। रेस्तराँ में उन्होंने ऐसी सीट पसन्द की जहाँ से दरवाजा दिखता हो। हर आने-जाने वाले को वे बड़े गौर से देख रहे थे। खास तौर पर लड़कियों को। लेकिन, अभी तक तो कोई भी युवती अकेले

वहाँ पर दाखिल नहीं हुई थी। अविनाश उनके बगल में बैठा हुआ था। उन्होंने अविनाश से पहले ही कह रखा था कि दरवाजे पर निशा के दिखते ही वह उन्हें बता दे ताकि वे उसे दूर से आता हुआ भी देख सकें।

हालाँकि, कोई खास बात नहीं थी। फिर भी अविनाश का दिल धड़क रहा था। फिर निशा को घबराहट क्यों नहीं होती। अचानक रेस्तराँ के दरवाजे पर निशा दिखाई पड़ी। अविनाश के दिल की धड़कन और तेज हो गई। मौके के हिसाब से निशा ने पीले रंग की साड़ी पहन रखी थी। हाथ में छोटा पर्स था। अपने बालों को उसने खोल रखा था। इससे वे कन्धे पर बिखरे हुए थे। गर्दन पर बना नीले रंग की रेखाओं वाला वह टैटू भी बालों से ढक गया था।

निशा अपना हर कदम इतना चुन-चुन के रख रही थी कि उसे भी यह अहसास था कि जैसे जमाने भर की निगाहें सिर्फ उसी पर टिकी हुई हैं। अपनी आँखें उसने ज्यादा ऊपर-नीचे नहीं की। बस पूरे रेस्तराँ पर एक उड़ती हुई-सी निगाह डालकर वह सीधे उसी तरफ बढ़ने लगी जिधर अविनाश और उसके मम्मी-पापा बैठे थे। अविनाश ने अपने बैठने की जगह के बारे में पहले ही उसे व्हाट्सअप कर दिया था। इसके चलते उसे भी उनके बैठने की जगह के बारे में काफी सटीक अन्दाजा था। एक-दो बार पहले भी वे दोनों इस रेस्टोरेंट में आ चुके थे।

धीरे-धीरे कदम धरती हुई निशा उनकी टेबल के पास पहुँची और मम्मी-पापा के पैर छूने के बाद कुर्सी पर बैठ गई। हालाँकि, उस रेस्तराँ में किसी को पैर छूते हुए देखना कुछ कम अटपटा नहीं था। लेकिन, आप जानते ही हैं कि बड़े-बड़े शहरों में ऐसी न जाने कितनी छोटी-छोटी बातें होती ही रहती हैं।

तो यहाँ भी कई छोटी-बड़ी बातें हुईं। निशा के घर-परिवार, नाते-रिश्तेदार, पढ़ाई-नौकरी से लेकर तमाम तरह के सवाल उस साक्षात्कार का हिस्सा थे। इंटरव्यू लेनेवाले पूरी तैयारी करके आए थे। इंटरव्यू देनेवाला भी पूरी तैयारी करके आया था। बस, दोनों के बीच की एक कड़ी मिली हुई थी। इंटरव्यू लेनेवालों की तैयारी जिसने कराई थी उसी ने इंटरव्यू देनेवाले की तैयारी भी कराई थी। इसके चलते सवाल क्या पूछे जाने थे और जवाब क्या दिए जाने थे, पर्चा पहले ही आउट हो चुका था। निशा को इंटरव्यू में खास परेशानी

नहीं हुई। उसने खुद को अव्वल नम्बर से पास समझा पर जब रिजल्ट घोषित हुआ तो उसकी पेशानियों पर भी बल पड़े हुए थे।

नौ

अक्सर ही ऐसा होता है कि जहाँ पर आपको जरा भी उम्मीद हो आप वहीं से कमजोर साबित हो जाते हैं। जिस तरफ कभी आपका ध्यान भी नहीं गया हो, वही चीज सबसे महत्वपूर्ण बनकर सामने आ जाती है। साक्षात्कार लेनेवाले को पता नहीं कैसे आपके अन्दर ऐसी कमियाँ दिखने लगती हैं जिस पर आपने न तो कभी गौर किया हो और न ही कभी आपने उसे कमी समझा ही हो। उसे दूर करना तो और भी दूर की बात रही।

निशा तेजस्वी। एक लम्बी लड़की। पाँच फुट आठ इंच की लम्बाई। स्पोर्ट्स शूज पहनने वाली। अपने बालों को कभी जूड़े में कसकर तो कभी पोनी टेल की शक्ल में कन्धों पर बिखरा देनेवाली इस लड़की के कन्धे चौड़े थे। हृष्ट-पुष्ट। हाथों की कलाइयाँ भी चौड़ी और मजबूत दिखती थीं। मांसल और गदराया हुआ शरीर। कभी हॉस्टल में लड़कियाँ उसे 'मोटी-मोटी' कहकर चिढ़ाने भी लगती थीं। वो भी स्वाँग भरकर बोलती कि 'जानी हम खाते-पीते घर के हैं', या फिर कि 'अरे, लड़कियो हमारे घर में अकाल नहीं पड़ा हुआ है। हमने बचपन से ही दूध-घी खाया है।'

कभी अविनाश भी उसके कमर पर तेज चिकोटी काटते हुए 'मोटी-मोटी' कहकर चिढ़ाने लगता था। यहाँ कमर पर मांस की एक परत थी जिसे वो अपनी तर्जनी और अँगूठे में जोर से पकड़ लेता था। पर इस मोटापे में प्यार छिपा हुआ था। इसमें कभी किसी तंज की उसे भनक भी नहीं मिली। लेकिन, इस बार के साक्षात्कार ने उसके सामने इसी सवाल को सबसे ज्यादा प्रमुखता से सामने रख दिया था। अविनाश को उसके माँ-बाप ने कहा कि लड़की तो ठीक है। बस रंग थोड़ा साँवला है। यूँ तो हँसती-बोलती है लेकिन कई बार इतनी जल्दी-जल्दी बोलती है कि बात ही समझना मुश्किल हो जाता है। लेबरची है यानी हर काम बाएँ हाथ से करती है। पता नहीं माँ-बाप ने शुरू से क्यों नहीं टोका।

लेकिन जिस बात को लेकर सबसे ज्यादा नुक्ताचीनी की गई, वो था उसका मोटापा। अविनाश के माँ-बाप उसे स्वस्थ मानने को तैयार नहीं थे।

उनके हिसाब से लड़की मोटी है या फिर उसकी उम्र ज्यादा है। उनका बेटा कहीं फँस तो नहीं जाएगा। यही बात उन्होंने तमाम तरीकों से अविनाश को समझाने की कोशिश की। अविनाश ने अपनी तरफ से इसे बेहद हल्का बनाते हुए, बात को मुलायम करते हुए यही बात निशा को बताई। निशा के लिए यह किसी धक्के से कम नहीं था। उसके विश्वास को ठेस-सी लगी पर अविनाश समझाने लगा। यह कोई बड़ी बात नहीं है। मम्मी-पापा शादी के लिए एकदम तैयार हैं। बस उन्हें अपनी बहू थोड़ा स्लिम चाहिए। करना ही क्या है। एक महीने के जिम में पाँच-सात किलो तक वजन कम हो जाएगा। फिर तुम एकदम चुस्त-दुरुस्त दिखने लगोगी। फिर देखना तुम्हें खुद भी कितना अच्छा लगेगा।

निशा इसके लिए जरा भी तैयार नहीं थी पर अविनाश उसे अपने साथ की, आनेवाले दिनों की दुहाई देने लगा। खैर, निशा ने जिम ज्वाइन कर लिया। रोज सुबह पाँच बजे उठकर वह मोहल्ले में ही बने जिम में चली जाती। वहाँ पर फिटनेस इंस्ट्रक्टर उसे जल्दी से जल्दी वजन कम करनेवाली तमाम कसरतें कराता। पूरे शरीर से पसीने की बूँदें टप-टप गिरने लगतीं। हाँ-हाँ, कैलोरी बर्न हो रही है। कैलोरी का बर्न होना जरूरी है। खाना खाना जितना जरूरी है, कैलोरी का जल जाना उससे भी ज्यादा जरूरी है। नहीं तो वो इकट्ठी होती रहती है। फिर वो शरीर पर यहाँ-वहाँ चढ़ने लगती है।

दरअसल होता यह है कि हम जितना खाते हैं, उससे जितनी ऊर्जा बनती है, हम उसकी खपत नहीं कर पाते क्योंकि हमारी शारीरिक गतिविधियाँ बहुत कम हो गई हैं। हम एक तरह का निष्क्रिय जीवन बिताते हैं। इसके चलते शरीर में वो ऊर्जा अतिरिक्त वसा के रूप में एकत्रित होती जाती है। हम मोटे होते जाते हैं। इसलिए जरूरी है कि हम जितना खाते हैं उतनी कैलोरी जलाएँ भी। फिजिकल इंस्ट्रक्टर कुछ ऐसे ही कैलोरी जलाने के फायदे बताता जाता और उसे तमाम ऐसी कसरतें कराता जिनमें ज्यादा से ज्यादा कैलोरी जलाई जा सके।

खाने में भी निशा को हेल्दी डाइट लेनी थी। कहीं से भी कोई ऐसी चीज नहीं जिससे सुबह की तमाम कसरतों में की गई मेहनत पर पानी फिर जाए। धीरे-धीरे आदत उसकी कुछ यूँ हो गई कि कुछ भी खाने से पहले उसकी कैलोरी को बर्न करने के लिए होनेवाली मेहनत की याद आने लगी। हालाँकि,

कसरतों से शरीर का पहले जैसा लावण्य जैसे कहीं पीछे छूटने लगा। कन्धे मजबूत और कलाइयाँ पहले से भी ज्यादा चौड़ी लगने लगीं। वे सख्त लगने लगी थीं। मांसपेशियाँ ज्यादा कस गई थीं।

पर अविनाश को कोमलता की भी तो दरकार थी। कई बार वो उसके बाजुओं को टटोलकर देखने लगता। अरे, तुम्हारे तो डोले-शोले बन रहे हैं। देखूँ, कहीं सिक्स पैक तो नहीं उभर कर सामने आ रहे हैं। एकाध बार तो उसने विलियम्स बहनों से भी उसकी तुलना कर दी। उसे अच्छा लगता अगर इसमें तारीफ होती। मगर इसमें तो उसे तंज की बू आई।

निशा को तो इन कसरतों से कुछ ही दिनों में नफरत-सी हो गई पर अविनाश का दिल रखने के लिए वो ये करती रही। अविनाश बार-बार उसे दिलासा देता, 'भई, माँ-बाप हैं, हमसे कुछ और तो नहीं माँग रहे हैं न। बस वो तो ये चाहते हैं कि शादी वाले दिन उनकी बहू सभी पर छा जाए। वो ऐसे तैयार हो और इतनी सुन्दर लगे कि ऐसी बहू किसी और की न हो। अब इतनी सी इच्छा तो हमें पूरी करनी ही चाहिए।'

खैर इससे हमें ज्यादा क्या लेना-देना। दो लोगों के बीच की बात है। जैसे वे चाहें, वैसे रहें। पर ऑफिस में नया मोर्चा खुल गया था। सुबह पाँच बजे जिम जाने के लिए उसे चार बजे उठना पड़ता था। छह-साढ़े छह बजे तक वो जिम से लौट कर आती तो इतना थक जाती कि फिर से नींद आ जाती। आठ-साढ़े आठ सोते-सोते बीत जाते। फिर उठकर नाश्ता बनाना, नहाना, ऑफिस के लिए तैयारी और ऑफिस पहुँचते-पहुँचते देर हो ही जाती।

और जब वो ऑफिस पहुँचकर बायोमीट्रिक मशीन में अपनी उँगली का निशान दर्ज करा रही होती तो आधे घंटे-चालीस मिनट तक लेट हो चुकी होती। बायोमीट्रिक मशीन उँगली का निशान लेने के तुरन्त बाद उसे समय बताती। जैसे ताकीद कर रही हो कि मैडम इतनी देर!

दस

जिस दिन का यह किस्सा है उस दिन मकर संक्रांति थी। एक दिन पहले रात में लोहड़ी मनाई जा चुकी थी। अपने घर के आगे अलाव जलाकर लोग सुन्दड़िए-मुन्दड़िए के गीत भी गा चुके थे और रेवड़ी और गजक भी बाँटी

जा चुकी थी। निशा और अविनाश ने भी वह शाम तेज ठिठुरती हवाओं के बीच एक-दूसरे की गर्मी को महसूस करते हुए गुजारी थी। सामने अलाव जल रहा था। मोहल्ले में डीजे भी लगा था। लोग उसकी धुन पर थिरक रहे थे। निशा और अविनाश ने भी जमकर मस्ती की थी। रात भर के प्यार के बाद अगले दिन की प्यारी सुबह भी आई।

नजदीक में ही एक बड़ा-सा खाली मैदान था। यूँ तो वहाँ पर हर दिन कार चलाना सीखनेवालों की भीड़ लगी रहती थी तो कभी क्रिकेट खेलनेवालों का जमघट लगा रहता था। लेकिन, आज यहाँ पर पतंग फेस्टिवल होने वाला था। दुनिया के कई देशों के पतंगबाज यहाँ पर अपनी पतंगों के साथ आए थे। ये वे वाली पतंगें नहीं थीं जिन्हें हम अक्सर ही आसमान में उड़ते हुए देखते हैं। चीन के पतंगबाज बड़े से ड्रैगन जैसी पतंगें उड़ा रहे थे। अमेरिका से आए किसी पतंगबाज की पतंगें ठीक वैसी ही लग रही थीं जैसे चंदामामा में परछाई वाले भूतों की तस्वीरें। हवा में वैसे ही उड़ते हुए। एक पतंगबाज ने अपनी डोरी में डेढ़ सौ पतंगें बाँध रखी थीं। हवा में दूर तक उसके पतंगों की लकीर-सी खिंची हुई थी। हवा में वे लहराती थीं। कभी कुत्ते की पूँछ जैसी तत्परता से दाएँ-बाएँ हिलने लगती थीं। पतंगबाज उन्हें उठाता था। एक पतंगबाज ने एक बड़ा-सा मकड़ा अपनी डोर में बाँध कर उड़ाया हुआ था।

एक पतंगबाज ने पूरा का पूरा बैलून ही उड़ाया हुआ था। बड़ा-सा। मोटे-से रस्से से। रस्से की डोर उसने नीचे एक खूँटे में बाँध रखी थी। नहीं तो बैलून उसे भी उड़ा सकता था। इसी के बीच कोई-कोई हवा में मोमबत्ती जलाकर भी पतंग उड़ा देता था। इस पतंग की कोई डोर नहीं थी। ऊपर से एक गोल लबादे जैसा घेरा था। नीचे मोमबत्ती जलती थी। लबादे में गर्म हवा भरने लगती थी और उससे वह ऊपर उठने लगता था। हवा उसे हिलाती-डुलाती हुई ऊपर ले जाने लगती। उसको ऊपर जाते हुए देखकर ढेर सारे बच्चे शोर करते हुए उसके इर्द-गिर्द इकट्ठे हो जाते। फिर पतंग ऊपर उठते-उठते आँखों से ओझल हो जाती।

मोमबत्ती वाली पतंग के उठने के साथ ही बच्चों के शोर की लहर पर लहर उठने लगती। शोर करने को भी बच्चे उल्लास का पर्यायवाची बना देते हैं। पहले तो वे उत्सुकता से मोमबत्ती को जलाए जाते हुए देखते रहते। फिर

धीरे-धीरे पतंग हवा में जाने लगती। इसके साथ ही ओए-ओए, अरे-अरे का शोर बढ़ने लगता। जो जाकर होहोअ, होहोअ में तब्दील हो जाता। लेकिन, पतंग के ऊपर उठने के साथ ही शोर की यह लहर भी ऊपर उठने लगती। फिर पतंग और ऊपर, और ऊपर तनती हुई चली जाती। इसके साथ ही बच्चों का शोर भी और ऊँचा और ऊँचा होता जाता। फिर, जैसे पतंग आँखों से ओझल हो जाती। उसी तरह से बच्चों का शोर भी ओझल हो जाता। धीरे-धीरे खामोश हो जाता। तब तक उनकी दिलचस्पी की कोई दूसरी चीज ज्यादा चमकदार दिखाई पड़ने लगती।

एक तरफ खाने के कई सारे स्टॉल लगे हुए थे। भल्ला पापड़ी। पावभाजी। गाजर का हलवा, मूँग की दाल का हलवा। हलवा पराठा। चाउमिन। मोमो। थुकपा। छोले-भटूरे। एक तरफ गरम कपड़ों की दुकानें सजी हुई थीं। हर तरफ तमाम स्वेटर, शॉल, स्टॉल, जैकेट, गरम कुर्ते। तिब्बती शरणार्थियों की यह छोटी-सी मार्केट थी। पतली गलियाँ। बाँस, लकड़ी और पटरी से बनाए गए ढाँचे। उनमें सजाए गए गरम कपड़े। मफलर। गुलुबन्द। कोट। और भी न जाने क्या-क्या। लड़कियाँ और औरतें तो जैसे उनमें गुमी जा रही थीं। कभी एक कार्डिगन डालकर देखतीं तो कभी दूसरी। उनके साथ आए हुए मर्द इस दौरान उनके एक कपड़े को सँभालते, उनके पर्स कभी अपने कन्धों पर टाँग लेते। तो कभी यूँ ही किसी तिब्बतन लड़की की छोटी-छोटी आँखों में कोई छोटी-सी चुहल ढूँढ़ने की कोशिश करने लगते। औरतों से ही तो दुनिया के ये बाजार आबाद हैं। अगर ये नहीं होतीं तो पता नहीं मर्द इतने सारे कपड़े बदल-बदलकर, आजमा-आजमा कर छाँटते कि नहीं। सबकुछ ज्यादा नीरस नहीं हो जाता। बस, आए, पसन्द किया। पैसे चुकाए और चल दिए। न ज्यादा देख-भाल न ज्यादा मोलभाव। फिर खरीददारी का मजा ही क्या।

तिब्बतन बाजार की इन्हीं गलियों में वो दोनों भी एक दूसरे में गुम हुए से घूमते रहे। उन्हें कुछ खरीदना नहीं था। बस वो तो एक-एक दुकान पर रुक-रुककर बस कुछ देर उन कपड़ों को देख लेते थे। पता नहीं कितने हाथों से गुजरकर वे यहाँ पहुँचे थे। और अगर अविनाश किसी एक दुकान से बिना कुछ देखे गुजर भी जाने लगता तो निशा बड़े इसरार से उसे रोक लेती। वहाँ पर रुक जाने की हठ करने लगती। बस मुझे तो यही देखना है। उस वक्त तो जैसे वो कोई छोटी-सी बच्ची बन जाती जो अपने बाप से किसी

दुकान पर रुकने की जिद किए, बस जमीन पर लोटने को तैयार बैठी हो। अविनाश रुक जाता। वो कुछ देर वहाँ पर रुक-रुक कर कुछ देखती रहती। कुछ कपड़े छाँटती और फिर कुछ अनमनी हो जाती। नहीं ये नहीं। ये तो मेरे पास पहले से ही है।

महानगरों के जीवन में जिस चीज की जीवन में सबसे ज्यादा कमी हो गई है, शायद उसे उल्लास ही कहते हैं। हर समय की भाग-दौड़। ऑफिस में आगे बढ़ने और कहीं पीछे नहीं फेंक दिए जाएँ, इसकी चिन्ता। राजनीति। टाँग-खिंचाई। इन सबने वो सहज-स्वाभाविक मुस्कान छीन रखी है, जिसने सदियों से इनसानों को जीवन से प्यार करना सिखाया है। भई, वो तो सुना है न। तेरी आँखों के सिवा दुनिया में रखा क्या है। भला ये बेफिक्र मस्ती किसी खजाने से कम है। पर इसके मौके बहुत कम हो गए हैं। ऐसे में गाहे-बगाहे होने वाले ये फेस्टिवल उस उल्लास को फिर से सजाकर रखने और उसमें जीने का एक मौका मुहैया कराते हैं।

अविनाश और निशा भी इस मौके में गुम थे। निशा ने पीला-सा कुर्ता और जींस पहनी हुई थी। उसके ऊपर पीले रंग का ही एक कार्डिगन डाला हुआ था। घर से ही वह बड़े-बड़े गॉगल्स लगाकर चली थी। पर यहाँ तक आते-आते धूप खतम हो गई थी। सूरज पहले तो बादलों के साथ छुपम-छुपाई का खेल खेलता रहा, फिर अचानक ही एकदम से ही गायब हो गया। जैसे कि किसी बच्चे को कोई ढूँढ़ ही नहीं पा रहा हो। वो चुपचाप कहीं बैठा अपने खोजे जाने का इन्तजार कर रहा था। निशा ने अपने गॉगल्स अपने माथे से ऊपर कर सिर पर सजाया हुआ था। अविनाश नीली कमीज के साथ ही नीली जींस पहने हुए था। उसके ऊपर फौजी रंग का कोट था। उसने पीले रंग की टोपी लगा रखी थी।

पतंग फेस्टिवल में पहले तो उन्होंने उड़ती हुई पतंगों पर नजर डाली। फिर तिब्बती शरणार्थियों के पास मौजूद शानदार गरम कपड़ों का जायजा लिया। फिर कुछ खाने चले गए। निशा को पानी-पूरी के अलावा खाने को कुछ खास जमा नहीं तो दोनों उधर से भी निकल लिए। मैदान के एक कोने में डीजे लगा हुआ था। इसके बगल मे एक स्टेज बना हुआ था। इसके आगे लगी हुई कुर्सियों पर डेढ़ दो सौ लोग बैठे हुए थे। परिवार-बच्चों वाले। छुट्टी का एक दिन। बच्चों को भी घुमाना है। खुद भी अपने काम की थकान

निकालनी है। अभी कुछ चाहिए नहीं। बस मौज ही मौज करनी है। स्टेज पर एक चौबीस-पच्चीस साल के लड़के ने मंच सँभाला हुआ था।

लाइन से तीन महिलाएँ खड़ी थीं। इनके बीच कोई गेम चल रहा था। म्यूजिक ऑन होने पर इन महिलाओं को संगीत के साथ नाचना था। फिर अचानक ही म्यूजिक बन्द हो जाता। महिलाओं को तुरन्त ही नाचना बन्द कर देना था। इसमें एक क्षण की भी चूक करनेवाला खेल से बाहर हो जाएगा। जब यह खेल शुरू हुआ था तब शायद छह महिलाएँ इसमें शामिल हुई थीं। लेकिन, अब कम होते-होते सिर्फ तीन महिलाएँ बची हुई थीं।

मंच सँभालने वाला एंकर कभी तो उनके हौसले बढ़ाता। तो कभी उन्हें हतोत्साहित करने लगता। "आपको लगता है कि आप ये कर लेंगी?"

महिला कहती, "हाँ क्यों नहीं।"

"पर मुझे तो नहीं लगता। अगर आप गेम को बीच में छोड़कर जाना चाहें तो जा सकती हैं। हम आपको भगोड़ा एकदम नहीं कहेंगे।"

महिला में और जोश आ जाता, "मैं कहीं भागने वाली नहीं, मैं तो जीतकर ही जाऊँगी।"

"अच्छा तो फिर शुरू करें?"

"हाँ, जी तैयार।"

"और आप लोग?"

"जी तैयार।"

"तो फिर म्यूजिक स्टार्ट।" डीजे ने फिर से गाना चला दिया। 'सुबह होने न दें, रात होने न दें। एक-दूसरे को हम सोने न दें, तू मेरा हीरो। हो-हो ओ। हो-होओ। सुबह होने न दें...।'

स्टॉप। तीनों महिलाएँ एकदम से मूर्ति बनने लगीं। एक का पैर ऊपर था। तो उसने अपना पैर ऊपर ही रहने दिया। जींस और हुड वाली जैकेट पहने हुए एक महिला को शायद इससे पहले भी इस तरह के किसी खेल में हिस्सा लेने का मौका मिल चुका था। इसलिए वह नाचते समय तो अपने कदम छोटे-छोटे उठाती थी। लेकिन, जैसे ही म्यूजिक बन्द होता, कुछ ही पलों में वह अपने एक पैर को ऊपर उठा लेती, जैसे कि नाचते-नाचते अचानक ही वह मूर्ति में तब्दील हो गई हो। सत्यमेव जयते भले ही नारा हो। लेकिन अक्सर ही झूठ के सामने सच अक्सर ही कमजोर पड़ जाता है और यहाँ

तक कि हार भी जाता है। सच को लगता है कि वह तो सच है। उसे किसी झूठ की क्या जरूरत है। लेकिन झूठ मुस्तैद रहता है। जरूरत पड़े तो वह सच की कलई भी चढ़ा लेता है। सच का लिबास ओढ़ लेता है। हर समय अपनी ब्रांडिंग भी करता रहता है।

तो जिस महिला के पैर स्वाभाविक तौर पर हवा में रह गए थे। वह अपना सन्तुलन सँभाल नहीं पाई और अपने को गिरने से बचाने के लिए सँभलते-सँभलते उसके पैर जमीन पर आ गए। उसे बाहर कर दिया गया। अब मंच पर दो ही महिलाएँ बची हुई थीं। उनके बीच का मुकाबला अन्तिम था। दोनों एक-दूसरे को मन ही मन तौलते हुए देख रही थीं। बस ये आखिरी राउंड है। इसी के बाद जीत है। कोई हारने को तैयार नहीं है।

एंकर भी दोनों के हौसले बढ़ाने पर लगा हुआ था। फिर उसने बारी-बारी से दोनों को मैदान छोड़ने की चुनौती दी। लेकिन, यह बात उसने बेइज्जत करनेवाले जिस अन्दाज में कही, उससे शायद ही कोई ऐसा होता जो बिना खेले मैदान छोड़कर चला जाता। तो उन दोनों महिलाओं ने भी मैदान नहीं छोड़ा।

फिर से म्यूजिक बज उठा। दोनों महिलाएँ नाचने लगीं। इस बार म्यूजिक कुछ ज्यादा देर तक चलता रहा। 'बलम से माँगा-माँगा रे। बलम से माँगा रे, नमक इश्क का।' जुबाँ पे लागा-लागा रे, नमक इश्क का। तेरे इश्क का। गाना बदल गया। 'कजरारे-कजरारे, तेरे कारे-कारे नैना। तुझसे मिलना पुरानी दिल्ली में, छोड़ लाया निशानी दिल्ली में। बल्लीमारान से दरीचे तलक, तेरी मेरी निशानी दिल्ली में। काली-कमली वाले...' स्टॉप।

दोनों महिलाएँ थम गईं। एक महिला ने अपने दोनों हाथ ऊपर उठाए हुए थे और वह गोल-गोल घूमने लगी थी कि बीच में रुक गई। जबकि, दूसरी वाली ने अपनी जानी-पहचानी तकनीक अपनाई और अपना एक पैर हवा में ऊपर कर लिया, कि बस जैसे अभी-अभी वह मूर्ति बन गई हो। गोल-गोल घूमने वाली महिला अपना सन्तुलन नहीं बना पाई और उसे नीचे बैठकर अपने को गिरने से बचाना पड़ा। झूठ के सामने सच एक बार फिर हार गया।

एक पैर को हवा में रोककर रखनेवाली महिला को विजयी घोषित कर दिया गया। जबकि, दूसरीवाली सही होते हुए भी उस शोर-शराबे में अपने आपको छुपाए हुए चुपचाप स्टेज से नीचे उतर आई। जहाँ उसका पति और तीन साल का एक खूबसूरत-सा बच्चा इन्तजार कर रहे थे। उन लोगों को

उसकी जीत और हार से कुछ खास लेना नहीं था। उन्हें तो बस उसके स्टेज पर नाचने का ही आनन्द था।

एंकर कुछ देर तक तो नाचनेवाले इस खेल की खासियतें बताता रहा। जीतनेवाली मोहतरमा की खूबसूरती के कसीदे काढ़ता रहा। फिर उसने देखा कि म्यूजिक का खेल देखने के बाद अब लोग उठ-उठकर जाने लगे हैं। उसके सामने लोगों को एक बार फिर से अपने सामने रोककर रखने की चुनौती थी। वो एंकर ही क्या जिसके सामने से उठ-उठकर लोग जाने लगे और वह उन्हें रोक भी नहीं सके।

तरकश में उसके तीर कई थे। नाचना, गाना, जोक मारना, किसी के आवाज की नकल करना। किसी भी काम में वह उन्नीस नहीं था। उसके इशारा भर करने की देर थी। म्यूजिक तेज बजने लगा। खुद वो भी स्टेज पर झूमने लगा।

"हैलो, एवरीवन। इस बार मैं चाहूँगा कि आप सब भी इस खूबसूरत लेडी की इस जीत को सेलिब्रेट करें। सब लोग जोर से। और इस बार कोई पाबन्दी नहीं है दोस्तो। म्यूजिक नहीं रुकेगा। हम सब लोग झूमकर दिखा देंगे, इस जहाँ को।"

मंच पर अभी-अभी म्यूजिक पर जीत हासिल करनेवाली महिला के चेहरे की चमक बढ़ गई। वह और बढ़-चढ़कर नाचने लगी। उसके साथ आए परिवार के लोग और अड़ोसी-पड़ोसी भी उसका उत्साह बढ़ाने के लिए स्टेज के नीचे से ही नाचने लगे। नाच क्या था। बस यूँ समझ लीजिए किसी-किसी का हाथ ऊपर हवा में उठा हुआ था और किसी का हाथ हवा में पंखों की तरह लहरा रहा था। पाँव के अन्दाज हाथों को बस सहारा देने में जुटे हुए थे। 'नशे सी चढ़ गई ओए, कुड़ी नशे सी चढ़ गई। पतंग सी लड़ गई ओए, कुड़ी पतंग सी लड़ गई।'

यह पूरा गाना बजता रहा। कुड़ियाँ कहीं तो नशे की तरह चढ़ती रहीं और कहीं पतंग-सी उड़ती रहीं। कहीं तो निगाहें लड़ती भी रहीं। अविनाश और निशा भी सबसे पीछे की कुर्सियों में कहीं खड़े होकर इस नाच में शरीक थे। उनके हाथ भी हवा में उठते-गिरते झूम रहे थे। हालाँकि, उससे ज्यादा जाकर उसमें शामिल होने की इच्छा दोनों में से किसी की भी नहीं थी। लेकिन कोई और था, जिसकी इच्छा उन दोनों को उसमें शामिल करने की थी।

'नशे सी चढ़ गई ओए', खतम होते न होते, उसने माइक एक बार फिर अपने हाथ में पकड़ लिया। 'तो दिल्ली वालो, हम आज के इस दिन को यादगार बना देंगे। इस दिन जो हमारे हाथ में यह छोटा-सा लम्हा आया है, उसे पकड़कर हम बड़ा कर देंगे।

"तो ऑल यू गाईज, मैं आप सभी लोगों को मिलाना चाहता हूँ, हमारे बीच मौजूद एक बहुत ही प्यारे-से कपल से। यह एक ऐसा जोड़ा है जो सिर्फ और सिर्फ अपने में डूब जाना चाहता है। उसे न तो दुनिया की परवाह है और न ही अपने आसपास की। उसके लिए अगर कोई है तो बस, यकीनन वही दोनों हैं।

"तो गाईज, यहाँ पर मेरे सामने बैठे कितने लोग कपल है। नहीं, नहीं, ऐसे नहीं दोनों हाथ उठाकर सभी लोग बोलेंगे जोर से। चिल्लाकर। प्यार किया है भाई हमने, कोई चोरी नहीं की है। हाँ तो कितने लोग हैं यहाँ पर कपल।"

दर्शकों में से कई हाथ ऊपर उठ गए। कुछ लोगों ने तो जोर से चिल्लाकर जवाब देने की भी कोशिश की। हालाँकि, उनकी आवाज में अपने एंकर जितना जोश तो सम्भव नहीं था और उसकी कोई उम्मीद भी नहीं कर रहा था।

"तो गाईज, मैं आपको मिलाना चाहता हूँ दिल्ली के सबसे खूबसूरत कपल से।" भीड़ में से उल्लास की एक हूक-सी उठी।

"तो कौन है यहाँ पर दिल्ली का सबसे खूबसूरत कपल। हाँ, हाथ ऊपर कीजिए। उठाइए। अगर हममें हैं दम, तो सबसे ऊपर होंगे हम। हाँ-हाँ कौन है।"

कुछ लोगों ने अपने हाथ ऊपर उठाकर खुद को सबसे खूबसूरत कपल साबित करने की कोशिश की। लेकिन, एंकर ने तो अपना शिकार पहले ही ताड़ लिया था।

"अरे हाँ, भाई साहेब, आप भी कुछ कम नहीं। लेकिन मैं बात कर रहा हूँ दिल्ली के सबसे खूबसूरत कपल की। दिल्लीवालो आप लोग भी देख लो। मैं कहाँ से ढूँढ़ के लाया हूँ। यह कपल ऐसा है जिसे किसी की परवाह नहीं है। यहाँ पर किसी ने पतंगें देखी, किसी ने फूड कोर्ट में खाने की लज्जत देखी। किसी ने कपड़े देखे, किसी ने डांस के स्टेप्स किए। लेकिन, डूड यहाँ पर एक कपल ऐसा है जिसने सिर्फ एक-दूसरे की आँखें देखी और अब मैं

आवाज देने जा रहा हूँ उस कपल को जो सिर्फ एक-दूसरे के लिए जीता है। जो बना है सिर्फ और सिर्फ एक-दूजे के लिए।

"तो मैं आवाज दे रहा हूँ इस खूबसूरत और प्यारी-सी लड़की को जिसे देखकर पूरे मोहल्ले का दिल धड़कने लगता है और उस सोहने लौंडे को जिसके अन्दाज पर छोरियाँ आहें भरने लगती हैं।"

यह कहकर उसने सीधे निशा और अविनाश की आँखों में झाँका, "हाँ-हाँ तुम दोनों, ये खूबसूरत कपल अब आँखों से ओझल नहीं रहेगा। हाँ-हाँ दोस्त मैं तुम दोनों को ही कह रहा हूँ। यहाँ पर आ जाओ प्लीज। और दिखा दो इस पूरी दुनिया को।"

निशा और अविनाश ने पहले तो अपने आसपास देखा और सोचा कि किसी और को बुलाया जा रहा है। पर सीधे अपनी तरफ उसे देखता पाकर दोनों अकबका से गए। ये क्या मुसीबत है। निशा का चेहरा भी लाल-सा होने लगा।

"यू गाइज। एक-दूसरे का हाथ पकड़कर कह देना है हमें। देखो ये सारे लोग यहाँ पर तुम्हारा इन्तजार कर रहे हैं। आ जाओ। कुछ मत सोचो, बस आ जाओ।"

अब दर्शकों में भी सब लोगों की निगाह उन दोनों पर ही आकर टिक गई। दर्शकों में से भी कई लोग दोनों को उत्साहित करने लगे। तालियाँ बजने लगीं। सीटियाँ बजने लगीं। अविनाश ने निशा का हाथ पकड़ा और दोनों स्टेज की तरफ चल दिए। स्टेज की एक-एक सीढ़ी पर ड्रम की तेज चोट पड़ रही थी और दोनों स्टेज पर ऐसे चढ़ रहे थे जैसे उनके जीवन की कोई बहुत बड़ी घटना बस घटने ही जा रही हो।

दोनों के स्टेज पर चढ़ते ही एंकर बड़ी अदा से अपने घुटनों पर झुककर बैठ गया। इसी अदा में उसने अपना हाथ आगे करते हुए निशा का हाथ माँगा। निशा ने अपने पूरे नखरे को समेट कर अपने हाथ उसकी तरफ बढ़ा दिए। निशा की उँगलियों के पोरों को अपने हाथों में पकड़कर वह उसे खींचता हुआ-सा स्टेज के बीचोबीच ले आया। निशा के एक हाथ की उँगलियाँ एंकर ने पकड़ी हुई थीं तो दूसरा हाथ अविनाश के हाथ में था।

एंकर जिस तरह से निशा का हाथ पकड़ रहा था, निशा के अन्दर संकोच-सा भर गया। हालाँकि, दूसरे हाथ में अविनाश का हाथ एक बड़ी आश्वस्ति की तरह था।

"दिल्लीवालो, देख लो, इस खूबसूरत कपल को। मैं इनका नाम नहीं पूछूँगा। हाँ, क्या कहा आपने। नाम पूछा जाए। तो फिर चलो मैं पूछ ही लेता हूँ, तुम्हारा नाम क्या है बसन्ती।"

निशा का संकोच अब काफी कुछ कम होने लगा था। उसने पूरे आत्मविश्वास के साथ कहा, निशा। "निशा तेजस्वी।"

"इस खूबसूरत लेडी का नाम निशा है। और निशा जी उस सोहने से लड़के का नाम क्या है, जिस पर आपका दिल आ गया है।"

"ये अविनाश हैं।"

"यू बोथ आर मैरीड।"

"नहीं, अभी नहीं। पर हम साथ हैं।"

"तो अविनाश आप निशा को प्यार करते हैं?"

"हाँ।"

"करते हैं?"

"हाँ।"

"करते हैं?" एंकर ने चुनौती-सी देने वाले लहजे में पूछा।

"हाँ करता हूँ।"

"कितना करते हैं?"

"इसको ऐसे कैसे बता सकते हैं।"

"नहीं फिर भी, कितना प्यार करते हैं?"

"जितना सूरज धरती को प्यार करता है। या जितना हवाएँ बादलों से प्यार करती हैं। या जितना धरती अपने गोद में छिपे बीजों को करती है।"

"ओहो, बहुत खूब। क्या बात है। यही है दिल्लीवालों के दिल की बात। हमारे दिलों में छिपे हैं अरमान ढेर सारे।"

"तो निशा, ये अविनाश है। ये तुमसे इतना प्यार करता है जितना धरती को सूरज करता है। जितना हवाएँ बादलों से प्यार करती हैं। तुम्हें तो पहले से ही पता होगा।"

"तुम कितना प्यार करती हो अविनाश से?"

"बहुत ज्यादा।"

"कितना ज्यादा?"

"बहुत ज्यादा।"

"बहुत ज्यादा मतलब कितना ज्यादा?"

"मतलब बहुत, बहुत, बहुत, बहुत, बहुत, बहुत, बहुत, बहुत, बहुत, बहुत, बहुत, बहुत बहुत, ज्यादा।"

"अरे बाप से इतना ज्यादा!"

"इससे भी बहुत-बहुत-बहुत-बहुत ज्यादा।"

"वू-ऊ। दिल्ली आज हमारे सामने है एक ऐसा कपल जो एक दूसरे से बेहिसाब प्यार करता है। इसका कोई हिसाब भी नहीं है। इनके प्यार को कोई चुनौती दे सकता है। है कोई। है कोई।"

सामने बैठे दर्शकों में इन दोनों के लिए उल्लास की लहरें उठ रही हैं। लेकिन चुनौती देनेवालों में से कोई भी नहीं था। हाँ, लेकिन उत्सुकता सभी में थी। इस प्यार को समझने-बूझने की।

"अब मैं आवाज देना चाहूँगा, उन लोगों को जो चैलेंज एक्सेप्ट करते हैं। ऐसे लोग जिनके सामने पहाड़ भी बौने हो जाते हों। जिन्होंने झुकने से इनकार कर दिया हो। सभी के सामने। हाँ, तो दिल्लीवालो, मैं खुद बुलाऊँ या यहाँ पर ऐसे लोग हैं जो खुद को यहाँ पर आने के लिए पेश कर सकते हैं। कम ऑन दिल्ली, दिखा दो अपना दम।

"हाँ, दोस्तों यह एक छोटा-सा खेल है। लेकिन इस खेल से धड़कनें रुक सकती हैं। हाँ, मुझे चाहिए, यहाँ पर छह गबरू जवान। चलिए मैं बुलाता हूँ सबको एक-एक करके।"

इस तरह से उसने एक-एक करके छह लोगों को स्टेज पर बुला लिया। स्टेज पर छहों को एक लाइन से खड़ा कर दिया। एक तरफ अविनाश और निशा खड़े थे। दूसरी तरफ वे छह लोग लाइन लगाकर खड़े थे। आगे क्या होने वाला है, इसका अन्दाजा किसी को भी नहीं था। सिवाय उस एंकर के। जो आज अपनी पूरी मस्ती में था और कुछ भी करने को तैयार बैठा था।

अब मैं आप लोगों को जादू दिखाउँगा। ऐसा कहते हुए उसने अपनी जेब से एक बड़ा-सा रूमाल निकाला। आपने रुमाल को गायब होते हुए देखा होगा न। लेकिन, मैं आप लोगों को आज जो खेल दिखाने वाला हूँ, उसे आप लोगों ने इससे पहले शायद ही कभी देखा होगा। ऐसा कहते हुए उसने रूमाल को तह करके उसे स्टेज पर बुलाए गए छह लोगों में से एक की जेब में डाल दिया। फिर उसने उन छह लोगों की जगहें बदल दीं।

"हाँ, तो दिल्लीवालो अब बताओ, रूमाल किसकी जेब में है।" बहुत सारे लोगों ने तुरन्त ही बता दिया कि किसकी जेब में रूमाल है। उसकी तलाशी ली गई।

"अरे, हाँ रूमाल तो यहीं पर निकला। क्या बात है। आप लोग भी पारखी हैं। एक बार ही में ताड़ जाते हैं। क्यों, दिल्लीवालो ताड़ने में तुमसे भी आगे है कोई। कोई नहीं न।

"तो चलो, अब देखते हैं कौन कितना जान पाता है। हमारे साथ दिल्ली का ये खूबसूरत कपल है। ये एक दूसरे को देखकर जीते-मरते हैं। इनका खाना-पीना-सोना-जागना सब एक दूसरे के साथ है। एकदम मेड फॉर ईच अदर। अरे, भाई अब हम भी इनके प्यार का एक मुजाहरा करेंगे। देखते हैं कि इस प्यार में जमाने से टकराने की वो ताकत है कि नहीं। अरे वही, जिसकी प्यार में लोग कसमें खाते हैं।

"हाँ, तो निशा आप तैयार हैं, अपने प्यार का चैलेंज लेने को।" निशा ने बिना डरे, उसकी आँखों में आँखें डाल कर कहा। "हाँ, हाँ।" फिर उसने अविनाश की तरफ देखा, "तो डूड, तुमको चैलेंज एक्सेप्ट है कि नहीं। अभी वक्त है। कोई भी गेम छोड़कर जा सकता है। लेकिन, मैं चाहता हूँ कि दिल्ली का यह खूबसूरत कपल आज अपनी उस चीज को इस दुनिया के सामने रख दे। हाँ, उसे छिपाने की कोई जरूरत नहीं है। हम जीते हैं एक-दूसरे के लिए। हमें किसी से क्या छिपाना है।"

अविनाश ने भी हामी भर दी। "तो फिर लोगो! खेल समझ लिया जाए। मैं निशा की आँखों पर यह रूमाल बाँधने वाला हूँ। निशा को आँख बन्द करके इनमें से अपने अविनाश की तलाश करनी है। मैं एक-एक करके उसे सभी के पास ले जाऊँगा, निशा उसके हाथ को छूकर देखेगी और बताएगी कि वो उसका अविनाश है कि नहीं।" सबने समझ लिया।

मंच के नीचे बैठी जनता भी इस चुनौती भरे खेल को देख-सुनकर आश्चर्य, उल्लास और उत्साह से शोर मचाने लगी। इसी बीच उसने निशा की आँख पर रूमाल बाँध दिया। इसके बाद उँगली दिखाकर पूछा, "कितनी उँगली हैं।" पूरी ताकीद कर ली कि कहीं रूमाल से कोई आभास तो नहीं हो रहा है। उसके बाद उसने उन छह लोगों के बीच ले जाकर अविनाश को भी खड़ा कर दिया।

"हाँ, तो निशा घबराना एकदम नहीं है। मैं तुम्हें एक-एक करके सबके पास ले जाऊँगा। तुम्हें सिर्फ अपने अविनाश को पहचानना है।

"तुम उसका हाथ पकड़कर पहचान तो पाओगी न। तुमने उसका हाथ पहले पकड़ा तो है न।"

निशा ने मन ही मन सोचा कि यह कौन सी बड़ी बात है। अविनाश के हाथ को अपने हाथों में लेकर वह घंटों बैठी रही है।

निशा को अपना बायाँ हाथ पकड़ाकर एंकर ने उसे स्टेज का पूरा एक चक्कर लगा दिया। फिर दर्शकों को अपना दायाँ हाथ दिखाते हुए उसे निशा के आगे कर दिया।

"निशा जरा छूकर तो देखो, यही तो तुम्हारा अविनाश नहीं।"

दर्शकों में जोरदार हँसी का ठहाका फूटा। अविनाश भी हँस पड़ा। निशा ने उसके हाथों को पकड़ा। उस स्पर्श की अजनबीयत को पहचानकर उसने एक पल में ही उसे नकार दिया। "नहीं।"

दर्शकों का शोर गूँजा। फिर एंकर ने उसे स्टेज का ही एक चक्कर लगाया और एक लाइन से खड़े सात लोगों के पास ले गया। लाइन में तीसरे नम्बर पर एक सरदार जी खड़े थे। उसने सरदार जी से अपने हाथ आगे करने को कहा। उन्होंने हाथ आगे किए तो उसने निशा का हाथ उसे पकड़ा दिया। "निशा जरा पहचानो तो कहीं यही तो तुम्हारा अविनाश नहीं।"

"नहीं।" निशा ने तुरन्त मना कर दिया। एक बार फिर से निशा को दर्शकों की उल्लास भरी चीखें सुनाई दीं। महिलाओं ने भी उसका हौसला बढ़ाया। हालाँकि, अभी तक कई महिलाएँ इस पूरे खेल को आशंका और सन्देह की दृष्टि से देख रही थीं। जब दाँव पर किसी महिला का सम्मान लगा हो तो कितना मजा आता है इन लोगों को।

एंकर ने एक बार फिर निशा का हाथ पकड़ा और उसे दूसरे आदमी के पास ले गया। निशा ने उसका हाथ पकड़ा। एक क्षण तक उसे महसूस करने की कोशिश की। फिर नकार दिया। अब धीरे-धीरे महिलाओं का इस खेल में एंगेजमेंट बढ़ने लगा था। हर तरफ उल्लास का शोर था। डीजे की थाप थी। अविनाश भी एक तरफ खड़ा होकर इस खेल को खुश होकर देख रहा था। एंकर ने धीरे-धीरे निशा को स्टेज का चक्कर लगवाया और फिर उसे अविनाश के सामने लाकर खड़ा कर दिया। अविनाश ने अपने दोनों हाथ आगे कर दिए।

"निशा जरा इन हाथों को तो छूकर देखो। कहीं तुम्हारा अविनाश यह तो नहीं।"

निशा ने एक क्षण तक उसे महसूस करने की कोशिश की फिर उसने इनकार में सिर हिला दिया। अविनाश का हाथ हल्के-से सिहर गया। निशा को तुरन्त ही अपनी गलती का अहसास हो गया। लेकिन तब तक एंकर ने एक जोरदार चीख निकाली।

"हो गई, हो गई, हो गई। गलती हो गई। निशा। तुमसे गलती हो गई। अब तुम आज अविनाश से पिटनेवाली हो बहुत। अरे तुम उसके हाथों को नहीं पहचान पाई।" ये कहकर उसने निशा की आँखों पर बँधे रूमाल को उतार दिया। अपने सामने अविनाश को खड़े देखकर वह हैरान रह गई। स्टेज के नीचे भी लोगों के चेहरे हँसी और उल्लास से दमक रहे थे।

अब इसके बाद भी एंकर न जाने क्या-क्या बोलता रहा। लेकिन, अविनाश और निशा एक-दूसरे का हाथ पकड़े-पकड़े स्टेज से नीचे उतर गए। मंच पर आए छह लोग भी नीचे आ गए। एंकर किसी और खेल को खेलने में लग गया। लेकिन अब मजमा उखड़ गया था। भीड़ उत्तेजना के एक चरम तक पहुँचने के बाद अब कुछ आराम लेने के मूड में थी। भीड़ छँटने लगी थी।

ग्यारह

वो दूसरा दिन था, जब सुबह नींद खुलने के साथ ही वह चौंक गई। सुबह नींद खुलने के साथ ही उसने अपने तकिये के पास अपने हाथों को टटोलते हुए पहले तो मोबाइल फोन ढूँढ़ा। फिर साइड के बटन दबाकर उसकी स्क्रीन ऑन की। पासवर्ड वाला पैटर्न बनाने के बाद भी जब उसे नोटिफिकेशन बार में कोई मैसेज नहीं दिखाई पड़ा तो वह थोड़ी निराश हो गई। नोटिफिकेशन में कोई मैसेज नहीं था। इसके बावजूद उस मैसेज को ढूँढ़ने के लिए वह मैसेज बॉक्स में चली गई। लेकिन, यहाँ पर भी कुछ नया नहीं था। कोई नया मैसेज नहीं आया था जिसे वह देख सकती।

उसने पुराने मैसेज पलटने शुरू किए। फिर, अविनाश के मैसेजों पर जाकर टिक कर दिया। हाँ, यहाँ पर लगभग हर दिन के मैसेज पड़े हुए थे। सुबह साढ़े छह से सात बजे के बीच हर दिन अविनाश उसे मैसेज करता था। गुड मॉर्निंग। इसके साथ ही कुछ फूल, कुछ गुलदस्ते और एक प्याली

चाय की बनी होती थी। सुबह उठकर वह सबसे पहले इन फूलों को, इन गुलदस्तों को और चाय की प्याली को निहारा करती थी। उसके बाद वह बिस्तर से उठती थी। न जाने कब से यह सिलसिला चल रहा था। अविनाश से दोस्ती थोड़ी गाढ़ी होने लगी थी, तब से ही वह जब भी सुबह उठता था, सबसे पहले निशा को गुडमॉर्निंग का मैसेज भेजता था। सुबह जब निशा अपने मोबाइल पर इस मैसेज को देखती थी तो दिल्ली और बेंगलुरू के बीच की दूरी पिघल कर उनके मोबाइल स्क्रीन जितनी छोटी हो जाती थी।

पर आज की सुबह उसे अपना मोबाइल देखकर निराशा ही हाथ लगी। मोबाइल का खाली नोटिफिकेशन बार अपने खालीपन के साथ उसे मुँह चिढ़ा रहा था। यहाँ पर कुछ भी नया नहीं था। सबकुछ पुराना। अविनाश के पुराने मैसेजों पर भी जैसे धूल जमा हो गई थी। सभी पुरानी चीजों पर थोड़ी धूल जम ही जाती है। क्या हुआ होगा। वह क्षण भर के लिए यह सोचने बैठ गई। अरे, कुछ नहीं। दोस्तों के साथ पार्टी-शार्टी हो गई होगी। सुबह देर से उठा होगा। फिर अभी बजा ही क्या है। साढ़े आठ। हो सकता है नींद न खुली हो साहब की।

खैर, निशा बिस्तर से उठ खड़ी हुई। हाथ-मुँह धोने के साथ ही उसने चाय तैयार की। दरवाजा खोला तो बाहर पायदान के पास अखबार पड़ा हुआ था। अन्दर लाकर उसने अखबार खोल लिया। चाय के एक-एक घूँट के साथ वह अखबार की खबरों की भी चुस्कियाँ लेने लगीं। ज्यादातर खबरें किसी का भी जायका खराब करने के लिए काफी थीं। कुछ खबरें तो ऐसी थीं जो संस्थानों से जुड़ी हुई थीं। उसमें कोई जान नहीं थी। निशा उन पर एक उड़ती हुई नजर डालती और आगे बढ़ जाती। कुछ खबरें ऐसी थीं जो सीधे इनसानों से जुड़ी हुई थीं। एक आदमी ने अपनी पत्नी और बच्चों को मारकर अपनी भी जान सिर्फ इसलिए दे दी थी कि उसे लगा था कि उसकी मौत तो आने ही वाली है। उसके मर जाने के बाद उसके परिवार का क्या होगा। किसी पत्नी ने अपने प्रेमी के साथ मिलकर पति की हत्या कर दी थी। किसी बच्चे का अपहरण हो गया था। कोई परिवार घूमने गया हुआ था और उसके घर पर चोरी हो गई थी। कुछ इसी तरह की खबरों से अखबार भरा पड़ा था। हेडिंगों पर उसकी निगाह फिसलती और वह फिसलती हुई निगाहों से ही तय करती कि किस खबर पर उसे रुकना है और कहाँ से होकर सिर्फ गुजर जाना है।

अखबार की खबरों पर निगाहें फिराते हुए और एक इनसान के दूसरे इनसान के प्रति क्रूर और हैरतअंगेज व्यवहार पर आश्चर्य दिखाते-दिखाते चाय का बड़ा-सा कप भी खाली हो गया। फिर से उसके दिमाग में पुरानी बात आकर बैठ गई। उसने एक बार फिर अपने मोबाइल की तरफ देखा। नहीं, अभी भी कोई मैसेज नहीं आया।

ऐसा भी क्या है। भई, अब तो ऑफिस जाने के लिए उठ ही गए होगे। क्या अब इतना भी याद नहीं होगा। सब ऐसे ही होता है। लोग पहले तो बड़ी-बड़ी बातें करते हैं। फिर जब उसे निभाने की बारी आए तो भूलते देर नहीं लगती। अब आने दो फोन। बताती हूँ। कुछ इसी तरह के खयालों में डूबी हुई वह ऑफिस जाने की तैयारी करने लगी। आखिरकार जब दस बज गए और अविनाश का कोई फोन नहीं आया और उसका मैसेज भी नहीं दिखा तो निशा का धैर्य जवाब देने लगा।

उसने सीधे अविनाश को फोन करने की सोची। फोन लगाया तो उधर से कम्प्यूटर में दर्ज किसी महिला की सुनाई पड़ी। दिस नम्बर डज नॉट एक्जिस्ट। यह नम्बर मौजूद नहीं है। दोबारा डायल किया। यह नम्बर मौजूद नहीं है। दिस नम्बर डज नॉट एक्जिस्ट। पता नहीं कैसे कह रहा है कि नम्बर मौजूद नहीं है। उसने एक बार फिर फोन लगाया। इस बार नॉट रीचेबल का मैसेज आने लगा। इसी तरह से एक-दो बार और ट्राई करके कुछ अनमनी-सी होकर वह ऑफिस के लिए तैयार होने लगी।

ऑफिस में भी उसने एक-दो बार ट्राई किया। लेकिन, हर बार या तो नम्बर मौजूद नहीं है का मैसेज आता रहा या फिर आपकी पहुँच से बाहर है का कम्प्यूटर जनित मैसेज फोन पर सुनाई देता रहा।

ऑफिस की सीढ़ियाँ तेज-तेज चढ़ने के बाद जब अपनी हाँफती साँसों के साथ वह अपने कम्प्यूटर पर पहुँची तो उसने एक साथ फिर चार टैब खोल लिए। एक पर उसने जीमेल खोला। दूसरे पर फेसबुक। तीसरे पर इंस्टाग्राम और चौथे पर व्हाट्सअप। ढेर सारे नोटीफिकेशन पड़े हुए थे। कई ई-मेल आकर उसे देखे जाने का इन्तजार कर रहे थे। उनमें से कुछ ऐसी थीं जिनका तत्काल जवाब दिया जाना आवश्यक था। ई-मेल मिल गया है कुछ पर कम से कम यह सूचना तो जरूर देनी थी। रिप्लाई सून। लेकिन वह जीमेल का इनबॉक्स देखने से पहले ही फेसबुक के नोटीफिकेशन देखने

लगी। यहाँ पर दोस्तों के जनमदिन की सूचनाएँ थीं। किसने-किसने आपकी पोस्ट को लाइक किया, रिप्लाई किया, आपको कहीं मेंशन किया जैसी तमाम सूचनाएँ मौजूद थीं। कुछेक फ्रेंड्स रिक्वेस्ट भी पड़ी थीं। चैट बॉक्स में भी कुछ मैसेज जवाब का इन्तजार कर रहे थे। उसने सभी पर एक सरसरी-सी निगाह डाली। पर उनमें कहीं भी अविनाश का नाम मौजूद नहीं था।

इंस्टाग्राम भी खाली नहीं था। यहाँ पर भी नोटीफिकेशन तो मौजूद थे। लेकिन, अविनाश कहीं नहीं था। अपने फोन से व्हाट्सअप का बारकोड स्कैन करके जब उसने कम्प्यूटर पर व्हाट्सअप खोला तो यहाँ भी नए मैसेज पड़े थे, लेकिन इनमें से कोई भी सन्देश अविनाश की तरफ से नहीं आया था।

बड़ा लापरवाह है। भई, कम से कम एक मैसेज तो करना ही चाहिए। अपने में ही भुनभुनाते हुए वह अपने ऑफिस की आधिकारिक ई-मेल खोलने लगी। इसी पर वे तमाम मेल आने थे, जिस पर उसे दिन भर काम करना था। कम्प्यूटर को घूरते हुए पूरा दिन बीत गया। कभी वह अपने ऑफिस की मेल घूरती रहती तो कभी फेसबुक, इंस्टाग्राम, व्हाट्सअप और ट्विटर को। बीच-बीच में एक उँगली स्क्रोल करती रहती। ऊपर से नीचे, नीचे से ऊपर। कुछ जगहों पर कभी-कभी माउस की एक हल्की-सी क्लिक भी हुआ करती। दिन खतम हो गया। काम खतम होने के आखिरी कुछ मिनट ज्यादा महत्वपूर्ण हो जाते हैं। उनमें से काम को जल्दी-जल्दी पूरा करने की हड़बड़ी भी रहती है तो यह सावधानी भी मन को कचोटती रहती है कि कहीं कोई गड़बड़ न रह जाए। कोई कमी न छूट जाए।

छुट्टी के समय तक भी अविनाश का कोई जवाब नहीं आया। अपना काम पूरा करके वह चुपचाप ऑफिस से निकल आई। अब नहीं फोन करूँगी। खुद ही फोन करेगा। जब करना होगा। पर अगले दिन सुबह फिर उठकर सबसे पहले उसने अपना मोबाइल चैक किया। नहीं आज भी गुड मॉर्निंग का कोई मैसेज नहीं था। एसएमएस बॉक्स में कोई भी नया मैसेज नहीं था। चुपचाप वह काफी देर तक फोन को घूरती रही। फिर उठकर चाय बनाने में जुट गई। तैयार होकर जिम भी जाना था। यही वह काम था जिसे वह बड़ी ही कोफ्त के साथ करती थी। किसी तरह से हर रोज अपने-आप को तैयार करती कि बस कुछ ही दिनों की बात है। थोड़ा-सा वजन कंट्रोल हो जाए।

देखने में मोटापा-सा नहीं लगे। अविनाश के माँ-बाप चाहते हैं तो आखिर इसमें हर्ज ही क्या है। खुद उसकी भी तो सेहत सुधर रही है।

कितना भी खुद को तैयार कर ले लेकिन जिम तक पहुँचते-पहुँचते सारे तर्क हवा होने लगते। किसी तरह से एक घंटा अपना वक्त बिताती। जिम में फिजिकल इंस्ट्रक्टर उसे बताता रहता। कौन सी एक्सरसाइज करने से कहाँ की कितनी चर्बी कम होनेवाली है। एक तो उसे यह आईडिया ही बड़ा डिस्गस्टिंग लगता है कि खाने से पहले ही आदमी कैलोरी बर्न करने के बारे में सोचे। फिर हर समय सिर्फ यही एक खयाल में जीना कि भाई कैलोरी ज्यादा न हो जाए। उसने तो कभी परवाह नहीं की। अरे परवाह नहीं की तभी तो यह हालत हो गई। नहीं तो क्या इतना वजन हो पाता। उसे याद है कि उसकी कई सहेलियों ने तो कब का चाय में चीनी लेनी बन्द कर दी थी। जब बिना चीनी की चाय तैयार हो जाती तो वे बड़े स्टाइल से अपने बैग में हाथ डालकर शुगर फ्री टैबलेट की डिब्बी निकालती और उसमें से एक या दो गोली चाय में डाल देतीं। उन्हें हर समय अपने फिगर की चिन्ता रहती थी। पर निशा ने खुद को कभी इस तरह से केवल एक शरीर की तरह नहीं देखा। इसलिए इस शरीर को हरदम खूबसूरत और चुस्त-दुरुस्त बनाने की उसे चिन्ता भी नहीं थी। पर अब। खैर।

किसी तरह से तैयार हुई। जिम गई। वहाँ से लौटकर आई। पसीना सूखने के साथ ही नहाने, नाश्ता तैयार करने और फिर वही ऑफिस की दौड़। फिर पूरा एक दिन बीत गया। अविनाश की कोई कॉल उसके पास नहीं। अब वो खुद फोन नहीं करेगी। आने दो फोन फिर बताती हूँ। कुछ ऐसा ही उसने मन ही मन सोचा हुआ था।

पर ऐसे ही एक-एक दिन कर पूरा सप्ताह बीत गया। अब उसे चिन्ता हुई। उसने फिर से अविनाश का नम्बर लगाया। यह नम्बर मौजूद नहीं है। नॉट रीचेबल। कभी एक तो कभी दूसरा मैसेज उसके कान में बजता रहा। व्हाट्सअप पर उसने मैसेज देने की कोशिश की। लेकिन, यहाँ से भी पता नहीं क्यों मैसेज जाता हुआ नहीं दिख रहा है। फिर उसने फेसबुक खोल लिया। सर्च ऑप्शन में जाकर उसने अविनाश का नाम डाला। कई सारे अविनाश की फेसबुक प्रोफाइल सामने दिखने लगी। लेकिन, इसमें उसका अपना अविनाश तो कहीं नहीं था। इन सारे अविनाशों में वह कहाँ गुम हो

गया। कहीं स्पेलिंग में तो कोई गलती नहीं। उसने स्पेलिंग चैक करके फिर से सर्च करने की कोशिश की। लेकिन, उसका वाला अविनाश कहीं नहीं था। कई-कई अविनाश वहाँ मौजूद थे।

उसने सोचा कि फ्रेंड-लिस्ट में से भी उसे ढूँढ़ कर इनबॉक्स में मैसेज किया जा सकता है। उसने अपनी फ्रेंडलिस्ट खोल ली। यहाँ पर तमाम दोस्त मौजूद थे। लेकिन अविनाश यहाँ भी नहीं था। अविनाश यहाँ से कहाँ जा सकता है। फिर उसने कुछ म्यूचुअल दोस्तों की फ्रेंड-लिस्ट में भी अविनाश को तलाशने की कोशिश की। क्या हो गया। कहीं अविनाश ने अपनी फेसबुक प्रोफाइल डिलीट तो नहीं कर दी। या फिर उसे ब्लॉक तो नहीं कर दिया। एक हल्का-सा खयाल आया और कुछेक पल ही ठहरकर चला गया। अगले दिन उसने अविनाश के ऑफिस के फोन नम्बर पर कॉल किया। यहाँ पर रिसेप्शन पर बैठी महिला ने उसे बताया कि अविनाश जी ने तो नौकरी छोड़ दी। अरे कब छोड़ दी। एक सप्ताह हो गए।

एक सप्ताह! अब कहाँ गया?

जी, अब यह सब तो नहीं पता लेकिन चेन्नई से शायद उनको कोई ऑफर था। ये भी मैं पक्का नहीं बता रही हूँ। बस ऑफिस में ऐसे ही जिक्र हो रहा था।

चेन्नई। अपने मन में उठते ढेरों सवालों पर सोचते हुए उसने धीरे से फोन काट दिया। तो क्या अविनाश चेन्नई चला गया। दिल्ली आते-आते वह और दूर हो गया। खैर, प्लेन से आने-जाने में क्या तो बेंगलुरू और क्या चेन्नई। पर उसने जिक्र भी नहीं किया। बताया भी नहीं। अपना फोन नम्बर नहीं दिया। फिर फेसबुक बन्द पड़ा है। व्हाट्सअप पर मैसेज नहीं जा रहा है। आखिर हुआ क्या।

क्या हुआ। कहाँ चला गया, अविनाश। क्यों?

बारह

पूरा एक महीना बीत चुका था। अविनाश ने कभी फोन नहीं किया और न ही अपनी कोई खबर की। फेसबुक पर अविनाश की प्रोफाइल ढूँढ़े नहीं मिल रही थी। ऐसा लगता था कि जैसे कि वह यहाँ पर है ही नहीं। उसका

मोबाइल बातचीत के लिए उपलब्ध ही नहीं था। निशा के पास कानपुर में अविनाश के माता-पिता का नम्बर था। पर उन्हें फोन करना उसने ठीक नहीं समझा। अब उनसे पूछती भी क्या। क्या कहती। उनकी आँखों में छुपी हुई नापसन्दगी वह पहले ही पढ़ चुकी थी। अब ऐसे में उनको क्या कहे। क्या पता उन्हें सबकुछ पता ही हो। क्या पता, सबकुछ उनके कहने-सुनने के बाद ही किया गया हो। फिर जब अविनाश ही अपना नहीं रहा, जब उसने ही उम्मीद के सारे रास्तों पर ताला लगा दिया तो फिर वह उसके माँ-बाप से क्या कहे।

बेंगलुरू में अविनाश के पुराने ऑफिस में फोन करने से उसे एक दोस्त का नम्बर तो मिल गया। निशा ने उस दोस्त को फोन भी किया। कुछ देर उससे बात भी की। उसने बताया कि अविनाश चेन्नई में है। हाँ, अच्छी नौकरी है। इस कम्पनी से दोगुना पैकेज है। साल में तीन बार विदेश भी भेजते हैं, कम्पनी वाले। हाँ-हाँ, बात होती रहती है। ठीक है वो।

इतनी सारी बातें जानने के बाद फिर निशा से अविनाश का नम्बर नहीं माँगा गया। कई बार उसके मन में यह खयाल आता था कि एक बार उसे फोन तो करे। कम से कम पूछे तो कि आखिर हुआ क्या। ऐसे क्यों अचानक वह चला गया। क्या उसने अपने जाने की वजह बताई होती तो वह उसे रोक लेती। ऐसे मुँह चुराने से क्या फायदा। अब जब कोई चला ही गया तो उसे जबरदस्ती कब तक बाँध कर रखा जा सकता है।

निशा बार-बार सोचती कि कहाँ पर हुई वो गलती। कैसे वो रास्ते अलग हो गए। जब वो दोनों एक-दूसरे की उँगलियों में उँगलियाँ फँसाए हुए कहीं पार्क के किसी कोने में सुस्त कदमों से चहलकदमी कर रहे होते थे, क्या उस समय भी अविनाश के खयालों में कुछ और बसने लगा था। निशा के साथ रहते हुए भी वह कुछ और सोचने में जुटा हुआ रहता था। अब क्या पता।

किस बात पर नाराज हो गया अविनाश। क्या उस दिन आँख बन्द करके और उसके हाथ को छूकर वह पहचान नहीं सकी, इसके लिए। या कोई और वजह है। क्या अगर अविनाश उसे आँख बन्द करके नहीं पहचान पाता तो निशा भी ऐसे ही उसे छोड़कर चल देती!

उसने खुद को अपने कमरे में बन्द कर लिया। खिड़कियों के शीशे बन्द करने के बाद उस पर परदे भी खींच दिए गए। किवाड़ उसका बन्द रहने

लगा। हर चीज को नाम देने की उसकी आदत भी पीछे छूटने लगी। बल्कि अब तो वह कई बार नाम भूलने भी लगी। कहाँ तक आखिर वह लड़े। कैसे इस जीवन को फिर से सबकुछ भूलकर सँवार ले। कभी बैठी रहती तो बैठी ही रहती और सोचती रहती। उसके बिस्तर के सिरहाने पर लगी रंग-बिरंगी झंडियों का रंग उतरने लगा। उसके आसपास कहीं भी सकारात्मक ऊर्जा नहीं थी। वह बस चुपचाप वहीं पड़ी रहती।

जिम में लगातार पसीना बहाने के बावजूद उसके शरीर पर चढ़ी जिद्दी चर्बी हटने का नाम नहीं ले रही थी। लेकिन, अविनाश के जाने के दो ही महीनों में वह सूख गई। उसके गोल-मोल गाल पिचक गए। गोलाई वाले चौड़े कन्धों की हड्डियाँ झाँकने लगी थी। ब्यूटी बोन ज्यादा हड़ीले हो गए। गर्दन के पीछे जो वह टैटू था, जो हर किसी को घूरता रहता था, उसकी चमक भी फीकी पड़ गई। गर्दन की हल्का पीलापन लिए हुई गोरी त्वचा की कान्ति खत्म हो गई थी, अब यहाँ पर एक उदासीन कालापन था। उस कालेपन में टैटू के नीले रंग की धारियों की चमक भी कमजोर पड़ गई थी।

तीन-चार महीने ऐसे ही बीत गए। इसमें ज्यादातर समय बिस्तर पकड़े-पकड़े ही बीत गया। वह हर रोज कोई नई सूचना आने का इन्तजार करती, फिर उसके नहीं आने पर मन मसोसकर रह जाती। किसी ने उसे अपनी जिन्दगी से ऐसे काटकर फेंक दिया था जैसे कि वह कभी रही ही न हो।

क्या वह प्रेम था। या वहम। या सिर्फ फेंगशुई। सकारात्मक ऊर्जा कहाँ है। नकारात्मक एनर्जी को अन्दर आने से कैसे रोका जाए।

ऐसे में ऑफिस का काम उसे सहारा देने लगा। हमेशा बायोमीट्रिक में आधे घंटे देरी से अपनी हाजिरी लगाने वाली वह लड़की अपने समय से भी पहले ऑफिस पहुँच जाती। काम खतम होने के बाद भी उसे वापस जाने की खास जल्दी नहीं थी। उसके अन्दर का इनसान मरने को हो रहा था। जबकि उसके अन्दर से जो चीज जिन्दा होकर निकल रही थी, वह थी कर्मचारी। वह सिर्फ एक कर्मचारी थी। कामगार। उसे यहाँ पर कम्प्यूटर को घूरने की नौकरी करनी थी। कम्प्यूटर को घूरते हुए, माउस को स्क्रोल करते हुए वह तन्द्रा में डूब जाती। कम्प्यूटर की स्क्रीन पर उभरने वाले अक्षरों, एक्सल

शीट और आँकड़ों के तमाम ग्राफ और डिजाइनों के अलावा उसे कुछ भी खयाल नहीं रहता। कभी कितना दूर जाने कोशिश करती थी वह इनसे। अब इन्हीं में बेतरह डूबी रहती है।

कम्प्यूटर के पास थोड़े-से पानी में रखा हुआ बाँस के पेड़ों का वह छोटा-सा गट्ठर, जिसे फेंगशुई का शुभ पौधा भी माना जाता था और जिसके नाम की छोटी-सी पट्टी भी निशा ने चिपका रखी थी, ग्लिटर। उसकी चमक भी अब कम हो गई थी। एकाध पत्तियों में पीलापन था। चारों तरफ से बन्द, केन्द्रीकृत वातानुकूलन से चलने वाले उस ऑफिस में कर्मचारियों के पैरों से चिपककर आने वाली धूल को वह अब भी लालच भरी निगाहों से देखता था। पर धूल के उन कणों में अपनी जड़ों को लपेटने की उसकी हसरतें अब पहले जैसी जवान नहीं रही थीं।

कम ही होता था। लेकिन फिर भी निशा कभी-कभी ग्लिटर की पत्तियों पर अपनी उँगलियों को धीरे से फेरने लगती थी।

तेरह

और इस सबका ऑफिस के अन्य कर्मचारियों पर क्या असर पड़ा। कुत्ते की नजर छिछड़े पर। ये वाली कहावत आपने जरूर सुनी होगी। या फिर टीवी पर वो वाला विज्ञापन भी जरूर देखा होगा, अरे वही, मैन विल बी मैन। ऑफिस में एक कर्मचारी ने जिसे अभी तक हमने पहला कहकर सम्बोधित किया था, उसने ही सबसे पहले निशा की रिंगफिंगर को नोटिस में लिया। हाँ, उस उँगली में रिंग नहीं थी। वहाँ पर काफी दिनों तक अँगूठी पहनने के चलते सफेद निशान पड़ गए थे। गौर से देखनेवाला कोई भी बता सकता था कि यहाँ पर लम्बे समय तक कोई रिंग पहनी गई थी और हाल ही में उसे उतार दिया गया है। इसका निशान उसकी त्वचा पर हल्के सफेद रंग के रूप में अभी भी रह गया था।

पहले ने कोहनिया कर दूसरे को रिंगफिंगर की तरफ देखने का इशारा किया। दूसरे ने भी हैरत और अर्थपूर्ण नजरों से रिंगफिंगर पर पड़े उस निशान को देखा। इसके तुरन्त बाद ही उन्होंने फेसबुक पर निशा तेजस्वी का प्रोफाइल

चैक किया। जी हाँ, यहाँ पर स्टेटस सिंगल लिखा हुआ था। कभी यहाँ पर इन ए रिलेशनशिप लिखा हुआ करता था।

उसके बाद उन्होंने निशा की उँगलियों को इतनी गौर से देखना शुरू किया कि कम्प्यूटर के कीबोर्ड पर चल रही अपनी उँगलियों को भी निशा छुपाने की कोशिश करने लगी। पर क्या इसमें उसे कामयाबी मिल सकती थी। आपको तो पता ही है कि मक्खियों को घाव पर बैठने में ही सबसे ज्यादा सुख मिलता है।

जेकरे कारण हमार अँखियाँ फूटीं

'ई खुबई का मौत नै आवत'। गड़ही के बगल की बँसवारी के पास से खूबचन्द को आते हुए देख कर सबसे पहला खयाल अम्मा के मन में यही आया। 'किसी की जिन्दगी और मौत का भरोसा नहीं। जवान-जवान लोग मरे जा रहे हैं। रात में सोए तो सुबह नींद ही नहीं खुली। लेकिन, ई खुबइया तो जैसे अम्मरघड़िया पीके आया है। हाथ-पाँव भी सलामत है। एक जगह चैन से बैठा भी नहीं रहता मरभुक्खा।'

अम्मा ने अपना मुँह आँचल से ढँक लिया और भुन-भुन करते हुए चापाकल के हत्थे को तेजी से ऊपर-नीचे करने लगी। पानी की कभी मोटी तो कभी पतली धार बाल्टी में गिरने लगी। इसके साथ ही अम्मा की भुनभुनाहट भी कभी तेज तो कभी धीमी होती जा रही थी।

अपने कद से छोटी एक लाठी को टेकते हुए, अपने शरीर को कभी पाँवों पर तो कभी लाठी पर सँभालते हुए खूबचन्द नीम के पेड़ के छोटे-से चबूतरे पर बैठ गए। नीम के पेड़ के थाले पर थोड़ी-सी मिट्टी चढ़ा दी गई थी, जिससे वहाँ पर चबूतरे—जैसी थोड़ी ऊँची जगह बन गई थी। चबूतरे पर कुछ ही देर पहले नीम पर चढ़ाए हुए जल का गीलापन बचा हुआ था। कंडैल के पीले फूल, थोड़ी सी रोली का रंग, चावल के दाने और एक लोटा जल। अपनी धोती गीली होने से बचाते हुए खुबई वहीं पर उकड़ू होकर बैठ

गया। अपनी लाठी उसने एक तरफ रख दी। चश्मे की एक कमानी टूटी हुई थी। एक कमानी तो कान पर चढ़ जाती थी, जबकि दूसरी कमानी की जगह पर बँधे धागे को कान से लपेटकर चश्मे को नाक पर टिकाने की हिकमत की गई थी।

उसके चश्मे के शीशे मोटे-मोटे थे और उनके किनारों पर धूल जमा हो गई थी। कान से लपेटने वाले सूत के धागे भी मैल से काले हुए जा रहे थे। अपने चश्मे को उतारकर खुबई ने हाथ में ले लिया। पहले तो कुछ देर उसे हाथ में लेकर अपनी मिचमिची आँखों से देखता रहा। जैसे हाथों से उसका वजन तौल रहा हो। इसके बाद अपनी धोती के ही एक सिरे से उसने चश्मे पर जमी धूल साफ की। चश्मे को दोबारा अपनी नाक पर टिकाया। एक कमानी तो कान पर जाकर टिक गई। जबकि, दूसरी के सिरे पर लगे धागे को कान पर ले जाकर लपेट लिया। उसे हैडपम्प का हत्था पकड़े और उसे ऊपर नीचे करती हुई विद्या की धुँधली आकृति दिखाई पड़ी।

खुबई ने वहीं से गुहार लगाई, "राम-राम मलकिन।"

अम्मा ने कोई जवाब नहीं दिया। उनके हाथ और तेजी से चापाकल के हत्थे को ऊपर-नीचे करने लगे।

खुबई ने फिर से अपनी तेज, तीखी और लड़खड़ाती हुई आवाज में गुहार लगाई, "मलकिन हमार पैसवा मिलीगा का।"

अम्मा ने अपना पूरा चेहरा बड़े-से घूँघट में छिपा लिया। उसने अपना मुँह भी खुबई की तरफ घुमाकर नहीं देखा। नीम के पेड़ से पत्तियों के जत्थे के जत्थे गिर रहे थे। ऊपर अपनी शाख से लगी हुई पत्ती पीली होकर अपने हाथ छोड़ देती। शाख से अलग होते ही हवा उसे अपने साथ लेकर झुलाती हुई नीचे लाने लगती। गोल-गोल घूमती हुई पीली-पीली पत्तियाँ स्लोमोशन में जमीन पर उतरतीं। कई सारी पत्तियाँ एक साथ गिरतीं तो लगता जैसे नीम की पीली पत्तियों का कोई सामूहिक नृत्य-सा चल रहा है। सभी एक दूसरे से समान दूरी बनाए हुए एक लय और ताल में नीचे गिरने का करतब दिखा रही हैं। हवा में गिरते-गिरते ही कभी-कभी कोई दो पत्तियाँ एक-दूसरे का हाथ पकड़ लेतीं और एक-दूसरे को अपनी बाँहों में समेटे हुए जमीन पर आ लगतीं। नीम के पेड़ की फुनगियों से गाँव में कुछ दूर पर चलते ईंट भट्टे की चिमनी से निकलने वाला धुआँ दिखाई पड़ रहा था। दूर कहीं खेत में चलते

ट्यूबवैल की छोटी-सी चिमनी पर रखा छोटा-सा ढक्कन एक लय में उठता था और उसी लय में गिर जाता। पुक-पुक, पुक-पुक। पुक-पुक, पुक-पुक। क्षण भर के अन्तर के बाद फिर से पुक-पुक, पुक-पुक। पूरे वातावरण की की पृष्ठभूमि में यह पुक-पुक लगातार गूँज रही थी। नीम के पेड़ पर बैठी एक फाख्ता अपनी पुकार लगा रही थी। हूहू हू, हूहू हू। हूहू हू, हूहू हू। पहले, बहुत पहले जब कभी अच्छे दिन होते थे तो इसी फाख्ते के साथ अपनी धुन निकालते हुए अम्मा कहती, कूटूँ थी, पीसूँ थी। कूटने-पीसने वाले वो दिन तो जाने कब के चले गए। अभी तो इस खुबइया की आवाज इन सब पर भारी पड़ रही है।

अपनी आवाज पर किसी को कान नहीं देते देख खुबई ने गला खँखार कर साफ किया। अपना मुँह ऊपर कर एक बार भगवान की तरफ देखा। लेकिन, दिखी उसे नीम की मोटी और पतली डालियाँ ही। भगवान को अपना साक्षी बनाने के बाद गले से तेज-तेज आवाज निकाल कर वह सरापने लगा। यह रोने और गाने के बीच-बीच की आवाज थी। इसमें गाने की तरह के उतार-चढ़ाव भी पूरे थे। वर्षों के अभ्यास से इसका एक-एक शब्द खुबई को रट गया था। वह खुद ही इसका रचयिता था। इसके आरोह और अवरोह का भी उसे पूरा अभ्यास था। उसके श्राप की तेज आवाज पूरे गाँव में गूँजने सी लगी।

हे भगवान, हे गंगामाई, हे पीरबाबा
तुम न सबर कियो
हम तो सब सबर किया पर तुम न धीरज धरेव
हम तो कुछ नै बोल पाए पर तुम न चुप रहेयो
हम तो कुछ नै देखित पर तुम न आँखिन बन्द किहेयो
जे हमार किसमत लूटेस ओके तुम न माफ किहेयो
जेकरे चलते हमार बेटवा का ई हाल हुआ,
ओकरे भी हाल ऐसा ही होई जाए
जेकरे कारण हमार परवार तबाह हुआ
ओकर भी परवार पर नाश टूटै
जेकरे चलते हमार पतीवा बिटिया के मुँह कटा
ओकरे भी शरीर के कण-कण से खून गिरै

जेकरे कारण हमार अँखियाँ फूटीं

जौन हमार पैसा लै के भाग गया
ओकरे सपनेओ में भी सुख नसीब न होए

श्राप-श्राप और श्राप की यह अटूट कड़ी थी। इसे खुबई रोज सुबह बालमुकुन्द के दरवाजे पर आकर दोहराता था। उसकी आवाज में कभी-कभी दिल को चीर देनेवाला रुदन समाने लगता। तो कभी आवाज में गायन ज्यादा हावी हो जाता। लेकिन, उसके दिल की पीड़ा से निकले हुए इस गीत की कई-कई पंक्तियाँ गाँव के बच्चों तक को याद हो गई थीं। कुछ औरतें भी जब एक-दूसरे से लड़ाई करती तो कभी-कभी खुबई के शब्दों में एक-दूसरे को कोसने-शरापने लगतीं। खुबई का श्राप पूरे गाँव के माहौल में रत्ती-रत्ती रचा-बसा हुआ था। कभी-कभी तो यह सुबह-सुबह गाँव में उठने वाली अन्य जरूरी आवाजों जैसी ही एक अन्य आवाज भी लगने लगता। यानी अगर कभी नागा हो जाए तो कमी खलने लगती थी कि कुछ ऐसा नहीं हो रहा है जो रोज होता है।

नीम के पेड़ की इस छाया के साथ ही मुकुट की खाट घूमती रहती है। अपनी खाट पर पड़े-पड़े वे नीम के पत्तों को झूलते हुए गिरते देखा करते हैं। कोई-कोई पत्ती तो एकदम तभी से उनकी नजर में आ जाती, जब वो अपने शाख से टूटती थी। धीरे-धीरे जमीन पर आती हुई। कभी-कभी वो गिरने वाली पत्तियों को गिनने की कोशिश भी करते। लेकिन, गिरती हुई किसी एक पत्ती पर यकायक उनकी निगाह टिक जाती। वो गिनती भूल जाते। अन्तरिक्ष में बेवजह घूमती हुई पृथ्वी जब अपना चक्कर लगाते हुए जरा-सा खिसक जाती और उनकी खाट पर सूरज की धूप पड़ने लगती तो वे किसी तरह अपने हाथ-पाँव को सँभालते हुए खाट से नीचे उतरते। पहले तो अपनी निस्तेज आँखों से ओसारे की ओर देखते। किसी से सहायता की आस नहीं देख कर फिर वो खाट को खींच कर घिर्राने लगते। कभी खाट थोड़ा खिसकती तो कभी हिलने से भी इनकार कर देती। वो अपनी हाँफती साँसों को फिर से सँभालने की कोशिश करते और उसे दोबारा खींचने का प्रयास करने लगते। उनके कमजोर सूखे हाथों में कँपकँपी होने लगती। पाँव शरीर का वजन सँभालने से इनकार करने लगते। फिर पूरा जोर लगाने पर खाट कुछ इंच खिसक जाती। अपनी साँसों को सँभालते हुए वो इसी पर सन्तोष करने लगते। ये रोज का

क्रम है। फिर उन्होंने खाट की दिशा बदलने की कोशिश की। खाट जिस तरह से बिछी हुई थी, उससे उनके चेहरे पर धूप आने लगी थी। पूरी कोशिश करने पर खाट थोड़ा-सा घूम गई।

लेकिन, इतने में मुकुट को हँफनी का दौरा पड़ गया। साँसें तेज-तेज चलने लगीं। पैर लड़खड़ाने लगे। हाथों में कँपकँपी होने लगी। अपने को जमीन पर गिरने से रोकने की कोशिश करते-करते वो खाट की ओरदावन की तरफ गिर पड़े। पीठ के बल खाट पर पड़े-पड़े उन्होंने किसी तरह से अपने पैरों को खाट के ऊपर किया। कुछ देर तक ऐसे ही पड़े रहे। धौंकनी की तरह चलती हुई साँसें धीरे-धीरे काबू आने लगीं। खाट के सिरहाने की तरफ अपना सिर करने की उनकी हिम्मत नहीं पड़ रही थी। किसी तरह से अपने पैरों से उन्होंने तकिया अपनी तरफ खींचा और उसे धीरे से उठाकर सिर के नीचे लगा लिया। ओरदावन की बाध उनकी पीठ पर चुभ रही थी। पूरे शरीर की ही खाल हड्डियों के ढाँचे पर चिपकी हुई थी। फिर पीठ पर बाध के निशान पड़ने लगे।

अपनी निस्तेज आँखों से उन्होंने खुबई की ओर देखा। खाट के घर्राने और साँसों की धौंकनी की आवाज खुबई ने भी सुनी थी। कुछ क्षण के लिए उसकी निगाह भी उस तरफ गई। लेकिन, अपने मोटे चश्मे के धुँधलाए शीशों से उसे कुछ खास नहीं दिखा। एक क्षण के लिए रुके उसके रुदन ने फिर पहले से बुलन्द आवाज पकड़ ली।

जेकरे कारण हमार परवार तबाह हुआ
ओकर भी परवार पर नाश टूटै
जेकरे चलते हमार पतीवा बिटिया के मुँह कटा
ओकरे भी शरीर के कण-कण से खून गिरै
जौन हमार पैसा लै के भाग गया
ओकरे सपनेओ में भी सुख नसीब न हो

अपनी निस्तेज आँखों से कुछ पल खुबई को देखते रहने के बाद मुकुट ने फिर से आँखें ऊपर कर लीं। नीम के पेड़ का मोटा-सा तना। आगे जाकर मोटी-मोटी डालें। फिर उनसे निकलनेवाली छोटी-छोटी शाखें। उन शाखों पर लगी हुईं छोटी-छोटी सींकियाँ। उन सींकियों पर लगी हुई छोटी-छोटी पत्तियाँ।

एक सींक पर 11 पत्ती होती हैं कि नौ। नहीं शायद सात होती है। या फिर एक बार उन्होंने 13 पत्तियाँ गिनी थीं। एक ही सींक पर। दो-दो आमने-सामने और एक सींक के छोर पर। ढेर सारी पत्तियाँ, हवा चलने पर झूमने लगती थीं। बारिश हो तो पत्तियाँ खिल-खिल जातीं। लेकिन, अब इन पत्तियों के दिन पूरे हो गए थे। अपनी सींक से चिपकी वे पीली होती जा रही थी। उनमें जीवन रस कम होता जा रहा था। जीवन की हरियाली खोने लगी। मौत की पीली आभा अपने इर्द-गिर्द सबकुछ समेटने लगी। किसी दिन कोई पत्ती अपनी सींक का साथ छोड़ देती। हवा में लहराते और झूलते हुए वह नीचे गिरने लगती। बस अब जीवन इतना भर है। जितना सींक से छूटकर जमीन पर पहुँचने में समय लगता है। पूरी मस्ती और मौज के साथ हवा में लहराती, झूलती और गोते लगाती पत्तियों को देखते हुए मुकुट को लगता कि किसी बहुत ऊँचे पहाड़ पर, हाँ बहुत ऊँचे पहाड़ की चोटी पर काश कि वो भी चढ़ पाते। वहाँ से, जहाँ सिर पर आसमान छूता हुआ लगता और नीचे जमीन पाताल में कहीं जमी हुई दिखती। वहाँ पहाड़ों के बीच कहीं एक हरी-सी नदी बहती होती। सूरज की रोशनी में उसका पानी चाँदी की तरह चमकता होता। वहीं से वे भी अपने दोनों हाथों को हवा में उठाकर पत्तियों की तरह ही पहाड़ से अपने को नीचे गिरा देते। नहीं-नहीं ऊपर से खुद को नीचे की तरफ़ छोड़ भर देते। हवा में झूलते, लहराते और गोते खाता हुआ उनका भी शरीर नीचे आता। पत्तियों की तरह ही उनका शरीर धूल में लथपथ पड़ा होता। आत्मा बीच रास्ते में ही हवा में गोते लगाती हुई वापस हो जाती। 'अच्छा मुकुट, बस इतना ही साथ रहा तुमसे।'

कुछ ऐसा ही सोचते हुए एक पत्ती पर मुकुट की निगाह जम गई। थोड़ी देर में वह अपने शाख से टूटकर नीचे गिरने लगी। 'हाँ, बिलकुल ऐसे ही काश कि मैं भी हवा में झूलता, गोते लगाता हुआ।'

इन पत्तियों को बटोरकर एक किनारे इनका ढेर लगा दिया जाएगा। शाम के समय इनमें आग लगाई जाएगी। धीरे-धीरे सुलगती नीम की पत्तियों का धुआँ पूरे गाँव में फैल जाएगा। मच्छरों की आँख में नीम के धुएँ के कसैले कण चुभने लगेंगे। नीम का धुआँ देखते ही वे भाग जाएँगे। गाय-भैंस के पास नीम की पत्तियाँ सुलगा दी जाएँगी। शाम के समय खून पीने वाली मक्खियाँ यानी डाँछ भैंस की मोटी काली चमड़ी पर भी काट-काटकर घाव बना देती

है। भैंस अपने मुँह को बार-बार झौंकार कर उन्हें उड़ाने की कोशिश करती। तो कभी अपनी पूँछ को सोंटे की तरह चलाकर उन्हें भगाती। लेकिन, डाँछ बार-बार उड़कर पीठ पर बैठ जाती और चमड़ी को अपने छोटे चूसकों से खोद डालतीं। नीम का धुआँ डाँछ को भी गड़ने लगता। उसके लिए भी वहाँ पर टिकना मुश्किल हो जाता है। हाँ, इसी तरह, बिलकुल इसी तरह से सुलगा दी जाती हैं नीम की पत्तियाँ। और उसे भी सुलगा दिया जाए, अगर वह भी गिर सके किसी ऊँचे से पहाड़ से, झूलता, डोलता और गोते खाता।

खाट पर लेटे-लेटे मुकुट सोचते रहे। जीवन जैसे धीरे-धीरे उनके हाथों से फिसल रहा था। वो उसे जितनी भी जोर से पकड़ने की कोशिश करते, जीवन जैसे जान छुड़ाकर उनसे उतना ही दूर भागने की कोशिश करने लगता। दिन भर चारपाई पर लेटे-लेटे वो अपनी जिन्दगी का हिसाब-किताब करते। बहीखाता दुरुस्त करने की कोशिश करते। खेतों और बागीचों के बीच बसे हुए छोटे-छोटे गाँव, घर-मकानों के झुंड की तरह एक साथ खड़े हुए थे। छोटी-छोटी पगडंडियाँ इन्हें आपस में जोड़े हुए थीं। जातियों के आधार पर बसे इन मोहल्लों के नाम भी अपनी जातीय पहचान पर ही आधारित थे। थोड़ी-थोड़ी दूरी पर बसे हुए बभनान, ठकुरान, अहिरान, चमरौटी जैसे मोहल्ले। टोलों को जोड़ने वाली इन्हीं पगडंडियों पर भागते हुए बबलू अपने हाथों में पकड़ी हुई फिरकी घुमाते थे। आम की पत्ती को दो तरफ से आधा-आधा काटकर उसके बीच नीम की सींक घुसेड़कर बनाई गई यह फिरकी दौड़ने की रफ्तार के साथ ही तेज-तेज घूमने लगती। रुकने के साथ ही रुक जाती। मुकुट अपने साथ के बच्चों के साथ तेज और तेज भागते, फिरकी तेज और तेज घूमने लगती। कभी तेज हवा चल रही हो तो उसके सामने भी फिरकी तेजी से घूमने लगती है। गाँव की पगडंडियों पर भागते-भागते ही मुकुट किसी आम के पेड़ पर चढ़ जाते। फिर वहाँ से सबसे अच्छी पत्ती की तलाश करके उसे तोड़ लाते। उससे खूब अच्छी-सी फिरकी बनाई जाती। हवा न चल रही हो तो मुकुट अपने मुँह से फिरकी में फूँक मारते। फिरकी तेज-तेज घूमने लगती। अपने फेफड़ों में ढेर सारी हवा भरकर वे और तेज फूँक मारते तो फिरकी और तेज घूमने लगती। कभी-कभी तो फूँक मारकर फिरकी घुमाने की प्रतियोगिता भी चलने लगती। हाथ आजमाने वाले तो बहुत थे लेकिन इसमें जीत हमेशा मुकुट की ही होती थी।

लेकिन, जीवन के हिसाब-किताब में तो अब तक इस फिरकी का मोल बहुत ही कम आँका जा चुका था। इसके लिए शायद ही कोई कीमत चुकाई जाती। ट्रेन तेजी से भागती रहती तो मुकुट खिड़की की सीट पर बैठने की जिद करते। रास्ते में लिखे हुए हर बोर्ड को पढ़ने की कोशिश करते। एक-एक अक्षर जोड़कर शब्द पूरा करते कि पूरी ट्रेन तेजी से भागते हुए आगे निकल जाती। बाद में उनके हाथ सिर्फ उन अक्षरों के कुछ चित्र ही रह जाते। उसे ही जोड़-जोड़कर वो शब्द पूरा करते। ऐसे ही जोड़-जोड़कर वो रटते। बाबासिर। बाबासिर। तभी ट्रेन और तेजी से भागती और खिड़की से उनकी निगाह हटने लगती। दूर-दूर तक खेतों के सिलसिले शुरू हो जाते। लेकिन, थोड़ी ही देर में रेलवे की पटरियों से थोड़ी दूर पर, पटरियों के साथ-साथ भागती हुई एक और दीवार आ जाती। पूरी दीवार को काले रंग से पोतकर उसके ऊपर सफेद रंग से लिखा हुआ है। बाबासिर। भगदर। फिचुला। इन शब्दों को मिलाकर कोई अर्थ निकालना मुकुट के लिए उस समय सम्भव नहीं था। लेकिन, जैसे-जैसे वे बड़े होते गए इन शब्दों को उन्होंने पढ़ना सीख लिया। बवासीर। भगन्दर। फिश्चुला का शर्तिया इलाज। कहीं-कहीं तो इसकी गम्भीरता और ज्यादा बताने के लिए 'खूनी बवासीर का पक्का इलाज' लिखा होता । मर्दाना कमजोरी। धातु रोग। पतलापन। टेढ़ापन। इन सारे विज्ञापनों को उन्होंने उम्र बढ़ने के साथ ही पढ़ना सीख लिया। पर सही मायनों में इनका अर्थ कभी उनके सामने इस तरह खुला नहीं था।

तीन-चार साल पहले शायद उन्हें पहली बार बवासीर का अहसास हुआ। अपने पीछे। मलद्वार पर उन्हें तेज दर्द का अहसास होता। मल के साथ रिस-रिसकर खून भी बाहर आने लगा। उन्हें लगता जैसे कि खून की कई छोटी-छोटी गाँठें वहाँ पर बन गई हैं। वो गाँठें कभी खून बनकर रिसने लगतीं। कभी उनमें से खून रिसने लगता। कभी बैठने पर गाँठें चुभने लगतीं। कभी हाथ से थोड़ा प्रयास करने पर गाँठें अन्दर भी चली जातीं। लेकिन, गाँठें फिर बाहर आ जाती। और उसमें से खून रिसता रहता। कई बार तो उनकी पैंट पर भी पीछे खून के गहरे-गहरे दाग दिखाई पड़ने लगते। ऐसी हालत में वे शर्मिंदगी में अपनी पैंट को ही किसी तरह से ढँकने की कोशिश करते रहते।

उनके अन्दर का खून धीरे-धीरे करके रिस रहा था। इसी के साथ जीवन भी जैसे धीरे-धीरे समाप्त हो रहा था। जैसे खुले में रखा हुआ पेट्रोल उड़

जाता है। जैसे बर्फ की बड़ी-बड़ी सिल्लियाँ भी धीरे-धीरे पिघल जाती हैं। जैसे उसका पानी भी धीरे-धीरे सूख जाता है। उड़ जाता है। विलीन हो जाता है। हवा में। इसी वातावरण में। इसी धूल और मिट्टी में। सबकुछ घुल-मिल जाता है। खतम हो जाता है। मिट जाता है। उसी में बना रहता है। अपना रूप खो देता है। ऐसे ही धीरे-धीरे मुकुट के अन्दर का जीवन भी बवासीर की गाँठों से धीरे-धीरे पिघल रहा था। शरीर उनका ठठरी हो गया। आँखें कोटरों में धँस चुकी थीं। बाल उनके लगभग उड़ चुके थे। दोनों हाथ पतली-पतली उँगलियों पर मढ़ी गई चमड़ी जैसे हो गए थे। इन पर नसों के उभार भी डूबे हुए थे।

मुकुट के गले की हर कोई तारीफ करता था। वो गाते बहुत अच्छा थे। गाँव में रामलीला होती तो हर तरफ उनके जलवे बिखरे रहते। सबसे ज्यादा प्रशंसा पाने वाले उद्घोषक वही तो थे। लेकिन उनका वही गला अब सूख चुका था। उसमें से आवाज भी बहुत धीरे निकलती। गले के आगे एक गाँठ-सी उभरी हुई दिखाई पड़ती। कन्धों की, छाती की हड्डियों को भी त्वचा की एक पतली परत ने ढँका हुआ था। चलते समय पैर काँपते। शरीर में जैसे मांसपेशियाँ बची ही न हों। कमर में पैंट को थामे रहने की भी शक्ति नहीं थी। वो अपनी पैंट के हुक को आगे एक बक्कल में फँसा कर रखते। या फिर दोनों हाथों से अपनी पैंट पकड़े रहते। पैंट इतनी ढीली हो चुकी थी कि किसी भी पल उसके खिसककर गिरने का खतरा रहता। अपनी डूबती हुई आँखों से वो अपने आसपास घटने वाली हर चीज पर निगाह डालते रहते।

कभी इसी में कुछ-कुछ बेहोशी जैसी नींद आ जाती। तो कभी पेड़ों की फुनगियों पर निगाह टिकाए-टिकाए आँख झपकने लगती। जिन्दगी में मुसीबतों ने कुछ इस तरह से पीछा किया था कि हर परेशानी को काटने में जिन्दगी का एक हिस्सा खप गया। जमीन बिक गई। अम्मा की पेंशन गिरवी रख देनी पड़ी। जेब में बची हुई आखिरी रेजगारी भी इस बीमारी ने छीन ली। अब पूरी जेब खाली थी। अपनी ढीली-ढाली सी जेब में मुकुट एक पर्स रखते थे। इसमें कई तरह के विजिटिंग कार्ड थे। रसीदे थीं। कभी कुछ खरीदा था। कभी बैंक में पैसा जमा किया था। सारी रसीदें यहाँ पर सुरक्षित थीं। एटीएम कार्ड से निकले हुए स्टेटमेंट। रास्ते में आते-जाते किसी का पकड़ाया हुआ हैंडबिल। सबकुछ तुड़ा-मुड़ा सा यहाँ पर पड़ा हुआ था। लेटे-लेटे जब कभी चेतना जोर मारती तो मुकुट अपनी जेब से पर्स निकाल लेते। इनमें से एक-एक कर सभी

विजिटिंग कार्ड को निकालते। उन्हें ध्यान से देखते। एक तरफ रखते जाते। शनि कम्प्यूटर्स। इलाहाबाद इलेक्ट्रिकल्स। द ग्रेट फोटोवाला। बीमा एजेंट। एचडीएफसी बैंक एक्जीक्यूटिव मैनेजर। यहाँ तक कि एक्वागार्ड आरओ लगाने वाली कम्पनी के एजेंट तक का विजिटिंग कार्ड यहाँ पर मौजूद था।

मुकुट इन सभी को एक-एक कर पढ़ते। सपनों की तरह याद करने की कोशिश करते कि यह कार्ड उनको कब और कहाँ मिला था। वही उनकी खुशी का बहुत बड़ा दिन था, जब किसी बैंक के एजेंट ने उन्हें इस काबिल समझा था कि अपना कार्ड पकड़ा सके। कि मुकुट उससे कोई पॉलिसी ले सकते हैं। कि मुकुट कम्प्यूटर की खरीद में भी दिलचस्पी ले सकते हैं। यहाँ तक कि आरओ की कम्पनी का एजेंट भी उन्हें अपना सम्भावित खरीददार मानता था। इसके बाद मुकुट एक-एक रसीद को पर्स से निकालने लगते। तीन साल पहले कभी इलाहाबाद से स्पोर्ट्स शूज खरीदे थे। उसकी रसीद। कभी रजिस्टर्ड डाक से कुछ पोस्ट किया था, उसकी रसीद। कभी एक बार कपड़े ड्राईक्लीन करने के लिए दिए थे। उसकी रसीद। हर रसीद उनके लिए खुशी का एक पल है। उन रसीदों पर हाथ फेरते हुए वे मानो उसी समय में लौट जाते। जब उन रसीदों को हासिल करने की कूवत उनमें थी। वो हरे-हरे, पीले-पीले नोट। जिनसे खुशियाँ खरीदी जाती हैं। जरूरतें खरीदी जाती हैं। समय खरीदा जाता है। लेकिन, अब उनका पर्स खाली है। इसमें एक छोटा-सा सिक्का भी नहीं है।

कभी अम्मा तो कभी कपिल उनके लिए गाँव के ही डॉक्टर से दवा ले आते हैं। सुबह गरम पानी से खाओ। रात में सोते समय खाओ। ईसबगोल की भूसी। हरे पत्ते का साग। दही। अब दही कहाँ से मिलती। हाँ, मट्ठा जरूर कभी-कभी मिल जाता। उनके लिए सबसे ज्यादा बनने वाला भोज्य खिचड़ी। पर खून रिसने की बीमारी ठीक नहीं हुई। हर समय एक टीस-सी उठती रहती। लाल-लाल खून निकलता रहता। कभी-कभी मवाद जैसी शकल में तो कभी-कभी ठेठ खून के लाल रंग में। जैसे पेड़ से पत्ते झड़ जाते हैं वैसे ही उनके अन्दर से जीवन झर रहा था। यहाँ अब नए पत्ते आने की गुंजाइश भी नहीं थी।

पर्स के एक कोने में दवाओं का एक पर्चा था। नाम वाले कॉलम में चिन्ता लिखा हुआ था। उम्र 29 साल। चिन्ता उनकी पहली पत्नी थी। छोटी-

सी उम्र में चिनियावाली बीमारी यानी डायबिटीज से उसका शरीर गल गया। इसी में कहीं ट्रेन का एक टिकट था। कई साल पुराना। बनारस का। बनारस, जहाँ गोदौलिया में सोना रहती थी। वही सोना कहती थी कि सोना हूँ मैं और सोने के अलावा वो कुछ भी नहीं पहनती। चिन्ता की मौत के बाद उनकी शादी सोना से हुई थी। लेकिन वो उनके साथ रह नहीं पाई। हालात ने ऐसे करवट बदले कि वो मायके चली गई। शादी टूट गई। पता नहीं किस झक में और कब उन्होंने बनारस का एक टिकट खरीदा था। प्लेटफॉर्म पर घंटों बैठे रहे। बनारस के लिए कई गाड़ियाँ आईं और चली भी गईं। लेकिन मुकुट किसी एक ट्रेन में बैठने का फैसला ही नहीं कर पाए। सोचते रहे। दरवाजा खुलेगा तो सोना पहचानेगी उन्हें। वो जाकर कहेंगे भी क्या, सोना से। अब तो सुना है कि वो तो अपने जीजा के साथ बैठ गई है। मन के कहीं किसी कोने से आवाज उठती, अपनी बेटी से मिलने की माँग तो वे कर ही सकते हैं। पर जिस बेटी ने कभी उनका मुँह नहीं देखा, वो अब उन्हें देख क्या अपनापन महसूस करेगी।

बाद में पार्वती से उनकी शादी हो गई। पर अब वो भी मुकुट के साथ नहीं थी। पार्वती जब अपने घर गई थी, उस समय उसके पेट में मौजूद गर्भ की उम्र तीन महीने के लगभग थी। एक बार जाने के बाद वह वापस नहीं लौटी। कभी अम्मा ने मुकुट का हाल भिजवाया भी तो वहाँ से पता चला कि गर्भावस्था के चलते पार्वती खुद भी कुछ करने से लाचार होती जा रही है। मायके में तो माँ और भाभी उसकी सेवा करने को हैं। वहाँ कौन पड़ा। आदमी बीमार और खाने के भी लाले। इस ताने के बाद फिर अम्मा कुछ भी खबर वहाँ दोबारा न भिजवा सकी।

मुकुट ने अपनी उँगलियों पर जोड़ लगाया। पेट का बच्चा अब आठ महीने से ज्यादा का हो चुका होगा। क्या पता कब उसकी पैदाइश हो। एकाध बार मुकुट ने फोन पर बात करने की कोशिश जरूर की। पर उधर से पहले तो फोन उठा नहीं। उठा भी तो किसी ने पार्वती से बात नहीं कराई। फोन पार्वती के पिताजी के पास था। 'अभी यहाँ कहाँ है!।' तो 'अभी कहीं गई है।' कुछ इसी तरह से बहानों से बात टाल दी गई। मुकुट मन मसोस कर रह जाते। पता नहीं क्या होगा। बच्चे की शकल देखने को भी मिलेगी या नहीं। पार्वती लौटेगी? दोबारा इसी आँगन के एक कोने में साड़ी का आँचल

सिर पर रखे उसकी सूरत दिखाई पड़ेगी या नहीं। इस सबकी सोच से मुकुट को लेटे-लेटे ही गश आ गया। मूर्छा में वे कुछ सच्चे और कुछ झूठे सपनों में गुम हो गए। कहीं तो 13 साल तक गायब रहने के बाद अचानक पिताजी लौट आए हैं। तो कहीं पिताजी अचानक फिर पता नहीं कहाँ चले गए हैं। पिताजी के आने और चले जाने के बीच कभी किस्मत मेहरबान हो जाती है तो कभी इस कदर रूठ जाती है जैसे कि कभी उसने इनका मुँह ही न देखा हो। इन सच्चे-झूठे किस्सों ने उन्हें फिर से बेचैन कर दिया। मूर्छा टूट गई।

अपनी पीली और जीवन से खाली हो चुकी आँखों को उन्होंने पेड़ की फुनगियों पर केन्द्रित करने की कोशिश की। फिर चेहरा थोड़ा सा घुमा लिया। खुबई का रुदन सप्तम पर पहुँचने लगा था। जोर-जोर से वह नियति से अपनी नाइंसाइफियों का बदला लेने की दुहाई दे रहा था। नियति से किसी का बुरा कर देने की इन गुजारिशों को सुनने का हर कोई आदी हो चुका था। यह कोई पहली बार नहीं हो रहा था। लगभग पन्द्रह साल से खुबई रोज इसी तरह से आकर इस नीम के पेड़ के नीचे बैठता है। इसी तरह से रोता है, ऐसे ही गाता है। उसकी आवाज कभी ऊँची हो जाती है और कभी नीची रह जाती है। पंडिताने में आकर उसके इस तरह के कोसने पर पहले लोगों की आँखें लाल हो जाती थीं। कोई उसे मार भी बैठता था। कोई उसे धकिया कर भगा देता था। पर धीरे-धीरे उसका रुदन नीम के तने का एक जरूरी हिस्सा बन गया। गाँव के लोगों को भी उसे देखने की आदत हो गई। उसकी आवाज का कानों को अभ्यास हो गया था। सुबह के समय खुबई आकर वहीं पर बैठ जाता। जी भर के पंडित बाल मुकुन्द को कोसता। यहाँ तक कि उनके शरीर में, उनके पूरे परिवार के शरीरों में, उनके पूरे खानदान के शरीरों में कीड़े पड़ने की बद्दुआएँ करता। फिर रोते-रोते जब थक जाता तो खुद ही किसी तरह से उठकर वहाँ से चला जाता। या फिर घर से कोई बुलाने आ जाता। कई बार तो कोसते-कोसते उसकी हालत खराब हो जाती। आवाज फटने-सी लगती। खाँसी के दौरे पड़ते। घर के लोग बुलाने आते लेकिन वह जाने से इनकार कर देता। इस बुढ़ापे की हालत में उसे किसी तरह से घरवाले वापस ले जाते। कई बार तो टाँग कर ले जाना पड़ता। लेकिन, अगले दिन सुबह फिर वह चला आता और नीम के उसी पेड़ के नीचे बैठ जाता।

मुकुट ने अपनी निस्तेज डूबती-सी आँखों से खुबई को देखा। खुबई का ध्यान कहीं नहीं था। अपने मोटे-से चश्में से आँखें मिचमिचाते हुए वह अपने कोसने वाले रुदन में लगा हुआ था। मुकुट को खुबई की उस पहली स्मृति की याद हो आई जो अभी भी उसकी दिमाग में कहीं बची रह गई है। ये कोई 25-30 साल पहले की बात रही होगी। ये नीम का पेड़ तब इतना घना नहीं था। लेकिन, पेड़ ने अपनी बुलन्दी पानी शुरू कर दी थी।

मुकुट गाँव में शायद पहले बच्चे थे जिसका जन्मदिन मनाया जाता था। उस दिन मुकुट का दसवाँ जनमदिन था। घर में गुलगुला बन रहा था। उसके बाद कड़ाहा चढ़ने वाला था। कद्दू और पूड़ी की सब्जी बननी थी। पूरा परिवार एक साथ खाने वाला था। बाल मुकुन्द की दालान में कुछ-कुछ खुशियों भरा माहौल था। बाल मुकुन्द रेलवे में कम्पाउंडर की नौकरी पर थे। अक्सर तो वे गाँव से बाहर रहते। लेकिन, जब गाँव आते तो उनका रुतबा देखने लायक रहता। लम्बा-चौड़ा गोरा शरीर। बालों को जरा सा घुमाव देकर वे कंघी करते थे। ऊपरी होंठों के ऊपर बनी हुई मूँछों की एक बारीक रेखा। एकदम राजकपूर वाली स्टाइल की। गाँव में भी बिना इस्तरी कराए और बिना कलफ लगे कपड़े वे नहीं पहनते थे।

बाल मुकुन्द जब गाँव आते तो खुबई उनसे मिलने जरूर आते। उस दिन बाल मुकुन्द की खाट से दस कदम की दूरी लेकर इसी नीम के पेड़ के नीचे खुबई बैठ गए।

"कैसे हो खुबई?" बाल मुकुन्द अपनी गूँजती हुई-सी आवाज में पूछते।

"ठीक हूँ मालिक।" खुबई हाथ जोड़कर जवाब देते।

"काम कैसा चल रहा है।"

"बस, गुजारा होइ रहा है मालिक।"

अभिवादन और औपचारिकता के बाद खुबई ने महेश से अपने मन की अरदास की।

"मालिक, रामजोर की उमर होय रही है। कक्षा पाँच तक पढ़े हैं। कहीं अगर कुछ लग जाता तो हम लोगों का भी जनम सुधर जाता। साहेब, अगर कहीं से भी थोड़ी मेहरबानी हो जाती।"

खुबई अपने बड़े लड़के की नौकरी रेलवे में लगाना चाहते थे। बाल मुकुन्द से वे पहले भी इशारों-इशारों में कई बार इसकी गुजारिश कर चुके थे।

उस दिन उन्होंने इसके लिए साफ-साफ कहा। नौकरी मिलना कितना कठिन है और ऊपर के अधिकारी कितने निष्ठुर इसका पूरा किस्सा सुनाने के बाद बाल मुकुन्द ने उन्हें नौकरी के लिए पैसा लगने की बात कही।

खुबई को 15 हजार रुपये इकट्ठा करने की बात बाल मुकुन्द ने कही। जिस रोज की स्मृति मुकुट के मन में आज भी जिन्दा है, उसी रोज खुबई ने बाल मुकुन्द को पैसे दिए थे। सुबह से आकर नीम के पेड़ के नीचे जम गया खुबई काफी देर तक पेड़ पर बैठने वाले कौव्वे हड़ाता रहा। कभी वो किसी एक डाल पर बैठे कौव्वे की तरफ जाकर तेजी से चिल्लाता 'हड़ा-अआ'। तो कभी दूसरी डाल पर। खुबई के शरीर में जैसे कोई बिजली-सी भर गई हो। खजूर के पत्तों से झाड़ू उठाकर उसने पूरा आँगन साफ कर दिया। पेड़ों के थाले बनाने लगा। काला रंग, मझोला कद और हल्के-से घुँघराले बाल। खुबई की नाक थोड़ा मोटी-सी लगती। जैसे किसी ने एक बड़ा-सा बेडौल पकौड़ा रख दिया हो। उसी अनुसार उसके नथुने भी सामान्य से थोड़ा बड़े लगते। जब वो काम करता तो उसमें से ढेर सारी हवा बाहर निकलते हुए दिखती। मजबूत हाथ-पैर वाला वो एक अच्छा कमेरा माना जाता था। मुकुट भी कुछ देर तक उसे देखते रहे थे। बाद में वो बाल मुकुन्द को पैसे देकर चला गया।

लेकिन, रामजोर की नौकरी नहीं लगी। बाल मुकुन्द जब भी गाँव आते वो उनसे नौकरी की बाबत पूछता। 'कह दिया है, जल्दी ही कुछ हो जाएगा।' इस तरह के वाक्य बाल मुकुन्द से सुनने को मिलते। जब बाल मुकुन्द घर पर नहीं होते तो वह गाँव कब आने वाले हैं, इसी की बात पूछने नीम के पेड़ के नीचे बैठा रहता। लेकिन, रामजोर को नौकरी नहीं मिली। पैसे भी वापस नहीं मिले। कभी 'मालिक कब आएँगे' और कभी 'मेरे पैसे वापस कब मिलेंगे', यही ओरहना लेकर वह नीम के पेड़ के नीचे सुबह से आकर बैठ जाता। उसके ओरहने की आवाज कब रुदन और कोसने में बदल गई, यह ठीक-ठीक कहना मुश्किल है।

पन्द्रह हजार रुपये का यह घाव खुबई पर इतना भारी था कि वह उसकी चोट से उबर नहीं पाया। उसे अपनी जिन्दगी की सारी मुसीबतों का सिरा इसी 15 हजार में दिखाई पड़ता। खुबई सन की रस्सी बटने का काम करते थे। गाँव में किसी का खेत वह किराए पर लेते। उसमें सन बोते। खेतों की मेढ़ भी खाली हो तो सन के पौधे लगा देते। सन के पौधे जब बड़े हो जाते तो

उन्हें जड़ों के थोड़ा ऊपर से काटकर उनका गट्ठर बनाकर गड़ही के पानी में डुबो देते। सन के तने सड़ते रहते। गट्ठर पानी से बाहर न उतराने लगे इसके लिए कई बार उन्हें गड़ही के तले में थोड़ा मिट्टी डालकर दबा देते। सन के तनों के ऊपर की सख्त त्वचा सड़ जाती और उसके नीचे से रेशे-रेशे जैसे निकल आते। गड़ही के पानी में खुबई इन्हें देर तक हिलाता रहता। तने की सड़ी हुई त्वचा के छोटे-छोटे टुकड़े कुछ ही देर में पूरी तरह से छँट जाते और लम्बे-लम्बे रेशे बाहर निकल आते। इन्हीं को बाहर निकालकर सुखाकर वह रस्सी बनाकर बेचते थे। इसके अलावा वह अरहर के रैठे से टोकरी बनाने का काम करते थे। सन की रस्सी और रैठे से बनी टोकरी को बेचकर ही उसका जीवन चल रहा था।

खुबई लोगों के घरों की खपरैल छाने का भी काम करते थे। आँधी-पानी में छत की खपरैल इधर-उधर हो जाती। बन्दर अगर गाँव में आ गए तो खपरैल टूट जाती। बन्दरों के बच्चे खपरैल उसुक देते। बरसात के समय इनमें से पानी चूने लगता। गरमियों के मौसम में यहाँ से सूरज झाँकने लगता और सर्दियों में बर्फीली हवाएँ यहीं से घुसतीं। खास तौर पर बरसात के पहले लोग अपने खपरैलों को चाक-चौबन्द बना लेते। खुबई इस काम में भी खासे याद किए जाते थे। सारे खपरैलों को एक-एक कर बाहर निकालकर वे उसे करीने से रख देते। खपच्चियाँ अगर कहीं से टूट रही हों या उन पर लगा हुआ बाध सड़ रहा हो तो उसे ठीक करते। फिर सारे खपरैलों को सँवारकर खपच्चियों के ढाँचे पर इस तरह बिछा देते कि बरसात का सारा पानी उन्हीं नालियों से बहकर नीचे आ जाए और उसकी एक बूँद भी घर के अन्दर न टपके। गाँव-घर के लोगों के भी छोटे-मोटे काम वह कर देते थे। इसके बदले तीज़-त्योहार पर भी उन्हें कुछ न कुछ मिल जाता।

खुबई के तीन लड़के थे। सबसे बड़े लड़के रामजोर को नौकरी दिलाने के लिए उन्होंने कुछ तो गहने-जेवर बेचे और कुछ पैसे बगल के गाँव के लाला रामनिवास से लिए थे। नौकरी मिलते ही पैसे वापस देने का वायदा था। इसपे ब्याज भी चढ़ रहा था। लेकिन, रामजोर को नौकरी नहीं मिली। खाने-कमाने वाली आमदनी में लाला रामनिवास का कर्जा कैसे चुकाते। रामनिवास के मित्र अवध नारायण इलाहाबाद शहर में दारोगा थे। घर में काम करने के लिए उन्हें कोई लड़का चाहिए था। कर्ज और ब्याज नहीं

चुकाने के एवज में खुबई के दूसरे बेटे भूसी को दारोगा के यहाँ खाने और कपड़े के वेतन पर नौकरी करनी पड़ी। यह एक तरह से बँधुआ मजदूरी थी। लगभग दो साल तक भूसी उनके यहाँ काम करके अपने बाप का कर्ज चुकता करता रहा। काम में कोई गलती हो जाने पर दारोगा जी का रौद्र रूप घर में दिखाई देने लगता। कभी अपनी बेल्ट से पीटते तो कभी तलवों को बेंत से गरम कर देते। रोता, कलपता और अपनी चोट सहलाता भूसी जब 14 साल का हुआ तो दारोगा जी के घर से भाग निकला। लेकिन, वह लौटकर अपने गाँव भी नहीं आया। भूसी कहाँ गया, तब से ही उसका कोई पता नहीं।

भूसी के भागने से खुन्दक खाए दारोगा जी लाला रामनिवास के घर का चक्कर काटते। खुबई को जोर-जोर से गालियाँ बकते। 'कहाँ छुपा रखा है साले। पाताल से भी ढूँढ़ निकालूँगा।' लाला रामनिवास ने अपना पैसा तुरन्त वापस करने की माँग करनी शुरू कर दी। मजबूरी में भूसी के भागने के बाद उसकी जगह पर खुबई के तीसरे बेटे भुल्ली को दारोगा जी की नौकरी करनी पड़ी। बड़े भाई पर आया गुस्सा भुल्ली उतारा गया। 11 साल के भुल्ली के हाथों पर बेंत की चोट से फफोले पड़ जाते। पीठ पर काले निशान उभर आते। जब भी खुबई उससे मिलने जाते। खुबई को देखकर ही भुल्ली जोर-जोर से रोने लगता। वापस लौटने लगते तो जोर से हाथ पकड़ लेता। छोड़ता ही नहीं। 'बाबा, हमउ घर चलबै। बाबा, हमउ घर चलबै।' हाथ पकड़कर बस यही रटने लगता।

खुबई मनमसोस कर रह जाते। आँखें गीली हो जातीं। एक बार दारोगा जी से मरी हुई आवाज में कहते, 'बाबू साहब, आप कहें तो दुई दिन के लिए लिवा ले जाएँ। फिर पहुँचा देंगे।'

दारोगा जी की गुस्सैल आवाज सुनाई पड़ी, 'देखो ई सब नाटक न करो हियाँ। काम कउन करेगा। काम के बरे जब आया है तो काम तो करेगा ही न। होली-दिवाली हो तो भेज भी दें।'

दारोगा जी की गुर्राती हुई आवाज से खुबई के हौसले पस्त हो जाते। अपना मुँह लटकाकर वह चुपचाप वापस आ जाते। भुल्ली फिर भी हाथ न छोड़ता। 'बाबा, हमउ घर चलबै।' खुबई उसे बताते कि 'बस अभी रुको शहर में एक काम करके आ रहे हैं। फिर लौट के ले जाएँगे।'

शाम हो गई। अँधेरा घिरने लगा लेकिन बाबा लौट कर नहीं आए। भुल्ली की नजरें बाहर ही टिकी हुई थीं। रात की ड्यूटी की तैयारी में दारोगा जी शाम को ही कुर्सी पर बैठे-बैठे ऊँघ रहे थे। भुल्ली चुपचाप बाहर निकल गया। गाँव की तरफ जाने के लिए टैंपो कहाँ से मिलती है, इसका रास्ता उसे कुछ-कुछ याद था। शाम के धुँधलके में वो शहर की भीड़-भाड़ से बचता-बचाता सिविल लाइंस पहुँच गया। लेकिन, तब तक रात हो चुकी थी। एक लड़के के भाग जाने के बाद से दारोगा जी पहले से ही सावधान थे। उन्होंने अपने मातहतों को सन्देश दिया तो कुछ ही घंटों में भुल्ली को बस अड्डे से पकड़कर दारोगा जी के हवाले कर दिया गया।

इसके बाद क्या हुआ। इसके बारे में कोई कुछ कहता है तो कोई कुछ। यथार्थ और कल्पना, असल और नकल यहाँ पर एक-दूसरे में घुल-मिल गई है। दबी जबान से कुछ लोग बताते हैं कि अपने बाबा के पीछे-पीछे भागने की कीमत भुल्ली को चुकानी पड़ी। दारोगा जी को आदमी सीधा करने के बहुत सारे तरीके आते थे। कितना भी चुप्पा आदमी हो, कितना भी घाघ, चालाक, मक्कार। चोर हो या डकैत। एक बार अगर दारोगा जी की पकड़ में आ गया तो फिरकी की तरह नाचने लगता था। लाठी-डंडे, बेल्ट, बिजली की तारों से बने हंटर के आदमी के शरीर पर तमाम तरह से प्रयोग की कई अलग-अलग विधियाँ उन्होंने ईजाद की हुई थीं। मानव शरीर उनके लिए अखाड़े के लिए खोदी जाने वाली जमीन जैसा हो जाता। पहले तो फावड़े चलाकर खोदा जाता। फिर मिट्टी को भुरभुरा कर दो। अपने मातहतों को भी वे ऐसे ही आदेश दिया करते थे। 'घुसेड़ दे साले के पिछवाड़े में। साले, बिना छीला हुआ बाँस जब अन्दर जाएगा तब मुँह खुलेगा।'

पूरे मुट्ठीगंज में दारोगा जी का खौफ था। सब लोग उन्हें डंडा गुरू कहते थे। खुद दारोगा जी को भी अपना यह नाम बहुत पसन्द था। शान से बताते कि उनके खौफ से लोगों ने उनके कैसे-कैसे नामकरण कर रखे हैं।

उस दिन उन्होंने अपने इसी रौद्र रूप का दर्शन भुल्ली को कराया। सिपाही भुल्ली को लेकर आया तो वह चुपचाप एक कोने में बैठ गया। दारोगा जी के बुलाने पर भी जब वो नहीं आया तो दारोगा जी ने बिजली के मोटे तारों का हंटर उठा लिया। कुछ ही देर में हंटर की लकीरें बच्चे के

शरीर पर उभरने लगीं। भुल्ली बिलबिलाकर रोने लगा। चिल्ला-चिल्लाकर रोने लगा। दारोगा जी उससे भी ऊँची आवाज करके दहाड़े, 'चोप्प, स्साले। मादर...। अगर मुँह से आवाज निकली तो यहीं खोदकर गाड़ दूँगा। साले मुझसे नाटक।' बिलबिलाते हुए मार खाते हुए भुल्ली ने आवाज नीची नहीं की। वो जोर-जोर से चिल्लाता रहा मार खाते हुए उसके मुँह से भी दारोगा जी के लिए कुछ-कुछ निकलने लगा। 'साला मारत है। हमका मारत है। मारे डारत है।' दारोगा जी आपा खो बैठे। हंटर के सोंटे और कस-कसकर भुल्ली के शरीर पर पड़ने लगे।

भुल्ली बेहोश होकर नीचे गिर गया। लेकिन दारोगा जी को चैन नहीं मिला। 'नीच है स्साला। नाटक कर रहा है। उठ हरामी साले। चोर, साले।' नीचे गिरे हुए भुल्ली को जूते की नोंक से टहोका दे-देकर वे उठाने लगे। मार खाते हुए कई बार चोर-बदमाश बेहोशी का नाटक करने लगते। कुछ तो ऐसी हरकतें करते जैसी मिरगी का दौरा पड़ गया हो। ऐसा नाटक करने वालों को औकात दिखाने के लिए दारोगा जी बिजली के झटके दिया करते थे। एक बार बिजली का तार छुआया नहीं कि बदमाश सौ की रफ्तार से भागता फिरेगा।

भुल्ली को नहीं उठता देखकर उन्होंने बिजली के प्लग में दो तार लगा दिए। दोनों हाथों में एक-एक तार उन्होंने पकड़ लिया। तार का सिरा खुला हुआ था। दारोगा जी का यह बहुत आजमाया हुआ तरीका था। एक बार छुआने के बाद बड़े-से बड़ा डकैत और खूनी भी हामी भरने लगता था। अपना वही आजमाया हुआ तरीका उन्होंने भुल्ली पर भी लगाया। भुल्ली के दोनों पैरों पर उन्होंने हल्के-से खुले हुए तार का सिरा छुआ दिया। भुल्ली का पूरा शरीर बिजली के झटके से बेतरह काँप उठा। लेकिन, दारोगा जी को सन्तोष नहीं हुआ। उन्होंने फिर से बिजली का तार उसके पैरों में छुआ दिया। बच्चे का पूरा शरीर एक बार फिर झटके से काँपने लगा। फिर ठंडा पड़ गया। करंट ने उसकी जान ले ली। अब दारोगा जी के हाथ-पाँव ठंडे पड़ गए।

किसी तरह मामला रफा-दफा किया। खुबई को खबर देने के साथ ही भुल्ली का क्रियाकर्म भी कर दिया गया। आखिरी बार भुल्ली को देख भी नहीं पाए खुबई।

बताया गया कि 'भुल्ली काम निपटाकर शाम के समय पतंग उड़ा रहा था। उसी समय पता नहीं कैसे बिजली के तार में पतंग फँस गई। पतंग निकालने के लिए उसने डोर खींची तो डोर ही टूट गई। अब पतंग निकालने के लिए उसने बाँस की खपच्ची से बिजली के तार को नीचे करना शुरू किया। लेकिन, पूरा तार ही टूट कर उसके ऊपर आ गिरा। तार टूटने की आवाज सुनकर हम लोग छत की तरफ दौड़े। लेकिन, तब तक बिजली ने उसकी जान ले ली। पता नहीं तार में फँसी पतंग के पीछे क्यों पड़ा। एक बार कहता तो दूसरी पतंग लाकर दे देता।' कुछ इसी से मिलते-जुलते शब्दों से दारोगा जी ने भुल्ली की मौत की कहानी खुबई को बताई। खुबई को इस कहानी पर बिलकुल भी भरोसा नहीं था पर वे क्या करते। स्टाफ क्वार्टर का एक-एक आदमी बिना पूछे भी यह बताने में जुटा हुआ था कि जब तार टूटने की आवाज सुनकर वो छत पर पहुँचा तो कैसे बिजली के तार ने साँप की तरह भुल्ली को पूरा लपेट लिया हुआ था। कैसे उसमें फँसा हुआ भुल्ली झटके ले-ले कर काँप रहा था। हालाँकि, बयानों में थोड़ा विरोधाभास भी था। एक कांस्टेबल का कहना था कि जब वो ऊपर पहुँचा तब तक भुल्ली के शरीर में जान नहीं बची थी। पता नहीं दारोगा जी ने पूरी कहानी खुद गढ़ी थी या फिर कहानी के कुछ हिस्से उन्होंने गढ़े थे और कुछ हिस्सों को विश्वास लायक बनाने के लिए दूसरों के भरोसे का सहारा लिया था। लेकिन, थोड़े-बहुत हेर-फेर के साथ कहानी सबके पास इससे मिलती-जुलती ही थी। कई सारी असल बातों की तरह यहाँ भी असल बात जमीन में दफन हो गई और उसकी जगह पर नकल खड़ी अपने-आप पर इतरा रही थी। सच पर झूठ की कई-कई परतें जमा हो गईं।

रामजोर को नौकरी दिलाने में खुबई ने अपने दो बेटे खो दिए। भुल्ली की मौत के बाद लाला रामनिवास ने फिर पैसे के लिए जोर नहीं दिया। बेगारी करने के लिए भी किसी को भेजने की माँग नहीं की। कुछ लोग कहते हैं कि दारोगा जी ने लाला रामनिवास के नुकसान की भरपाई कर दी थी।

पहले तो खुबई ने काम करने रामजोर को इसलिए नहीं भेजा क्योंकि लगता था कि क्या पता कब नौकरी के लिए बुलावा आ जाए। पर बुलावा

नहीं आया। छोटे भाई की मौत के सदमे से रामजोर सुध-बुध खो बैठे। वो दिन भर कभी गड़ही के किनारे गुम-सुम बैठे रहते तो कभी गाँव से बाहर जाकर किसी पेड़ नीचे खेत चरते जानवरों को देखा करते। धीरे-धीरे उनकी नौकरी की उम्मीद खतम हो गई। रामजोर की पत्नी पत्ती लोगों के घरों में छोटा-मोटा काम करने लगी। उसके निचले होंठों के किनारे पर गाँठ बन गई थी। शहर में डॉक्टर को दिखाने गए तो वहाँ पर ऑपरेशन कराना पड़ा। उसके निचले होंठ का काफी हिस्सा काट दिया गया। अपने कटे हुए होठों वाले चेहरे को घूँघट में छुपाकर वह काम करती। लेकिन गाँठ फिर उभर आई। पत्ती की जान नहीं बच सकी।

रामजोर की माँ यानी खुबई की पत्नी तो पहले ही गुजर चुकी थी। अब घर में रामजोर और खुबई ही रह गए। खुबई अपनी इस दुरावस्था का जिम्मेदार बाल मुकुन्द और उनको दिए 15 हजार रुपयों को मानते थे। इसीलिए हर सुबह उसी नीम के पेड़ के नीचे आकर अपना रोना कोसना शुरू कर देते।

खुबई ने जैसे एक बार फिर जोर से हुंकारा लिया। उसकी आवाज तेज हो गई। लेकिन इसमें रुदन और चीख के सुर ज्यादा थे।

हे गंगा माई
भूसी और भुल्ली रहेन हमार दुई अंखियाँ
अपने हाथन से ओट कर-करके पाले रहे
घर के दुआरे पर खेलत रहेन हमार बेटवन
जेकरे कारण हमार दुइनौ अंखियन फूट गईं
उनके भी आँख बन्द होइ जाय
हे गंगा माई, जेनके वजह से हमार कुल डूबा
उनके आदमिन का तुमहू बोरेओ
जेकरे कारण हमार परवार तबाह हुआ
ओकर भी परवार पर नाश टूटै
जेकरे चलते हमार पत्ती बिटिया के मुँह कटा
ओकरे भी शरीर के कण-कण से खून गिरै
जौन हमार पैसा लै के भाग गया
ओकरे सपनेओ में भी सुख नसीब न हो

मुकुट ने अपनी डूबती आँखों से एक बार फिर खुबई को देखा। नजरें उनकी धुँधली पड़ने लगी थीं। अपनी बन्द होती पलकों की झुर्रियों से उन्हें नीम की जड़ में बैठे हुए खुबई दिखाई पड़े। जमीन पर उकड़ू बैठे खुबई के हाथ में एक लाठी थी जिनसे उन्होंने हल्के-से टेक लिया हुआ था।

चापाकल पर अम्मा का हाथ तेजी-तेजी ऊपर-नीचे होने लगा। चापाकल से निकलने वाली पानी की धार तेज हो गई। इसके साथ ही उनकी भुनभुनाहट भी तेज हो गई। 'सुबह होती नहीं कि मुँहझौंसा चला आता है। खाय के ठिकान नहीं है। लेकिन हर दिन सुबह होती नहीं कि यहीं पर दिखाई पड़ता है। मुँह में दाँत नहीं, आँख से दिखाई नहीं पड़ता। पर मौत नहीं आवत। काला कौव्वा खाय के पैदा हुआ है दहिजरा।'

'पूरे गाँव में सबसे बड़ी कोठी खड़ी है। तबौ सबर नै न ई हरामी के। तीन-तीन बहुएँ सरकारी नौकरी कर रही हैं। कौनो कमी नहीं है। तबौ हर रोज यहीं आ जाता है मरने। अपने घर में ही क्यों नहीं इसको मौत आती।' अम्मा तेज आवाज में बड़बड़ाने लगती।

खुबई के छोटे भाई दबर की कहानी एकदम अलग तरह से चली। दबर भी गाँव में अरहर के रैठे से झउआ बनाने का काम करते थे। गाँव के इस टोले में बच्चे फसल नहीं बल्कि खरपतवार की तरह उगते थे। उनके नाम भी खरपतवार की तरह ही थे। टोले के ही च्यूंटारी ने पूरे गाँव का अलिखित कानून तोड़ दिया। उन्होंने अपने दो बच्चों का नाम अनिल और सुनील रख दिया। इससे पहले बच्चों के नाम लेड़ी, भोंदू, बउकल, कलुआ, भूरा, भूसी, भुल्ली, ढेला जैसा ही रखा जाता। एक दिन अपने घर के आगे खड़े च्यूंटारी अपने दोनों लड़कों को आवाज लगा रहे थे। 'ऐ अनील, ऐ सुनील! सुनिलवा। कहाँ हौ!'

बभनान टोले में अब इससे ज्यादा बेइज्जती कोई नहीं सह पाया। बभनान टोले में उस समय लगभग सभी घरों में कोई सुनील, अनिल, सुधीर, सुशील और दिनेश था। जब च्यूंटारी अपने घर पर खड़े होकर अनिलवा और सुनिलवा करते थे तो बभनान टोले में सुनील और अनिल के बापों के तन-बदन में आग लग जाती। इसी बात पर एक दिन गाँव में मार हो गई। च्यूंटारी को जब बभनान टोले के लोगों ने पीटना शुरू किया तो चमरौटी से भी बहुत सारे लोग जमा हो गए। पहले तो बीच-बचाव होता रहा। बाद में

दोनों तरफ से मारपीट होने लगी। खबर मिली तो पुलिस भी आ गई। झगड़ा शान्त हो गया। लेकिन बभनान टोले को उस दिन टोले के घरों की मिट्टी की दीवारों पर पोते हुए नीले हाथियों का अर्थ समझ आया। धीरे-धीरे कई दीवारों पर अपनी सूँड़ नीचे झुकाए ये नीले हाथी उभर आए थे। दारोगा जी अपने आदमी थे। उन्होंने गाँववालों को किनारे ले जाकर समझाया। हरिजन एक्ट लग जाएगा। सीधे जेल होगी। मानवाधिकार कमीशन भी बैठा है। जमाना अब पहले जैसा नहीं रहा।

बभनान टोले में भी बहुतों को बात समझ में आई। खैर अब कोई अपने बेटे का नाम कुछ भी रख ले, कोई कान नहीं देता। तभी तो जहाँ देखों चमरौटी से भी कुसुम, ममता, सुमन और शिवानी की पुकार होती दिखती। पहले इन नामों वाली लड़कियाँ बभनान और ठकुरान में ही दिखाई पड़ती थीं।

खैर, नामों को लेकर शुरू हुए इस झगड़े में खुबई के भाई दबर भी कूद पड़े थे। कई लोगों का यह भी कहना है कि चमरौटी की तरफ से पहली लाठी भी उन्होंने ही चलाई थी। गाँव में इस तरह की अफवाहें चलने लगीं कि बभनान और ठकुरान के लोग ताक में हैं। किसी दिन खेत की मेड़ पर खून गिरा मिलेगा। इन तमाम अफवाहों और कानाफूसियों के बीच दबर घर छोड़कर जौनपुर बाजार चले गए। यहाँ पर उन्होंने कुर्सी-मेज और तखत बनाने का काम शुरू किया। सड़क के किनारे एक छोटी-सी कुटिया में उनकी फर्नीचर की दुकान चलती। उसी में एक तरफ खाना भी बन जाता था। शुरू में तो कुर्सियाँ और मेज काफी अनगढ़-से बनते। पाए भी ऊँचे-नीचे हो जाते। लेकिन, फिर उनके काम में सफाई आती गई। दबर के तीन बच्चे थे। अपने बच्चों और पत्नी को भी उसने पास ही बुला लिया। तीनों का नाम उन्होंने सरकारी स्कूल में लिखा दिया। पढ़ने के साथ ही लड़कों ने दुकान पर फर्नीचर बनाना भी सीखा।

दुकान खासी चलने लगी। लड़कों ने पढ़ाई के साथ-साथ हाथ का काम भी सीखा। बड़ा लड़का तो किसी बैंक में चपरासी हो गया। मँझला वाला स्कूल में टीचर हुआ। सबसे छोटा वाला उनके साथ ही दुकान सँभालता है। इन लड़कों की शादियाँ भी दबर ने पढ़े-लिखे परिवारों में कीं। उसकी तीनों बहुएँ सरकारी स्कूल में टीचर थीं। दबर ने जौनपुर में घर बनवाया था। फिर गाँव में बड़ा-सा घर बनवाया। पक्का मकान। इसमें खपरैल की जरूरत नहीं

थी। उसके आगे एक बड़ा-सा चबूतरा बनवाया। इसके ऊपर बाबा साहेब खड़े थे। एक हाथ में संविधान की किताब पकड़े और दूसरे से अपनी उँगली से आगे बढ़ने के लिए इशारा करते। टोले के लोग यहाँ पर रोज सुबह जल चढ़ाने और आम्बेडकर जयन्ती पर फूल-माला चढ़ाने आते। आसपास के गाँवों के लोगों का एक छोटा-मोटा सा मेला भी यहाँ लग जाता। दबर की कोठी यहीं नहीं, आसपास के भी गाँवों के ठकुरान और बभनान की आँखों में किरकिरी की तरह चुभती थी।

अम्मा भी अपनी भुनभुनाहट में दबर और खुबई का फर्क भूल जाती। दबर की कोठी और उसके बेटे और बहुओं की सरकारी नौकरी उसे खुबई की लुटी हुई पूँजी से हजार गुना ज्यादा की लगती। खुबई के तेज कोसने की आवाज सुनकर कपिल भी घर से बाहर निकल आए। खुबई की आवाज में छुपी मनहूसियत और शाप से उसका खून खौलने लगा। पहले तो उसे लगा कि इसी समय खुबई को उठाकर दूसरी तरफ पटक आएँ। पहले वो एक बार खुबई को घर के बाहर से धकियाते हुए गड़ही तक छोड़ भी आए थे। पर खुबई की आदत में सुधार नहीं हुआ। वो अगले रोज फिर आ गया। लोगों ने भी कपिल को समझाया कि मर-मुरा गया तो लेने के देने पड़ जाएँगे। इसलिए दाँत पीसते हुए भी कपिल आगे नहीं बढ़े। कपिल निजी कम्पनी में सिक्यूरिटी गार्ड की नौकरी करते थे। अपनी घड़ी में उन्होंने समय देखा। नौ बजकर पन्द्रह मिनट हो रहे थे। कस्बे में स्थित बैंक की एक ब्रांच में उनकी ड्यूटी लगी हुई थी। समय हो रहा था। उन्होंने साइकिल की सीट के नीचे फँसाया हुआ कपड़ा निकाला और उससे पूरी साइकिल को पोंछने लगे। साइकिल के हैंडल पर एक झोला लटका हुआ था। इसमें उनका टिफिन था। एक और झोला कैरियर पर उन्होंने लगाया। इसमें उनकी वर्दी थी। इसे बैंक में जाकर उन्हें पहनना था। साइकिल को जल्दी-जल्दी पोंछते हुए भी कपिल के कान खुबई की आवाज पर लगे हुए थे।

इधर, अपनी भुनभुनाहट के सुरों को और तेज करती हुई अम्मा ने पूरे बरामदे में झाड़ू लगाने की तैयारी शुरू की। कोई और दिन होता तो वह पहले बरामदे में पानी छिड़कती ताकि झाड़ू लगाते समय धूल कम से कम उड़े। लेकिन, अपने गुस्से में उसने खजूर के पत्तों से बनी हुई बड़ी-सी झाड़ू उठाई और पूरा बरामदा बुहारना शुरू कर दिया। दुआरे पर अपनी कोख में

मुँह दबाए कुतिया की तरह बैठी हुई धूल चिंहुक कर उठ पड़ी। चारों तरफ धूल का एक मोटा कोहरा-सा बनने लगा। अम्मा ने अपने आँचल को आगे करते हुए अपने मुँह और नाक पर बाँध लिया। धोती के किनारे से आँख पर एक छोटी-सी झिर्री बनी हुई थी। उसी से अपना लक्ष्य निर्धारित करते हुए उन्होंने धूल को एक किनारे लगाना शुरू किया। खुबई के ऊपर अचानक ही जैसे धूल भरी आँधी आने लगी।

अपने सुर को ऊँचा उठा-उठा कर रुदन कर रहे खुबई के मुँह और नाक में ढेर सारी धूल भर गई। उनके फेफड़ों में भी धूल का बसेरा होने लगा। उनके गाने में खाँसी की आवाज भरने लगी। तेज-तेज रोते-रोते हुए उन्होंने अपना कोसना और तेज कर दिया।

गंगा मइया, इनके घरवा पर पड़ जाय धूल हो
इनके खेतवा में बइठ जाय धूल हो।
घमंडवा तो नै रहा रावण के भी
इनकर भी घमंडवा को करो चूर हो।

लेकिन, बूढ़े की काँपती गर्दन और ऊँचे सुर में उठी हुई चीखती हुई आवाज भी इस धूल का मुकाबला नहीं कर सकी। उन्हें खाँसी का तेज दौरा पड़ने लगा। कुछ देर तक उनके और अम्मा के बीच यह प्रतियोगिता-सी चलती रही। वो अपनी आवाज को और तेज करके कोसने का सुर निकालते। लेकिन अम्मा अपने हाथों को तेजी-तेजी से उड़ाते हुए धूल के बवंडर पर बवंडर बनाती। इस धूल से खुबई की आँखें भी बन्द होने लगी। अपनी लाठी का सहारा लेते हुए वो उठे।

हमार अँखियाँ बन्द होइ जाइ,
लेकिन तुम आपन अँखियाँ बन्द न करिहौ, हो राम

कुछ इसी तरह का श्राप, रुदन, कोसना और चीख का मिला-जुला आलाप करते हुए खुबई वहाँ से उठकर चलने लगे। गड़ही के पास से उनके लाठी टेक-टेक कर गुजरने की आवाज आती रही। अपनी खाट पर लेटे हुए मुकुट ने धूल से बचने के लिए अपने मुँह को, कमीज के ऊपर के दो बटन खोलकर उसमें छुपा लिया था। इसी में से वो कुछ-कुछ आभास लेने की

कोशिश कर रहे थे। खुबई की आवाज उन्हें दूर जाते हुए सुनाई पड़ रही थी। धूल का बवंडर कुछ-कुछ बैठता हुआ दिख रहा था। अम्मा के हाथों के तेज-तेज चलने की आवाज भी बन्द हो गई थी। अपनी कमीज में से उन्होंने मुँह निकाला। अम्मा एक किनारे खड़ी-खड़ी हाँफ रही थी। उसके एक हाथ में झाड़ू अभी भी थी, लेकिन झाड़ू का सिरा जमीन पर टिका हुआ था। जैसे काम खतम करने के बाद उसे रखने की तैयारी कर रही हों। अम्मा की धोती भी धूल से और ज्यादा पीली हो चुकी थी। या फिर मटमैली।

दो बाँकों की दोस्ती

ये साल का आखिरी दिन था। यानी इकतीस दिसम्बर। सर्दियाँ अपने पूरे शबाब पर थीं। लोगों की गर्दनों में मफलर लिपटे हुए थे और सिर पर टोपियाँ चढ़ी हुई थीं। जैकेट की जेब में हाथ ठुँसे हुए थे। नया साल आने में अभी बीस-पच्चीस मिनट का वक्त था। वैशाली से द्वारका रूट की अन्तिम मेट्रो राजीव चौक पर पहुँच चुकी थी। राजीव चौक पर उस वक्त खास भीड़-भाड़ नहीं थी। जिन्हें नया साल जहाँ भी मनाना था, वहाँ पहुँच चुके थे। या फिर जो नया साल मनाने के बाद घर जाने वाले थे, उन्हें मेट्रो के अलावा किसी और सवारी का भरोसा था। कुछ ऐसे भी थे जिन्हें मेट्रो के बन्द हो जाने के बाद शुरू होने वाली ऑटोवालों की लूट का डर था। उन्होंने अपनी पार्टियाँ कुरबान कर दी और राजीव चौक पहुँच गए।

इसके बावजूद, राजीव चौक पर न खास उतरने वाले और न खास चढ़नेवाले। फिर भी मेट्रो में इतनी भीड़ तो थी ही कि सभी सीटें भरी हुई थीं और एक-दो लोग मेट्रो में लगी हुई हथकड़ियों में अपनी कलाइयों को फँसाए हुए, उससे लटके हुए खड़े थे। चढ़ी-चढ़ी आँखें, पथराए चेहरे और मुँह से निकलते शराब के भभूके इस समय आम लग रहे थे। अलबत्ता, महिलाओं वाला कोच भले इस वक्त पूरा का पूरा खाली पड़ा था। हाँ, एक-दो जोड़े थे, ट्रेन के पहले और दूसरे कोच के सन्धिस्थल पर एक-दूसरे की अँगुलियों में

अँगुलियाँ फँसाए, न जाने कहाँ गुम होकर बैठे थे। दिन के समय इस जगह को मजनूँ का टीला भी कहा जाता है। महिलाओं का कोच फुल होता है और कुछ मजनूँ इसी सन्धिस्थल पर खड़े होकर अपनी लैलाओं, दूसरों की लैलाओं को या फिर अपनी हो सकने वाली सम्भावित लैलाओं को ताड़ते रहते हैं। लेकिन, इस वक्त लैलाओं का कोच सूना पड़ा था और जो लैलाएँ थीं भी उनके साथ उनके मजनूँ पहले से मौजूद थे। तो वे उसी सन्धिस्थल को ही अपना मिलनस्थल मान बैठे थे।

कई जोड़ी आँखें उनके ऊपर टिकी हुई थीं। कुछ तो हसरत भरी नजरों से तो कुछ उलाहने भरी नजरों से। 'आजकल की लड़कियों को भी कोई शरम नहीं।' मतलब, सबको पता है कि लड़कों को तो है ही नहीं, लेकिन इन लड़कियों को भी नहीं है। 'पता नहीं इनके माँ-बाप किस दुनिया में खोए रहते हैं।' कुल मिलाकर मजनूँ का टीला एक बार फिर से लोगों की दिलचस्पी, मनोरंजन और उत्सुकता का केन्द्र बना हुआ था। यह स्थिति शायद बनी रहती। लेकिन, तभी उससे ज्यादा मनोरंजक कुछ डिब्बे में घटने लगा।

हुआ यह कि वृद्ध और विकलांग लोगों के लिए आरक्षित सीट पर बैठे दो लोगों के बीच आपस में कहा-सुनी शुरू हो गई। मोबाइल पर बात कर रहे एक सज्जन की कोहनी बगल में बैठे सज्जन से लड़ रही थी। फोन पर बात खतम करने के बाद जब उन्होंने मोबाइल अपने जेब में रखने की कवायद शुरू की तो एक बार फिर से उनकी कोहनी उन सज्जन के शराब के नशे में पथराए हुए थोबड़े को छूते हुए निकल गई। इसी बात पर झगड़ा शुरू हो गया।

'अरे, अरे, देख के भाई। कोहनी लड़ रही है।'

'कोई बात नहीं, कोई बात नहीं।'

'अरे, कोई बात कैसे नहीं। कोहनी लड़ रही है।'

'चलो तो, हो गया। कोई बात नहीं।'

'फिर कोई बात नहीं। इतनी देर से फोन लगाए हुए थे, कोहनी लड़े जा रही थी। अब कह रहे हो कोई बात नहीं।'

'अरे यार कह तो दिया कोई बात नहीं, अब क्या जान लोगे बच्चे की। पहली बार मेट्रो में चढ़े हो क्या?'

'पहली बार नहीं, रोज का आना-जाना है। और तुम्हारे जैसे भी बहुत देखे हैं। एक तो गलती करते हैं, ऊपर से मानते नहीं।'

'अबे, गलती किसने की है बे। आसपास बैठे हैं तो थोड़ा-बहुत टच हो ही जाता है। लौंडिया है क्या। मेट्रो खरीद रखी है तूने।'

'ओ भड़वे, लौंडिया किसे बोल रहा है बे। तेरे बाप की है मेट्रो। तूने खरीद रखी है।'

नया साल आने के उल्लास में अपनी-अपनी पार्टियों से तीन-तीन, चार-चार पैग चढ़ाकर, यह सोचकर कि कहीं रात की अन्तिम मेट्रो छूट न जाए, पार्टी बीच में छोड़कर निकले दोनों 'सज्जन पड़ोसियों' के ऊपर अब नशा और उत्तेजना दोनों हावी होने लगी थी। मेट्रो के डिब्बे में भी दो शराबियों के झगड़े का रंग चढ़ गया। मजनूँ के टीले पर से अब लोगों की दिलचस्पी खतम हो गई। होंठों के कोनों में मुस्कराते हुए लोग दोनों सज्जनों की तरफ देखने लगे। मेट्रो की हथकड़ियों में अपनी कलाइयाँ फँसाए हुए लोग भी इन दोनों सज्जनों के ज्यादा करीब खिसक आए। मोबाइल पर जमी हुई निगाहें भी हट गईं। एक सज्जन ने तो अपने कान से ईयर प्लग भी हटा दिया। मोबाइल में नहीं, अब ज्यादा मजा यहाँ पर है।

दोनों सज्जनों के सामने बैठा एक युवक कम से चार पैग के नशे में टेंपल रन खेलने का प्रयास कर रहा था। गुफा से निकलकर प्रिंस अभी भागना शुरू ही करता था कि उसे पीछे से आकर भूत पकड़ लेते थे। गेम ओवर हो जाता। वो फिर से गेम शुरू करता। प्रिंस गुफा से निकलकर भागना शुरू करता कि भूत पीछे लग जाते, इस बार उछलकर प्रिंस ने रस्सी पकड़ ली। फिर वो पुल पर भागने लगा। लेकिन, एक पेड़ की शाख से चोट खाकर गिर गया। कभी भागते-भागते एकदम सही जगह पर वह मुड़ नहीं पाता और पुल से नीचे टपक जाता। आखिर, चार पैग के नशे में वो बेचारा भागता भी कितना। जबकि, भूतों और मुसीबतों ने एक भी पैग नहीं पिया था। मुसीबतों के पैर जरा भी नहीं लड़खड़ा रहे थे। वे उसे उतना ही परेशान करने के मूड में थी जितना कि बिन पिए। मुकाबला बराबरी का नहीं था। मुसीबतों को भी कम से चार पैग पीकर आना चाहिए था। तब जरूर वह मुसीबतों और भूतों को भी छका देता। सारे लेवल पार कर लेता। सारे सिक्के भी बटोर लेता और क्राउन भी उसे ही मिलते। दिन भर अपने ऑफिस का टारगेट पूरा करने में उलझे युवक से यह टारगेट भी पूरा नहीं हो पा रहा था। खैर, जब दो सज्जनों ने अपने मेगा शो से लोगों का ध्यान खींचा तो युवक ने भी टेंपल रन से ध्यान हटा लिया।

'ओ दल्ले, भड़वा किसे बोल रहा है बे। भड़वा तू है बे। सालो! तुम जैसे लोगों की वजह से मेट्रो की यह हालत हो गई।'

'अबे, भड़वे, ये हाथ देख रहा है, कान पर लगा कर दूँगा एक रहपटा। सारी दल्लागिरी भूल जाएगा।'

'साले, तू लगाएगा मुझे। जानता नहीं है तू मुझे। लगा तू मुझे। हाथ लगाकर देख मुझे।'

'मैं क्यों हाथ लगाऊँ किसी को। तुझमें हिम्मत है तो तू मुझे हाथ लगा।'

'ले साले, अब फट गई। मैं कह रहा हूँ तू मुझे हाथ लगा।'

'अबे फटती होगी तेरी। तेरे जैसे बहुतों की औकात ठिकाने कर दी है मैंने।'

'तो हाथ लगा कर दिखा न। अगर मर्द की औलाद है तो।'

'अबे, तूने माँ का दूध पिया है तो तू हाथ लगाकर दिखा न।'

'तू हाथ लगा।'

'तू हाथ लगा।'

'तू पहले बोला था।'

'नहीं तू पहले बोला था। तू हाथ लगा।'

संवाद कुछ एकरस होने लगे। नाटक के मनोरंजन को धीमे-धीमे चरम पर पहुँचने की उम्मीद लगाने वाले दर्शकों के बीच दिलचस्पी कुछ कम होने लगी। कुछ इधर-उधर देखने लगे। कुछ ने एक-दूसरे की आँखों में देखा। 'स्सालों को जब बरदाश्त नहीं होती तो इतनी पीते क्यों हैं।' कुछ लोग जो खुद भी चार-पैग चढ़ाए हुए थे, अपने-आप को गर्व भरी नजर से देखते हुए और दोनों सज्जनों को हिकारत भरी नजर से देखते हुए सोच रहे थे। इसी बीच एक पहलवान ने पैंतरा बदला।

'तो तू नहीं हाथ लगाएगा बे।'

'हाँ, नहीं लगाऊँगा, कर ले जो कर सकता है मेरा। क्या उखाड़ लेगा।'

'तो साले मैं भी नहीं लगाऊँगा, तू क्या उखाड़ लेगा मेरा।'

इन संवादों पर दिलचस्पी भी फिर जगी और लोगों के चेहरे पर मुस्कान भी थोड़ा बढ़ी।

'ओ दल्ले, मैं अपने अंगविशेष का एक बाल भी तोड़कर दे दूँ न, तो सारी जिन्दगी का सीधा नहीं कर पाएगा तू।'

'भड़वे, साले, अंगविशेष का बाल तू सीधा करता होगा। मैं भी तोड़कर देता हूँ। तू ही सीधा कर ले।'

एक सज्जन ने फिर पैंतरा बदला, दूसरे सज्जन से सीधा संवाद करने की बजाय उन्होंने पूरे भारत की जनता को सम्बोधित करना शुरू किया।

'ये साले बिहारी। इन्होंने पूरा काम खराब कर दिया है। पूरी दिल्ली में आकर बस गए हैं। हर जगह साले यही भरे पड़े हैं। मेट्रो भी नहीं बच रही है।'

सज्जन का वार काम कर गया।

'अबे बिहारी किसको बोला बे। कौन है बिहारी। तू है बिहारी। तू साले।'

'तू बिहारी है। साले, बिहारी कहीं के।'

'मैं नहीं तू बिहारी।'

'साले दल्ले तू बिहारी।'

'साले भड़वे तू बिहारी।'

बिहारी-बिहारी संवाद में भड़वे और दल्ले संवाद से ज्यादा रस था। लेकिन, यहाँ भी एकरसता हावी होने लगी। तो फिर एक पहलवान ने पैंतरा बदला।

'हाँ मैं हूँ बिहारी। तो तू स्साले क्या अमरीका से आया है।'

'देखा, मैं कह रहा था, ये स्साला बिहारी है।'

'हाँ, रंडी के, मैं बिहारी हूँ। तू स्साले, पाकिस्तानी है। स्साले पाकिस्तानी।'

'अबे पाकिस्तानी किसको बोला बे। तू होगा स्साले पाकिस्तानी।'

'हेह, स्साले मैं बिहारी हूँ। तू स्साला पाकिस्तानी। बोल भारत माता की जय। बोल स्साले।'

'ओय। पाकिस्तानी किसको बोल रहा है बे। तू बोल साले भारत माता की जय। तू स्साले पाकिस्तानी।'

'अबे, तू बोल के दिखा भारत माता की जय। बोल के दिखा। देखा, नहीं बोल रहा है स्साला। पाकिस्तानी है ये।'

'साले भड़वे, मैं तो बोलता ही हूँ, तू पहले बोल।'

'नहीं तू बोल के दिखा।'

'तू पहले बोल के दिखा।'

'ये पाकिस्तानी भारत माता की जय नहीं बोल रहा।'

'ये पाकिस्तानी है। भारत माता की जय नहीं बोल रहा।'

'तू बोल।'

'नहीं पहले तू बोल।'

'स्साले, तेरे जैसे को तो पाकिस्तान भेज देना चाहिए।'

'स्साले पाकिस्तानी। तुझे पाकिस्तान भेजना चाहिए। बोल भारत माता की जय।'

'नहीं, स्साले पहले तू बोल।'

'स्साले, खाते हिन्दुस्तान का है और गाते पाकिस्तान का हैं।'

अभी यह संवाद और चल सकता था। लेकिन, संवादों की एकरसता और केवल मुँह से चल रहे युद्ध में कोई गुणात्मक छलाँग आने की उम्मीद नहीं देखते हुए किसी एक सज्जन ने मेट्रो के ड्राइवर को फोन लगा दिया। उसे कोच का नम्बर बताया। मेट्रो अगले स्टेशन पर रुक गई। कौन सा स्टेशन था। तिलक नगर।

सीआईएसएफ के जवानों द्वारा भारत माता के दोनों सपूतों को मेट्रो से उतार लिया गया। दोनों लड़खड़ाती हुई चाल से मेट्रो के प्लेटफॉर्म पर चलने लगे। सीआईएसएफ के जवान भी काफी प्रैक्टिकल थे। दोनों में से कौन पाकिस्तानी है, इससे उन्हें जरा भी मतलब नहीं था। भारत माता की जय बुलवाने की भी कोई कवायद उन्होंने नहीं की। बल्कि, उन्हें दोनों सज्जनों से पूरी सहानुभूति थी। 'भई, साल का अन्तिम दिन है। एकाध पैग मार भी लिया तो क्या हो गया। अब इसके लिए क्या किसी का नया साल खराब करना।'

सीआईएसएफ के जवानों में से एक तो बल्कि एक सज्जन की बाँह भी हल्के-से पकड़े हुए था कि कहीं वो बेचारे भहराकर गिर न पड़े। हालाँकि, इतनी देर के भाषाई, क्षेत्रीय और राष्ट्रीय उफान के बाद दोनों सज्जनों का नशा काफी हद तक हिरन हो चुका था।

नया साल आ चुका था। पटाखों पर पटाखे छूट रहे थे। आतिशबाजी हो रही थी। चारों तरफ उल्लास बिखरा हुआ था। पता नहीं वो कौन से अच्छे दिन थे, जिनका इन्तजार इस नए साल में था, और उनके आगमन के साथ ही अब पटाखे फोड़कर, आतिशबाजियाँ करके उन अच्छे दिनों का स्वागत किया जा रहा था।

वैसे तो कहानी खतम हो गई। इसके आगे लिखने का मन भी नहीं है। लेकिन, फिर भी अगर इच्छा है तो दो-चार लाइन की बात और है, तो सुन ही लीजिए।

सीआईएसएफ के जवानों से घुड़कियाँ खाने और इस बात का उलाहना सुनने के बाद कि घर पर बच्चे उनका इन्तजार कर रहे हैं और वो यहाँ पर उपद्रव कर रहे हैं। पुलिस बुलाने पर उनकी रात हवालात में कट सकती है। दोनों सज्जनों ने बिना कोई ना-नुकुर किए वहीं पर अपनी गलती मान ली। सीआईएसएफ के जवानों ने भी कुछ कागजी कार्रवाई करके उन्हें जाने दिया। एक सज्जन कुछ आगे निकल गए। दूसरे सज्जन कुछ पीछे निकले।

रात की अन्तिम मेट्रो जा चुकी थी। मेट्रो स्टेशन से बाहर निकलने के अलावा कोई विकल्प नहीं था। अब एकमात्र सवारी, जो घर तक पहुँचा सकती थी, वो थी ऑटो। 'पर्स में पैसे कितने हैं' का हिसाब करते हुए दोनों सज्जन किसी तरह से बाहर आए। एक सज्जन ऑटो वाले से मोलभाव करने लगे। 'कहाँ जाना है', 'द्वारका मोड़।' 'कितने लोगे।' 'ढाई सौ लगेंगे।' दूसरे सज्जन भी मोलभाव करने लगे। 'कहाँ जाना है', 'उत्तम नगर।' 'कितना लोगे।' 'दो सौ।'

दोनों ने एक-दूसरे की तरफ देखा। आँखों ही आँखों में इशारा हुआ। और इस बार किसी भाषा की जरूरत भी नहीं पड़ी। आँखों ने कहा, 'भाई पैसे आधे-आधे।' दूसरे की आँखों ने कहा, 'मंजूर।' फिर दोनों एक ही ऑटो पर सवार होकर चल दिए।

'भैया, पहले उत्तमनगर में थोड़ी देर रुकते हुए फिर द्वारका मोड़ चले चलना।'

निम्फोमैनियाक...एक बयान

एक

वैसे तो इस बात के खतरे बहुत हैं कि आप मेरी बात सुनें और उस पर हँस दें। मेरा उपहास करें। ऐसा होना जरूर सम्भव है। कई बार जो बात आप कहते हैं, आपके जीवन की परिस्थितियाँ उसकी विरोधाभासी होती हैं। उससे मिलती-जुलती नहीं हैं। इसीलिए हो सकता है कि यह बात भी डींग जैसी लगे। अब इस पर क्या ही बोलूँ। लेकिन, हर किसी को अपनी कहानी अपने तरीके से कहने का हक है। तो फिर मैं भी बिना किसी हिचक के अपनी तरह से ही कहता हूँ।

मैं बचपन से ही बहुत पढ़ाकू था। घर में कोई भी ऐसी किताब नहीं थी कि जो मैंने बेपढ़े छोड़ दी हो। जब कोई एक किताब खतम हो जाती तो मैं अगली ढूँढ़ने लगता। कई बार तो पहली खतम होती नहीं, उसके अन्तिम कुछ पन्ने बचे होते और अगली के लिए बेचैनी शुरू हो जाती। कई बार, जब कहीं से कुछ नहीं मिलता तो पहले पढ़ी गई किताबों को ही मैं दोबारा पढ़ने लगता।

जरा ठहर जाइए। ऊपर जिस विरोधाभास की बात मैं कर रहा था, वह यहीं पर है। किताबों की दुनिया में मेरे डूबने-उतराने से शायद आपने सोचा होगा कि मेरा करियर बहुत ही चमकदार रहा होगा, मैंने कोई बहुत पैसे वाली

नौकरी की होगी। तो यह बात गलत है। दरअसल, ऊपर मैं जिन किताबों में डूबे रहने की बात कह रहा था, वे किस्से, कहानियाँ और उपन्यास थीं। उसमें बहुत सारी कहानियाँ किसी के जीवन अनुभव पर बनी हुई थीं। कुछ ऐसी थीं जो किसी के पूरे जीवन और उसके झंझावातों को सामने रख देती थीं। कुछ ऐसी भी थीं जो किसी कातिल द्वारा किए गए कत्ल के रहस्य का पर्दा उठाने वाली थीं। यहाँ पर कातिल कोई एक कत्ल करता था। इसे करने से पहले वह एक फूलप्रूफ प्लान बनाता था। एक ऐसा दोषरहित प्लान जिसके फेल होने की कोई गुंजाइश ही नहीं दिखती थी। जैसे किसी बैंक में डकैती डालने की योजना बनाई जाती। पूरा का पूरा प्लान ऐसा होता कि कभी पकड़े जाने की कोई सम्भावना ही नहीं होती। लेकिन, जब घटना घट जाती, जब डकैती हो जाती, जब कतल हो जाता, तब कोई जासूस उस पूरी योजना में छूटे रह गए सुरागों को ढूँढ़ते हुए अपराधी तक पहुँच जाता। इस तरह से जैसे कोई रहस्य परत दर परत खुल रहा हो।

माँ-बाप अपने बच्चों को जाने-अनजाने बहुत कुछ देकर जाते हैं। आदतें अक्सर ही उन चीजों में शामिल होती हैं जो माँ-बाप अनजाने में अपने बच्चों को देते हैं। आदतें ऐसी होती हैं जो किसी का पीछा नहीं छोड़ती हैं। वे दीमकों की तरह चिपक जाती हैं। कई बार माँ-बाप खुद जिन आदतों से पीछा छुड़ाने की कोशिशें करते रहते हैं, उसे वे धीरे से अपनी अगली पीढ़ी को हस्तांतरित कर देते हैं। यह हो जाता है और खुद माँ-बाप को भी पता नहीं चलता है।

उस समय मैं यही कोई दूसरी या तीसरी कक्षा में पढ़ता था। गर्मियों की दोपहरियाँ बड़ी लम्बी हुआ करती थीं। अक्सर ही बिजली गुल हो जाती। बिजली के आने का कोई भरोसा नहीं होता था। टीवी, फ्रिज और कूलर जैसी चीजों को हमारी जिन्दगी में जगह बनाने में अभी चार-छह साल का वक्त और लगने वाला था। ऐसे समय में जब दो महीने की गर्मियों की छुट्टियाँ हो जातीं तो इसके अलावा कोई चारा नहीं होता कि गर्मियों की दोपहरी मटरगश्ती की जाए। धूप इतनी तीखी और तेज हुआ करती थी कि पूरे शरीर पर घमौरियाँ निकल आतीं। शरीर चुनचुनाने लगता। हम शहर के एक मोहल्ले में रहते थे। इसलिए ऐसा भी नहीं था कि हम पेड़ों और बागों

के बीच जाकर उनकी छायाओं में अपनी दोपहरी काट लेते। ऐसे में कहीं मैं दिन भर दोपहर के घाम में भटकता न फिरूँ, मेरे पिता जी मुझे जबरदस्ती पकड़कर अपने बगल में लिटा लेते थे।

वो एक बार हुक्म देते थे। यहाँ लेटो और चुपचाप सो जाओ। मैं छोटा था। पहले तो उनकी आवाज सुनते ही मेरी सिट्टी-पिट्टी गुम हो जाती। दूसरे जब वे अपने स्वर को थोड़ा आदेशात्मक बना लेते थे, उस समय तो मेरी हालत देखने वाली होती। जब वे बिस्तर पर चुपचाप पड़ने को कहते हैं तो मैं चुपचाप आँख बन्द कर लेट जाता। कई बार लेटे-लेटे नींद आ जाती। कई बार नहीं भी आती।

बीच-बीच में आँखों की झिर्री से छत को ताकता रहता। बीच-बीच में चोरों की तरह आँख खोलकर देख भी लेता। पूरा खयाल इस बात पर रहता कि पापा की निगाह मेरी हरकतों पर पड़ न जाए। दोपहर के समय अक्सर ही वे भी घर में ही रहा करते थे। मुझे तो डपटकर वे अपने बगल में सुला देते। लेकिन, खुद उन्हें उपन्यास पढ़ने का शौक था। गर्दन के नीचे दो तकिए लगाकर वो किसी न किसी उपन्यास में मन लगा लेते थे। पन्ना दर पन्ना उसे पलटते रहते और पढ़ते रहते। ऐसे में उनकी बगल में सोया हुआ मैं कई बार अपनी आँखों की झिर्रियों से उन किताबों में लिखे हुए शब्दों को पढ़ने लगता।

बता चुका हूँ कि उस वक्त मैं दूसरी या तीसरी कक्षा में पढ़ता था। तब से ही मुझे चोरी-छिपे उन शब्दों का चस्का लगना शुरू हुआ। फिर तो मैं उनकी बगल में लेटकर उस किताब के पूरे के पूरे पन्ने पढ़ने लगा। पापा शायद सातवीं या आठवीं तक पढ़े थे। बाद की पढ़ाई उन्होंने छोड़ दी थी या उनसे छूट गई थी। पढ़ाई उनसे साधी नहीं गई लेकिन उपन्यास पढ़ने का चस्का उन्हें पता नहीं कब लग गया था।

वे किताबों को धीरे-धीरे पढ़ते थे। मैं छोटा था। मैं उनसे भी धीरे-धीरे पढ़ता था। मुझे चोरी-छिपे भी पढ़ना था। ऐसे में कई बार मैं पूरा पन्ना पढ़ भी नहीं पाता था और वे उसे पलट देते थे। अगले पन्ने पर पहुँचते ही कहानी के बीच में कुछ खाली स्थान आ जाता। इन खाली स्थानों को मुझे अपनी कल्पनाओं से भरना पड़ता। कई बार वे कल्पनाएँ काम करतीं और कई बार काम नहीं करतीं। इसलिए मेरे लिए कहानी आधी-अधूरी रह जाती।

कुछ दिनों के अनुभव के बाद मैंने इसका भी तोड़ निकाल लिया। मेरे सामने उपन्यास के दो पन्ने खुले रहते थे। पहले पन्ने का ऊपरी हिस्सा तेजी से पढ़ने के बाद मैं सीधे दूसरे पन्ने के निचले वाले हिस्से की तरफ आ जाता था। नीचे का हिस्सा पढ़ लेने के चलते, जब वे पन्ना पलट भी देते थे, मुझे अगले पन्ने के साथ तारतम्य बैठाने में दिक्कत नहीं आती थी। लेकिन, इस चोरी से एक और चीज भी हुई। मेरा पढ़ना बहुत तेज हो गया।

मुझे हर समय इस बात का डर लगा रहता था कि अभी वे पन्ना पलट देंगे, इसलिए मैं उनसे ज्यादा तेजी से पन्ने को पढ़ने की कोशिश करता। धीरे-धीरे मेरी रफ्तार उनसे बहुत ज्यादा तेज हो गई। अब मैं दोनों पन्नों को पढ़कर इन्तजार करता कि वे पन्ना पलटें तो मैं आगे की कहानी की तरफ बढ़ूँ। कई बार मुझे काफी देर सुस्ताना पड़ता।

हो सकता है कि आप सोचें कि एक बाप के बगल में लेटकर उसका बेटा उपन्यास पढ़ रहा है और बाप को पता भी नहीं चल रहा है। मुझे लगता है कि बाद में उन्हें इस बात का आभास जरूर हो गया होगा। लेकिन, उन्हें शायद गर्मी की दोपहरी में मेरे भटकने से यह बेहतर लगा हो। खैर, इस पर अब क्या बात की जाए।

लेकिन, यह लत ऐसी लगी कि फिर छूटी नहीं। जब वे किताब छोड़कर बाहर चले जाते तो मैं किसी कोने-अँतरे में उसे लिए पढ़ रहा होता। घर में मौजूद शायद ही कोई ऐसी किताब हो जो मैंने पढ़ी न हो। वेद प्रकाश शर्मा, सुरेन्द्र मोहन पाठक, गुलशन नन्दा, रानू, राहुल, राज, केशव पंडित, विक्की आनन्द जैसे न जाने कितने लेखकों के लिखे हुए शब्द मेरी आँखों के सामने गुजरते रहे। बहुत कम उम्र में कभी मैं उन अक्षरों को बुदबुदाते हुए पढ़ता था पर बाद में बस मेरी नजरें उनके आगे से घूमती रहीं और मेरा दिमाग उन शब्दों को पढ़ता रहा।

थोड़ा और बड़ा हुआ तो उस वक्त तक अठन्नी किराए पर उपन्यास आने लगे। मेरे बड़े भाई को भी किताबों की लत पड़ी हुई थी। वो किराए पर उपन्यास ले आता। जब वो पढ़ चुकता तो चोरी-छिपे मैं पढ़ने लगता। कई बार मैंने किताब पूरी पढ़ी भी नहीं होती और वो उसे वापस कर आता। इस डर से कई बार मैं रात भर जागकर पूरी किताब खतम करता।

यह सिलसिला अभी तक खतम होने का नाम नहीं ले रहा है। इसी दौरान मैंने सुरेन्द्र मोहन पाठक की वो किताब भी पढ़ी, जो मुझे लम्बे वक्त तक याद रह गई—निम्फोमैनियाक। यह एक ऐसी औरत की कहानी थी, जो अपने दोनों हाथों में अपना दिल उछालते हुए चलती थी और जो भी सामने पड़ जाता, उसे अपना दिल सौंप देने में उसे गुरेज नहीं था। डिक्शनरी से निम्फोमैनियाक का अर्थ भी दिया गया था—ए वोमेन हैविंग अनकंट्रोलेवल ऑर एक्सेसिव सेक्सुअल डिजायर।

हर किसी को दिल दे बैठने वाले हीरो तो बहुत सारे थे। लेकिन, वो पहली और एकमात्र दिलफेंक नायिका थी, इसलिए हमेशा याद रह गई।

कहीं भूगोल के बिना भी कोई इतिहास होता है। हर इतिहास किसी न किसी भूगोल में घटित होता है। कहानी जिस जगह पर शुरू होती है और जहाँ पर खतम होती है, वो जगहें महत्वपूर्ण होती हैं। बल्कि, कई बार कहानी पैदा होने की वजह भी वे जगहें ही होती हैं।

एक दूसरी से जुड़ी हुई आबादियों का यह एक बहुत बड़ा-सा मोहल्ला था। एक बड़ी आबादी के बीच कई छोटे-छोटे मोहल्ले थे। शायद पहले कभी ऐसा वक्त रहा हो जब ये मोहल्ले अलग-अलग रहे हों, इनके बीच में खेत रहे हों। लेकिन, शहर जब विस्तार लेता है तब इन सीमाओं को बरतना भूल जाता है। तो आबादी के सारे गाँव एक-दूसरे से मिल-जुलकर एक हो गए थे। अभी भी उन्हें अलग-अलग नामों से जाना भले ही जाता था लेकिन उनकी सीमाओं के बारे में खास स्पष्टता नहीं थी कि वे कहाँ से शुरू होती हैं और कहाँ पर जाकर खतम हो जाती हैं।

ऐसे ही एक मोहल्ले में मेरा घर था। घर के बगल में बहुत बड़ा-सा पीपल का पेड़ था। उस समय तक मैं आठवीं में आ चुका था। ये वो समय था कि जब मुझे पंतग उड़ाने का शौक सवार हो गया। स्कूल से आने के बाद पहला काम ही लटाई और पतंग लेकर छत पर जाने का होता। एक पुरानी बड़ी-सी लटाई में ढेर सारी सद्दी मैंने लपेटी हुई थी जबकि, आगे वाले सिरे पर मंझा लगा हुआ था। ताकि, अगर कोई पतंग काटने आए तो

उससे मुकाबला किया जा सके। हालाँकि, खुद पतंग लड़ाने में मेरी कोई खास दिलचस्पी नहीं थी।

यह पीपल का पेड़ मेरी छत के बाईं तरफ था। इसलिए मेरी इच्छा हमेशा यह रहती थी कि हवा बाईं तरफ की न हो। हवा आगे हो या पीछे हो या फिर दाईं तरफ की। पंतग उड़ाने में परेशानी नहीं होती थी। लेकिन, बाईं तरफ की हवा होने पर पतंग अक्सर ही पीपल की ऊँची डालियों में फँस जाती थी। यहाँ से पतंग को निकालना सम्भव नहीं होता था। जितना खींचों वे और उलझ जातीं। ज्यादा जोर लगाने पर डोर टूट जाती। फिर बहुत देर तक पतंग उन पेड़ों में लटकी हुई मेरा मुँह चिढ़ाया करती।

तो जब हवा बाईं तरफ की होती तो मैं कुछ दूरी पर ही रहने वाले चाचा की छत पर चला जाता था। पुराने मोहल्ले में हर कोई एक दूसरे को पीढ़ियों से जानता है। चाचा भी कुछ ऐसे ही थे। वे यहाँ पर रहते नहीं थे। उनके घर में कई किराएदार रहते थे। नीचे की ही मंजिल बनी हुई थी। ऊपर बड़ी-सी छत थी। अक्सर ही जब हवा पीपल के पेड़ों की तरफ रहती तो मैं पतंग उड़ाने के लिए उनकी छत पर चला जाता।

ऐसा ही कोई दिन रहा होगा। शायद फरवरी का। सर्दियों के कपड़े उतरने की जल्दी में थे। लम्बे समय तक सर्दियों के कपड़े पहनने के चलते अब जब वे कपड़े उतरे हैं तो उन्होंने त्वचा पर एक खास किस्म की गोराई छोड़ दी है। धूप लगकर कुछ ही दिनों में यह गोराई खतम हो जाने वाली है। लेकिन, फिलहाल तो इसे साफ देखा जा सकता है।

मैं चाचा की छत पर गया। मैंने कुछ ही देर में अपनी पतंग को आसमान में टाँग दिया। पतंग की डोर मेरी उँगलियों के ऊपर से गुजर रही थी। मैंने उसे पकड़ा हुआ था। उस पर हवा का दबाव साफ महसूस हो रहा था। आसमान में सिर्फ मेरी पतंग अपना सीना ठोंकते हुए, ठुनकते हुए शान से उड़ी जा रही थी। कन्ना इतना अच्छा बँधा था कि आसमान में एक जगह पर जाकर पतंग थम गई। न इधर न उधर। इतनी अच्छी हवा और इतने अच्छे आसमान में पतंग उड़ाते हुए मैं और पतंगबाजों के मैदान में न उतरने की दुआ करने लगा।

यह वह दिन था जब मैंने पहली बार उसे देखा था। अचानक ही वो छत पर आ गई। उसने गुलाबी रंग का एक फ्रॉक पहना हुआ था जिसकी बाजुओं पर कोई अस्तर नहीं लगा था और वे कुछ झीने थे। इसमें से उसकी

बाँहें काफी हद तक उजागर थीं। बाल उसने पोनी किए हुए थे। बालों की एक लट माथे पर झूल रही थी। वो चुपचाप आई और छत के पीछे की तरफ वाली दीवार पर बैठ गई। उसने मेरी तरफ देखा। मैंने भी उसे हैरत से देखा। हालाँकि, मुझे तुरन्त चाचा के नए किराएदार होने का अहसास हो गया। हाल ही में कुछ नए लोग आए थे। मेरी उनसे मुलाकात नहीं थी लेकिन उसे देखते ही मैं समझ गया कि नए किराएदारों में से ही वह होगी।

वो छत की बाउंड्री से टिककर मेरी पतंग को देखती रही। मैं भी अपनी पतंग को देखता रहा। आसमान में पतंग और भी ज्यादा ठुनकने लगी। एक सीध में ऊपर की तरफ तनी। मेरी उँगलियों पर उसका तनाव और ज्यादा बढ़ जाता जब भी हवा थोड़ी और तेज होती।

आप जानते ही हैं कि हमारे यहाँ गुरु शिष्य परम्परा कितनी ज्यादा लोकप्रिय रही है। कोई एक हलवाई भी होता है तो उसके साथ तीन-चार अप्रेंटिस होते ही हैं। बढ़ई और मैकेनिक भी अपने साथ सीखने वाले लेकर चलते हैं। नाई और दर्जी की दुकान पर एक मास्टर होता है। बाकी, उससे सीख रहे होते हैं। ऐसे ही पतंगबाजी का एक छोटा-मोटा गुरु तब तक मैं भी हो चुका था। मोहल्ले के ही तीन-चार छोटे बच्चे मेरे साथ लगे रहते। पतंगबाजी के अलग-अलग कामों में इनका उपयोग भी भरपूर था। उन्हें छुड़ैया देने से लेकर माँझा और सद्दी तक मँगाने और पतंग फट जाए तो उसे जोड़ने के लिए उबले हुए आलू और चावल के लिए भी दौड़ाया जा सकता था।

अब तक मेरे अप्रेंटिस भी छत पर आ चुके थे। पतंग आसमान में टँगी हुई थी। एक ने मेरी लटाई पकड़ ली। ढील देने और खिंचाव को नियंत्रित करने में भी उसकी बड़ी दिलचस्पी थी। एक ने मुझसे थोड़ी देर के लिए डोरी पकड़ा देने की गुजारिश की। मैंने उसे भी पतंगबाजी के बारीक हुनर सिखाते हुए, हिदायतें देते हुए डोर पकड़ा दी। इस बीच कुछ और लोगों की भी आवारा पतंगें आसमान में इधर-उधर मटरगश्ती करने लगीं। मेरी दिलचस्पी तो पेंच लड़ाने में थी नहीं। लेकिन, ज्यादातर पतंगबाजों का यह अनोखा शौक होता है। ऐसे लड़ाकू लोगों के बीच फँसने पर मुझे अपनी पतंग को नियंत्रित करके एक तरफ किनारे करनी पड़ती है। कई बार प्रयासों के बावजूद जब ऐसा नहीं हो पाता है तो मैं अपनी पतंग उतार भी लेता हूँ। जबकि, कई बार उनके चक्कर में फँसकर पतंग कट भी जाती है। आसमान में दूसरी पतंगों

के आने के साथ ही एक बार फिर से पतंगबाजी की पूरी बागडोर मैंने अपने हाथ में ले ली। उसे नियंत्रित करने लगा।

मेरे अप्रेंटिस आसमान में पतंग को तकते रहे। या फिर छत की बाउंड्री से इधर-उधर झाँकते रहे। इस बीच उसने मेरे सारे अप्रेंटिसों के नाम पूछ लिए। वे कितने में पढ़ते हैं, यह जान लिया। कहाँ रहते हैं, इसकी जानकारी ले ली।

फिर यह हर तीसरे-चौथे दिन का सिलसिला ही बन गया। आप जानते हैं, हवा तो बदलती ही रहती है। तो जैसे ही मेरी पतंग की आड़ में पीपल के पेड़ की ऊँची-ऊँची डालियाँ आने लगतीं। मैं चाचा की छत पर पतंग उड़ाने चला आता। यहाँ पर मेरे अप्रेंटिस भी आकर जुट जाते। छत पर हमारे आने के साथ ही वह भी छत पर चली आती। आसमान में पतंग को गुलाटियाँ खाते हुए देखा करती। कभी बाउंड्री पर बैठकर मेरे अप्रेंटिसों से बात करती।

यह पूरी तरह से सच है कि मैंने उससे बात की पहल नहीं की थी। एक दिन वह खुद ही चली आई। उसने मेरी तरफ हाथ बढ़ाया और बोली "मेरा नाम रानी है। रानी ठाकुर।"

उसके बढ़े हुए हाथ को देखकर मैं अकबका गया। मुझे कुछ सूझा नहीं। ऐसा कभी मेरे साथ हुआ नहीं था। खैर, मैंने भी अपनी घबराहट पर काबू पाते हुए हाथ आगे बढ़ाया और हाथ मिलाते हुए बोला "मैं कबीर हूँ।"

उस दिन के बाद से मेरे अप्रेंटिसों में वह भी शामिल हो गई। कभी वह लटाई पकड़ लेती तो कभी थोड़ी देर पतंग की डोर उसके हाथ में देने की मिन्नतें करने लगती। कभी कोई पतंगबाज जब तेजी से मेरी पतंग काटने के लिए बढ़ रहा होता और मैं अपनी पतंग को बचाने के लिए जल्दी-जल्दी डोर को खींच या उसे एक किनारे ले जा रहा होता तो वो मुझसे एकदम सटकर खड़ी हो जाती। मेरी कोहनियाँ उसके शरीर से टकराने लगती। लेकिन, उस क्षण के आवेश से बँधी वह मुझसे और चिपकने लगती। कभी मेरे कन्धों को पकड़कर मुझे बताने भी लगती कि कबीर इधर से ले जाओ।

वो थी भी बहुत बातूनी। हर समय कुछ न कुछ बोलते रहना उसकी आदत में शामिल था। कुछ बातें तो इतनी ज्यादा बकवास होती थीं कि

उनका जवाब देना भी मुनासिब नहीं होता था। लेकिन, हर बात के केन्द्र में वो खुद ही रहती थी।

"लोग कहते हैं कि अच्छा, तो तुम्हारा नाम रानी है। कहाँ की रानी हो भला। तो मैं उनसे कहती हूँ कि मैं दिल की रानी हूँ। दिलों पर राज करती हूँ।

"फिर वे मुझसे पूछते हैं कि अच्छा तो तुम किसके दिल पर राज करती हो। तो मैं कहती हूँ कि कोई एक दिल थोड़े ही न है। मैं तो कई दिलों पर राज करती हूँ। मेरा साम्राज्य बड़ा है। मैं बड़े देश की रानी हूँ।

"फिर कोई मुझसे कहने लगता है कि अच्छा अगर तुम रानी हो तो तुम्हारा राजा कौन है। तो मैं कहती हूँ कि मैं रानी मधुमक्खी हूँ। मैं ऐसी रानी हूँ, जिसका कोई राजा नहीं होता है। सबकुछ मैं खुद ही हूँ।"

और तरह की बकवास बातें वो लगातार करती रहती। अक्सर ही मेरा ध्यान पतंग पर रहता पर वो मुझे इस तरह की तमाम बातों में उलझाए रहती। कभी मुझसे एकदम सटकर खड़ी हो जाती। मेरा ध्यान तो पतंग पर ही रहता और मैं डोर को साधे रखने के प्रयास में ही जुटा रहता लेकिन सच कहूँ तो ऊर्जा का एक प्रवाह उसके शरीर से मेरे शरीर के अन्दर की तरफ होने लगता। मेरा दिल जोर-जोर से धड़कने लगता। ऐसी हालत में मैं कई बार अपने किसी अप्रेंटिस को डोर पकड़ा देता। थोड़ी देर बाउंड्री की तरफ घूमकर खुद को संयत करने की कोशिश करता। अपने अन्दर होने वाली इन हलचलों को समझने की कोशिश करता। उनसे बेचैन हो जाता।

एक दिन वो चुपचाप सीढ़ियाँ चढ़ आई। आसमान में मेरी पतंग तनी हुई थी। मैंने डोर को साध रखा था। न इधर न उधर। हवा में एक जगह पर पतंग टँग गई थी। बस कभी-कभी हल्का-सा ठुनकती। यह भी कोई ध्यान लगाने जैसा है। जब सारी एकाग्रता आसमान में टँके हुए उसी तिकोने पर केन्द्रित हो जाती है। वह दबे पाँव आई और उसने पीछे से मेरी आँखें ढाँप लीं। अचानक आँख बन्द होने से मैं अचकचा गया। डोर के तनाव से मुझे लगा कि मेरी पतंग असन्तुलित हो जाएगी। मैंने उसका हाथ पकड़ा। बोला "छोड़ो मुझे।",

वह बोली, "पहचानों कौन हूँ।" अब उसकी इस आवाज के बाद भी कुछ राज रह सकता है भला।

मैंने कहा, "तुम हो।"

उसने पूछा, "तुम कौन?"

मैंने कहा, "अरे तुम ही तो।"

उसने पूछा, "अरे तुम ही तो कौन?"

मैंने कहा, "अरे रानी।"

वह बोली, "रानी नहीं, रानी ठाकुर बोलो। मैं रानी ठाकुर हूँ। दिल पर राज करती हूँ।"

और उसने मेरी आँखों से अपनी उँगलियाँ हटा लीं। आसमान में एक जगह पर टँगी हुई पतंग बुरी तरह से डगमगाने लगी थी। लेकिन, मैंने जल्दी-जल्दी डोर को साधकर उसे स्थिर किया। मेरी हालत देखकर वह खूब जोर-जोर से हँसने लगी। मैं भकुआया-सा उसे ताकता रहा। उसके हाथों की गर्मी अभी भी मेरी आँखों और गालों पर बनी हुई थी और सामने उसका खूब खिलखिलाता हुआ-सा चेहरा था।

फिर भी जुल्म उसके कम नहीं हुए। अक्सर ही वो पीछे से आकर मेरी आँखें ढाँप लेती। मेरी पीठ से पूरी तरह से सटी हुई मुझसे पूछती, कौन? मैं कहता, तुम। वो कहती, तुम कौन, मैं कहता, अरे तुम ही तो। वो पूछती अरे तुम ही तो कौन। मैं कहता, अरे रानी। वो कहती नहीं, रानी नहीं, रानी ठाकुर बोलो। मैं रानी ठाकुर हूँ। दिलों पर राज करती हूँ।

यह संवाद बार-बार बोला और दोहराया जाता। लेकिन, खास बात यह है कि अब मेरी आँखों को ढँके हुए उन छोटी-छोटी, पतली और कोमल अँगुलियों का अहसास उतना नहीं होता था, जितना पीठ पर सटी हुई उसकी छातियों का होता था। पूरी पीठ पर एक अजीब-सी सनसनी दौड़ने लगती और मेरे कान गरम हो जाते। मुझे लगता कि जल्दी से यह संवाद पूरा हो जाए और वह मुझसे अलग हो जाए। लेकिन, जब वह अलग हो जाती तो मुझे लगता कि काश कुछ देर और यह संवाद चलता रहता।

अगर तीन-चार दिन बीत जाते और एक बार भी यह संवाद नहीं होता तो वो कुछ अनमनी और बेचैन होती। तो मैं इन्तजार करने लगता कि किसी दिन वह फिर चुपके से सीढ़ियाँ चढ़े और आकर मेरी आँखों को ढँक दे। मुझे इन्तजार रहता कि मेरी आँखों पर उसकी पतली और मुलायम उँगलियों का अहसास हो। मेरी पीठ पर वह सनसनाता मुलायम अहसास फिर से

मुझे महसूस हो। खैर, ज्यादा दिन नहीं निकलते। कोई एक दिन होता जब मैं अपना ध्यान पतंग पर केन्द्रित करने की कोशिश करता और वह धीरे से आती और मेरी आँखें ढाँप लेती। मेरी एक-एक कोशिका इस छुअन, इस स्पर्श पर एकाग्र हो जाती। मैं उन्हें महसूस करने लगता। जहाँ-जहाँ से भी उसके शरीर ने मुझे छुआ होता, वहाँ-वहाँ से ऊर्जा की एक रेखा उसके शरीर से निकलकर मेरे शरीर में दौड़ती हुई लगती। उस दौरान भी संवाद तो हमारा वही था। लेकिन, मेरा मन यहीं पर एकाग्र था। अब, खैर पतंग की भी उतनी चिन्ता नहीं थी।

ऐसे ही एक दिन वो दबे पाँव आई। उसने चुपके से मेरी आँखें बन्द कर दीं। पहचान का यह पूरा संवाद एक बार फिर उस वक्त से गुजरा। जब संवाद खत्म हुआ तो उसने मेरे कान में फुसफुसाते हुए कहा कि 'मैं तुमको कुछ दूँगी।'

मैंने, पूछा, "क्या दोगी?"

तो उसने मेरी आँखों से अपनी उँगलियाँ हटा दीं। लेकिन, मेरे पीछे ही खड़ी रही। उसने एक छोटा-सा कागज निकाला। उस कागज को उसने मेरी आँखों के आगे कर दिया। उस पर नीले रंग की स्याही से और बड़े-बड़े अक्षरों में लिखा हुआ था, 'मैं तुम्हें कुछ दूँगी।' एक कोने में दिल भी बना हुआ था।

इस कागज की एक झलक उसने मुझे दिखाई। लेकिन, जब तक मैं कुछ समझ पाता या कागज अपने हाथ में लेकर देख पाता, उसने फुर्ती से कागज मेरी आँखों के सामने से हटा लिया और चुपचाप अपने मुँह में डाल दिया।

मैं उससे कहने ही वाला था कि 'अरे दिखाओ तो। मुझे दो तो।' तब तक उसने अपने दाँतों से चबा-चबाकर उस कागज की लुगदी बना दी। फिर उसे दूसरी तरफ थूक दिया। फाउंटेन पैन से लिखी स्याही की नीलिमा उसकी जुबान पर भी कुछ-कुछ दिखाई देने लगी। लेकिन, अब यह कागज पढ़ने लायक नहीं रहा। कागज कुछ दिनों बाद सूख जाएगा। कोई चाहे तो उसे सीधा करने की कोशिश कर सकता है। लेकिन, वे अक्षर अब स्पष्ट नहीं रहते हैं और टूट जाते हैं। अक्षर जब एक दूसरे के साथ सही-सही दूरी पर हों और सही क्रम में खड़े हों तभी कोई अर्थ देते हैं। हाँ, एक दूसरे का हाथ पकड़ना जरूरी है। लेकिन, एक दूसरे के ऊपर चढ़ जाने, एक-दूसरे

में विलीन हो जाने से वे अपना अर्थ खो देते हैं। इसलिए उन्हें फिर पढ़ना सम्भव नहीं होता।

अक्सर ही वो छत पर आती और मेरे भूरे बालों पर हाथ फेर देती। 'तुम्हारे बाल कितने भूरे हैं।' मैं उसकी तरफ चिढ़ते हुए देखता। 'मेरी माँग तुमने खराब कर दी।' इस पर हँसती हुई वो फिर से मेरे करीब आती और मेरे बालों में हाथ फेर देती। फिर बोलती, 'तुम्हारे बाल कितने भूरे हैं।' मैं उसे झिटक देता। 'दूर रहो मुझसे। मेरे बाल खराब मत करो।' इस पर जैसे बाल खराब करने का कोई युद्ध वो ठान लेती। मेरे इर्द-गिर्द किसी चोर की तरह मँडराती रहती और जब भी मेरा ध्यान पतंग की ओर एकाग्र होने को होता, वह दबे पाँव आती और मेरे बालों पर हाथ फिराकर उन्हें बिखेर देती। मैं चिड़चिड़ाते हुए अपनी उँगलियों से अपने बालों को सँभालने की कोशिश करता। वो बोलती, 'तुम्हारे बाल कितने भूरे हैं। एकदम मुलायम हैं। कितनी चमक है इनमें।'

उस समय तक मेरे गालों पर भावी कँटीले जंगलों के निशान उभरने लगे थे। गालों पर हल्के काले और भूरे रोएँ बढ़ने लगे थे। मेरी मूँछों की रेख भी दिखने लगी थी। कभी ऐसा भी होता कि वो मेरे गालों को अपनी पूरी हथेलियों में पकड़ लेती और मेरी आँख में आँख डालकर देखती। 'तुम कितने गोरे हो, कबीर। तुम मुझसे ज्यादा गोरे हो।' फिर वो अपने रंग की तुलना मुझसे करने लगती। मेरे हाथों के पास अपने हाथ लाती और कहती "हाँ तुम मुझसे ज्यादा गोरे हो। हाथ तो तुम्हारे कम गोरे हैं, लेकिन तुम्हारा चेहरा मुझसे ज्यादा गोरा है। तुम्हारे बाल भूरे हैं। लेकिन, मेरे बाल काले हैं।"

उस वक्त तक मैं किशोर वय की झंझटों में उलझा हुआ था। लेकिन, अपने गालों पर अपनी माँ के हाथों का स्पर्श अभी भी मुझे एकदम ताजा था। खास तौर पर जब वो छुटपन में मुझे स्कूल के लिए तैयार करती थीं। बर्तन रगड़ने और घरेलू कामों की वजह से उनके हाथों में एक खुरदुरापन था। उन्हीं खुरदुरी हथेलियों से वे सर्दी के दिनों में बोरोलीन अपने हाथों पर लेकर मेरे गालों पर लगा देतीं। या फिर वे मेरे सिर में ढेर सारा तेल चपोड़कर मेरी ठुड्ढी को कसकर पकड़ लेतीं और मेरे बालों में कंघा करने लगतीं। मैं सिर को इधर-उधर घुमाने लगता तो वे और कस कर पकड़ लेतीं।

माँ के बाद शायद वो पहली थी, जो मेरे गालों पर इस तरह से अपनी पूरी हथेलियाँ रख देती। उसके हाथों की छुअन मेरे गालों में बस जाती। मैं

काफी देर तक उसे अपने गालों पर याद करता रहता। इसके साथ ही मुझे अपनी माँ के उस खुरदुरे प्यार की भी याद हो आती। मैं खुद अपने गालों पर हाथ फेरता। उसे महसूस करता। हाँ, माँ का वो प्यार भी अभी वहीं बना हुआ है। उसका वो अहसास भी वहाँ मौजूद है। कहीं गया नहीं है।

मैं जानता हूँ कि इन रास्तों से गुजरने वाला मैं अकेला नहीं हूँ। आप लोग यह सबकुछ पढ़ रहे हैं, आपने भी जरूर इन्हीं रास्तों से गुजरकर यह उम्र पाई होगी। तब फिर समझ ही सकते हैं कि यहाँ तक आते-आते मेरे आँख-कान भी बहुत तेज हो गए थे। एक तरह की मल्टीटास्किंग शुरू हो गई।

पतंग मेरी भले ही आसमान में टँगी हो लेकिन मेरे कान सीढ़ियों पर आने वाली पदचापों पर अटके रहते। अक्सर ही यह आवाजें मेरे ही किसी अप्रेंटिस की होती थीं। वो आकर लटाई पकड़ लेता और कुछ ही देर में डोर भी थमाने की जिद करने लगता। लेकिन, सीढ़ियों पर आने वाली इन तमाम पदचापों में मुझे उसकी आहट का इन्तजार रहता। यह इच्छा पूरी भी होती।

वो चुपचाप पीछे से आकर मेरी आँखें ढँक देती। मैं जान-बूझकर अनजान बने रहता और उसे अपने करीब आने का मौका देता। और जब वो अपनी हथेलियों को मेरी आँखों पर रख देती तो मैं हल्के-से चौंकने का अभिनय भी करता। फिर वही संवाद शुरू हो जाता। वो पूछती, "कौन।" मैं बोलता, "तुम।"

तो इस बार संवादों की कड़ी पूरा होने के बाद उसने धीरे से मेरे कान में कहा, "तुमको जल्द ही कुछ मिलने वाला है।"

मैंने कहा, "क्या?"

उसने धीरे से मेरे हाथों से अपनी हथेलियाँ हटा लीं। और मेरी आँखों के सामने कागज का एक टुकड़ा कर दिया। कागज पर यही बात मोटे-मोटे अक्षरों में लिखी हुई थी। 'तुमको जल्द ही कुछ मिलनेवाला है।' मैंने कागज पकड़ने की कोशिश की और पूछा कि क्या मिलनेवाला है। बस इतने में ही उसने वह कागज गायब कर दिया। मैं वह कागज देखने के लिए उससे माँगने लगा। उसने अपनी मुट्ठी में उसे छिपा लिया। फिर वो अपनी मुट्ठियों को अपने पैरों के बीच छिपाकर गोल-मोल होकर बैठ गई। मैंने उससे वह कागज छीनने की कोशिश की। लेकिन, यह करना सम्भव नहीं था। उसने अपने पूरे

शरीर को अकड़ाया हुआ था और कुछ ही देर की कोशिश के बाद में लगा कि मैं शायद उससे छीन नहीं सकता। इस प्रयास में मेरे नाखून भी उसके हाथों में लग गए। जबकि शायद उसके भी एकाध नाखून मुझे चुभे होंगे।

मैं उसकी मुट्ठियाँ खुलवाने का प्रयास करता, इससे पहले ही उसने एक झटके में कागज अपने मुँह में डाल लिया। फिर दाँतों से उन्हें चबा-चबाकर लुगदी बना दी। अब वे किसी काम के नहीं थे। उनमें लिखे गए अक्षरों का अस्तित्व अब विलीन हो चुका था। वे लुगदी बन चुके थे। मैंने उसे छोड़ दिया।

वह विजयी भाव से खिलखिलाते हुए उठ खड़ी हुई। ऐसी ही विजयी मुस्कान के साथ उसने कहा "तुम भले ही हार गए हो। लेकिन, तुम्हें कुछ मिलेगा जरूर।" मैंने प्रश्नवाचक नजरों से उसे देखा। पर मेरे सवाल के जवाब में भी उसके पास एक मुस्कान थी। गहरी और रहस्यमयी। उसने सीधे मेरी आँखों में देखा। मेरा दिल धक से रह गया। धड़कनें तेज हो गईं। उसकी आँखें खूब काली थीं। लम्बी-लम्बी पलकें और भवें मोटी थीं। वो मेरी तरफ ऐसे देख रही थी कि जैसे उनमें कोई राज छिपा हो। फिर वो दूसरी तरफ देखने लगी।

मेरे मन को भी सन्तोष नहीं था। अपनी असफलता से मन में खीज थी। ऐसा लगता कि जैसे कोई बात अधूरी छूट गई है। इसे आज तो पूरा होना था। लेकिन, नहीं आज यह पूरी नहीं हो सकी। उसने एक कागज दिखाया था। उसकी एक झलक मैंने देखी थी। लेकिन, अब वह कागज कहीं नहीं था। उस पर लिखी इबारतें अब कहीं नहीं थीं। क्या उन इबारतों के मिटाने से वह भी मिट गया जो कि उसमें लिखा हुआ था। नहीं। ऐसा नहीं होने वाला था। वो भौतिक रूप से मौजूद था।

दिन बीत रहे थे। ऐसे ही एक दिन वह चुपचाप छत पर चढ़ आई। मुझे उसके आने का पूरा पता था। लेकिन, मैं जान-बूझकर अनजान था और इन्तजार कर रहा था कि वह आए और चुपचाप पीछे से मेरी आँखों पर अपनी हथेलियाँ रख दें। अब अगर वह ऐसा नहीं भी करती थी तो मैं इसका इन्तजार करता था कि वह अपनी हथेलियों को मेरी आँखों पर रखे। कई बार जब वह ऐसा नहीं करती तो मैं देर तक उसकी उपस्थिति से अनजान बने रहने की कोशिश करता। फिर जब वो पीछे से आकर आँखें नहीं ही बन्द करती तो मैं अचानक

ही उसकी उपस्थिति को जाहिर करते हुए कहता, "अरे, तुम कब आई।" वो खूब गहराई से मुस्कुराती। कहती, "जब तुम्हारी पतंग आसमान में हिचकोले खा रही थी। जब तुम डगमगा रहे थे।"

खैर, ऐसे ही एक दिन वह चुपचाप आई। उसने मेरी आँखें बन्द कर दीं और पूछा कि 'कौन'। मैंने कहा 'तुम'। उसने कहा, 'तुम कौन'। मैंने कहा कि 'अरे तुम ही तो हो।' वह बोली कि 'तुम ही तो कौन'। मैंने कहा कि 'रानी'। उसने कहा कि 'रानी नहीं रानी ठाकुर बोलो। मैं रानी ठाकुर हूँ। दिल पर राज करती हूँ।' उसने मेरी आँखों से अपनी उँगलियाँ हटाई और बोली, "आँखें अभी मत खोलना।" फिर उसने मेरे चेहरे के सामने एक कागज कर दिया। बोली, "अब आँखें खोलो।" इस कागज पर नीली स्याही से बहुत मोटे-मोटे अक्षरों में लिखा हुआ था, "मैं तुमको एक किस दूँगी। बहुत जल्द।" इसमें किस अंग्रेजी के बड़े-बड़े अक्षरों में लिखा था और नीचे एक दिल बना हुआ था।

इसको पढ़ने के साथ ही मेरे हाथों में झुरझरी होने लगी। लेकिन, जब तक मैं कुछ आगे करने की सोचता वह कागज उसके मुँह में जा चुका था। अपने दाँतों से चबा-चबाकर उसने लुगदी बना दी थी।

अब कुछ नहीं हो सकता था। मैं उस दिन का इन्तजार करने लगा। जब मुझे यह ईनाम मिलने वाला था। जाड़े की शुरुआत हो चुकी थी। धूप का दम टूटने लगा था और बदन पर स्वेटर आने लगे थे। ऐसे ही एक दिन मैं अकेला ही छत पर पतंग उड़ा रहा था। वह चुपचाप छत पर चली आई। घर के बगल में एक नीम का पेड़ था जिसकी डालें छत के एक कोने की तरफ झुकी हुई थीं। इसके चलते यहाँ पर एक हल्की आड़-जैसी बन गई थी। वह चुपचाप वहाँ जाकर खड़ी हो गई। उसने मुझे कहा कि 'यहाँ आओ।' मैंने कहा, 'क्या हुआ।' उसने कहा, 'तुम्हें कुछ दिखाना है।' मैंने लटाई वहीं जमीन पर रख दी और डोर को एक ईंट में लपेटकर बाँध दिया।

वहाँ पहुँचा और बोला 'क्या दिखाना है।' वह चुपचाप मेरे करीब आ गई। मेरे इतने पास कि उसकी साँसें भी मुझे अपने चेहरे पर महसूस होने लगी। उसने मेरी तरफ भेद भरी निगाहों से देखा। मैं लम्बा था। वह मुझसे थोड़ा छोटी थी। मेरी तरफ देखते हुए वह थोड़ा और उचकी और उसने मेरे गाल पर एक चुम्मा बैठा दिया। मेरी सारी नसों में खून बहुत तेजी से दौड़ने

लगा। उसने मुझे अपनी बाँहों में भर लिया और मेरी गर्दन के पास अपना मुँह छिपा लिया। यह पक्की बात है कि उस समय कोई मुझसे दो फिट की दूरी पर भी होता तो मेरी धड़कनें उसे साफ सुनाई पड़ जातीं। मेरा पूरा शरीर एक अनजाने अहसास से काँपने लगा। बदन पर थरथरी-सी चढ़ गई। मेरे जीवन का यह पहला चुम्मा था, जो किसी लड़की ने मेरे गालों पर जड़ा था और मुझे जीवन भर यह याद रह जानेवाला था।

पर अब जवाब में मुझे भी कुछ करना चाहिए। मैंने भी उसे अपनी बाँहों में मजबूती से पकड़ लिया और उसके गाल पर एक चुम्मा जड़ दिया। फिर उसके गालों से अपने गाल सटाने लगा। उसकी गर्दन में अपना मुँह घुसाने की कोशिश करने लगा। मेरे हाथ भी उसके शरीर पर इधर-उधर फिसलने लगे।

उसने एक स्वेटर पहन रखा था। उसके नीचे उसकी ट्यूनिकवाली स्कर्ट थी। इसके नीचे कमीज थी। फिर कमीज के नीचे समीज थी और फिर उसके भी नीचे ब्रा मौजूद थी। कपड़े की इतनी परतों के भीतर से मुझे उसका अहसास नहीं हुआ जो वहाँ पर मौजूद था। वही जिसको छूने, जिसको सहलाने, जिसके पास पहुँचने के लिए किशोर उँगलियाँ बेकरार होने लगती हैं। उसने मेरी इस उलझन को समझ लिया। कपड़ों की ये परतें उसे एक रजाई जैसी मोटाई दे रही थीं। उसने एक नजर चारों तरफ देखा और मेरा मार्गदर्शन किया। उसने धीरे से मेरी हथेलियाँ पकड़ीं और उन्हें रास्ता दिखाया। मैं पढ़ाई में उससे एक क्लास आगे था। किताबें मैं बचपन से ही पढ़ता आ रहा था। लेकिन, मेरी दुनिया किताबी थी। मैं किताबी दुनिया में आगे था। मैंने ऐसे तमाम दृश्य किताबों में पढ़े थे। लेकिन, इनसानी देह का अहसास किसी भी तरह से कागजों से पूरा नहीं हो सकता है। इनसानी देह की छुअन कागजों में कहाँ हो सकती है। वास्तविक दुनिया में वो मुझसे आगे थी। मुझसे ज्यादा सफर वह दुनिया का तय कर चुकी थी।

तो इस बार भी मार्गदर्शन करने का, राह दिखाने का जिम्मा उसी का था। उसने मेरी उँगलियाँ पकड़ीं और उन्हें पहले तो गले के पास से अन्दर किया। यहाँ पर ट्यूनिक का मोटा कपड़ा आकर मेरे अहसास की बाधा बनने लगा। उसने गले के पास से ट्यूनिक को एक तरफ थोड़ा किनारे किया और उसमें से मेरा हाथ अन्दर डाल दिया। यहाँ पर उसने कमीज की दो बटनें खोली और मेरा हाथ अब उसे छू सकता था। मुझे लगा कि मैं एकदम से उसको छू

रहा हूँ। हालाँकि, मेरा हाथ बहुत बेआराम की हालत में था। उसकी साँसें भी तेज-तेज चढ़ने लगीं। मैंने एक के बाद उसकी दोनों छातियों पर अपनी पूरी हथेली रखी। उन्हें छुआ। उन्हें सहलाने लगा। उसका दिल भी मुझसे ज्यादा तेजी से धड़क रहा था। बस क्षण भर को। फिर उसने एक झटके से मेरा हाथ ट्यूनिक से बाहर निकाल दिया और मुझसे दूर हो गई। उसने कमीज के दोनों बटन भी झट से बन्द कर दिए और ऊपर से स्वेटर को भी ठीक कर लिया।

वो कुछ देर तक इधर-उधर ऐसे देखती रही जैसे कि कुछ हुआ ही नहीं हो। जैसे कि अभी-अभी वहाँ पर धरती कुछ पलों के लिए ठहरी ही हो। फिर उसी राजदार मुस्कान के साथ उसने सीधे मेरी आँखों में देखा। फिर बोली, "मैंने कहा था न कि मैं तुमको कुछ दूँगी।" मैं अभी तक अकबकाया था। मुझे समझ भी नहीं आया कि अभी-अभी सृष्टि के रहस्यों का जो एक पन्ना मेरे सामने हकीकी तौर पर खुला था, मैं उसके बाद क्या कहूँ। मेरी आँखें हैरतों से फटी जा रही थीं। मन में हलचल थी। चेहरे पर घबराहट के भाव थे। मैं सकपकाई हुई नजरों से आसपास की छतों को देख रहा था। जैसे चोर किसी चोरी के बाद चोर निगाहों से आसपास देखता है। किसी ने देख तो नहीं लिया। चारों तरफ कम से कम एक निगाह में तो कोई दिखा नहीं। छतें सूनी पड़ी थीं और कोई अप्रेंटिस आज आया भी नहीं था।

मेरी निगाह आसमान पर गई तो पतंग वहाँ से नदारद थी। डोर तनी हुई थी और पतंग सामने कुछ दूरी पर मौजूद नीम के एक ऊँचे पेड़ पर फँसी हुई थी। मैंने अपनी साँसें काबू कीं। फिर धीरे-धीरे डोर साधते हुए पतंग को डालों से छुड़ाने की कोशिश की। हल्की-हल्की ठुनकियाँ दीं। पतंग हल्के-से काँपती। लेकिन, पेड़ उसे छोड़ने के लिए तैयार नहीं था। पतंग मेरी तरफ नाराजगी भरी नजरों से देख रही थी। जैसे कह रही, 'देखो तुमने मेरा क्या हाल कर दिया। तुम्हारी वजह से आज मैं इस मुसीबत में फँसी हुई हूँ।' वो उलाहना दे रही थी। 'उस लड़की के लिए तुमने मुझे छोड़ दिया।'

मैं दूर से उसे बस देख रहा था। मैंने जोर लगाकर उसे खींचना चाहा तो डोर टूट गई। पतंग नीम की उन्हीं शाखों में फँसी रह गई।

अब भी जब कभी हवा चलती है तो वह नीम की शाखों के बीच फँसी हुई ऐसे ही फड़फड़ाती है।

कानाफूसियाँ हमारे सूचना संचार को विकसित करती हैं। अक्सर ही हमें अपने पास मौजूद सूचनाओं के स्रोत पता भी नहीं होते हैं। लेकिन, वे हमारे अन्दर मौजूद होती हैं। अगर हम किसी खास सूचना के बारे में सोचने लगें तो हो सकता है कि हमें पता भी चले कि आखिर यह बात हमारे दिमाग में आई कहाँ से।

किसी के कान में चुपके से कोई बात कह देनी है। किसी के पीठ पीछे उसके बारे में कुछ बता देना है। साथ में हिदायत भी दे दी कि भई हमारा नाम नहीं आना चाहिए। या फिर ये कि मैंने सुना है कि ऐसा-ऐसा है। यानी सूचना देने वाला खुद भी निश्चित नहीं है। वो निश्चित होकर कह भी नहीं रहा है। बस आपके पास एक सूचना छोड़ जा रहा है। अब आप इसे अपने पास रखकर अचार डालिए या फिर उसे प्रसाद की तरह बाँटिए। आपकी मर्जी।

अमरनाथ ठाकुर मध्यप्रदेश के किसी छोटे शहर के रहने वाले थे। लम्बाई उनकी छह फुट के लगभग होगी और कन्धे चौड़े थे। डील-डौल उनका खासा हट्टा-कट्टा था। देखने से भी वे प्रभावशाली लगते थे। बाल राज कपूर की तरह एक तरफ को सलीके से झाड़े हुए और नाक के नीचे मूँछों की हल्की लकीरें भी राज कपूर के जैसी ही थीं। पहली नजर में कोई अजनबी यही मानता कि वो कोई पुलिसवाला है जो कि सादी वर्दी में काम कर रहा है। जब उन्हें उनके काम धन्धे के बारे में पता चलता तो वे कहते कि इतने लम्बे-चौड़े आदमी को तो पुलिस में होना चाहिए।

अमरनाथ ठाकुर ने अपनी किशोरावस्था में थोड़ी उछलकूद की भी थी। वे भी उसी पीढ़ी के सदस्य थे जो रात में चना फुलाकर, सुबह मुट्ठी भर चना खाकर, दौड़ने जाया करती थी। लेकिन, हर दिन सुबह उठना और बहुत ज्यादा दौड़-भाग उनके बस की नहीं थी। तो वे कुछ दिन बाद ही इससे बोर हो जाया करते थे। कुछ दिनों बाद फिर से योजना बनाते, फिर बोर हो जाते थे।

शरीर से लम्बे-चौड़े थे, तो बड़े दिखते थे, तो कम उम्र में ही शादी हो गई। ससुराल पक्ष काफी सम्पन्न था। ट्रांसपोर्ट का कारोबार था। उसी की मदद से अमरनाथ ठाकुर ने भी ट्रांसपोर्ट का कारोबार शुरू किया। लेकिन, इस कारोबार ने उनके जीवन को गति देने में खास मदद नहीं की।

लाखों रुपये डूब गए। कारोबार के लिए बाद में भी एक-दो बार कोशिश की। लेकिन, कामयाबी नहीं मिली। तो अन्तत: वे एक ट्रैल कम्पनी की बस चलाने लगे। कम्पनी का कारोबार कई शहरों में फैला हुआ था और वो कई शहरों से कई शहरों तक यात्रियों को अपनी बसों में ले भी जाती थी। उन्हीं बसों में से कोई एक बस अमरनाथ ठाकुर भी चलाया करते थे। कई बार इन शहरों की दूरी इतनी ज्यादा होती थी कि वे एक दिन अपनी बस लेकर निकलते थे तो दूसरे दिन की शाम को दूसरे शहर पहुँचते थे। वहाँ पर सवारियों को उतारने के बाद उन्हें कुछ घंटों का आराम मिलता था। उसके बाद उन्हें उधर से सवारियाँ लेकर इधर आना होता था। इसमें तीन-चार दिन का समय लग जाता था। इसके अलावा, अक्सर ही बस से कोई टूर जा रहा होता। तीर्थ यात्रियों का कोई समूह या फिर स्कूल का कोई टूर। इस तरह के टूर में वे अपने साथ यात्रियों को लिए-लिए कई-कई दिन तक भटका करते थे। इस तरह के टूर से वापस आने में उन्हें दस-पन्द्रह दिन भी लग सकते थे।

विवाह ने उन्हें कुछ निश्चिंतता दी थी तो कुछ दुश्चिंताएँ भी। ट्रांसपोर्ट के कारोबार और लम्बे-चौड़े खेतों वाले इस परिवार की एक बेटी कुछ ज्यादा शान्त प्रवृत्ति की थी। न किसी से खास बात करती और न ही उसके जीवन में किसी चीज के लिए खास उल्लास दिखाई पड़ता था। बाहरवालों के सामने घरवाले कहते कि बहुत सीधी है। चुपचाप रहती है। किसी से ज्यादा बातचीत नहीं। हमेशा निगाह नीची ही रहती है। घर का काम सारा आता है। लेकिन, घर के अन्दर आम तौर पर उसे बौड़म कहा जाता था। परिवार के लोग जब चिढ़े होते तो बेबुद्धि और बैलबुद्धि जैसे सम्बोधनों की भी उसके ऊपर झड़ी लगा देते थे। लेकिन, वह सचमुच सीधी थी और किसी बात का खास जवाब नहीं देती थी। एक प्रकार का सूफीपन उसके हर हाव-भाव में था, जैसे जगत से निस्सार हो। उसके अन्दर खुद एक दुनिया हो। जैसे हर समय वह इन्हीं सवालों के जवाब में भटक रही हो कि आखिर यह जीवन मिला क्यों है। इस जीवन में करने क्या आए हैं। इसका आखिर करना क्या है।

दुनियावी चीजों का उसे खास खयाल नहीं था। लेकिन, घर का काम मोटा-मोटी जानती थी। अमरनाथ ठाकुर लम्बे-चौड़े युवक थे। देखने में सुदर्शन

भी। बाकी कुछ काम-धन्धा तो कर ही लेंगे। ऐसा ससुराल पक्ष के लोगों का विचार था। जबकि, अमरनाथ को भी अपने होनेवाली पत्नी के बारे में ज्यादा कुछ खासियतें पता नहीं थी। बहु सीधी है तो यह अच्छी ही बात है और घर का काम करती है और खाना बना लेती है, इससे ज्यादा योग्यता की उन्हें खास जरूरत भी नहीं थी।

विवाह के बाद गृहस्थी की गाड़ी डुगुर-मुगुर चलती रही। इस दौरान अमरनाथ ने कारोबार में हाथ आजमाया। लेकिन, इस कारोबार से उन्हें दारू पीने की लत ही हासिल हुई। पैसा डूब गया, सब चला गया, पर वे अपनी इस आदत को किसी तरह बचाकर साथ ले आए। हर वक्त इसकी वे सुरक्षा करते कि किसी तरह से उसकी अकाल मौत नहीं हो जाए।

इसमें वे रात और दिन की भी खास परवाह नहीं करते थे। भई दिन क्या और रात क्या। जब भी जहाँ मौसम बन जाए, वे दारू के कुछ घूँट उतार ही लेते थे। इस बात का उन्हें गुमान था कि वे कितना भी पी लें लेकिन उन्हें खास नशा होता नहीं है। गाड़ी की स्टीयरिंग पर उनके हाथ काँपते नहीं है, इस बात की वे डींग भी हाँका करते थे।

अब तक चार लड़कियाँ इस विवाह का हासिल रही हैं। रानी उसमें सबसे बड़ी है। रानी बड़ी हो गई है, घर के कामकाज में हाथ भी बँटाती है। घर का सौदा-सुलुफ भी ले आती है। इसलिए उसे अपने साथ रखा है। जबकि, अमरनाथ ठाकुर की सूफी बीवी के लिए इतने बच्चों को सँभालना मुश्किल था। सो, ससुराल पक्ष के लोगों ने मदद के लिए बाकी की तीन बेटियों को अपने पास रखा हुआ था। वे वहीं अपने मामा-मामी के पास रहकर पल रही थीं और अलग-अलग कक्षाओं में पढ़ रही थीं। इधर अमरनाथ लम्बे टूर से आने के बाद आनेवाली सम्भावित सन्तान की सम्भावना को ज्यादा से ज्यादा प्रबल बनाने के प्रयासों में जुट जाते थे। हालाँकि, यह तमन्ना कब पूरी होगी, इसके बारे में कोई क्या कह सकता था।

भगवान को तो इसमें जो भी करना था, वो कर ही रहा होगा, लेकिन अमरनाथ अपनी तरफ से कोई कसर नहीं छोड़ना चाहते थे। लम्बे टूर से आने के बाद वे जेहनी और शारीरिक तौर पर भी थके हुए होते थे। घर पर उनके लिए खास आकर्षण था नहीं। पत्नी ने पहले दिन से जो सूफी भाव अपनाया हुआ था, वह दूर होने का नाम नहीं लेता था। उनके चेहरे पर वैसा

ही वैराग्य बना रहता। सुख और दुख को एक समान भाव से लेना उनकी आदत में शामिल था।

हाँ, कुछ कर्तव्य जरूर थे, जिन्हें पूरा करने की चेतना उनमें पूरी थी। तो तीन-चार दिनों के टूर से आने के बाद जब अमरनाथ अपनी सन्तानोत्पादक कसरत का उपकरण उन्हें बनाते तो वे सीधे होकर चित लेट जाती थीं। सहयोग करतीं। थके हुए अमरनाथ भी कुछ खास करने के काबिल नहीं बचे रहते थे। कई बार तो ऐसी हालत होती कि वे ऊपर रहते थे, कि इसी बीच में उन्हें नींद आ जाती। जब बीवी को लगता कि काफी देर हो गई है और ऊपर से कोई हरकत नहीं है तो वे धीरे से उन्हें खिसकाकर या फिर खुद ही सरककर उसके नीचे से निकलने की कोशिश करने लगती। ऐसे में कई बार अमरनाथ की नींद टूट जाती और एक बार फिर से वे वही सबकुछ करने का प्रयास शुरू कर देते। हालाँकि, इसमें कामयाबी मिलने की सम्भावना बहुत कम थी।

इसके चलते इन कोशिशों को ज्यादा कामयाब बनाने के लिए वे कई बार वीसीआर का सहारा लेते थे। टूर से आने के बाद वे रात में कमरा बन्द कर लेते और उसमें कोई कैसेट चला देते। इन कैसेटों में तमाम विचित्र तरीके से उसी काम को अंजाम दिया जाता था, जिसे वे सिर्फ एक-दो तरीके से करने के आदी थे। इस काम में लगे हुए लोगों का उत्साह देखते ही बनता था। वे पूरे मनोयोग से किसी एक टीम की तरह काम करते हुए दिखते। दो लोग। उद्देश्य एक। उनकी सारी इंद्रियाँ उसी उद्देश्य को पाने में जुटी रहतीं। उसमें रत्ती भर भी कोई कमी अपनी तरफ से छोड़ने वाला नहीं होता था। जैसे पर्वतारोही एक दूसरे का हौसला बढ़ाते हैं। जैसे ऊँचे पहाड़ों पर स्थित मन्दिर की सीढ़ियाँ चढ़ते हुए भक्त एक दूसरे को हिम्मत देते हैं। वैसे ही वे दोनों भी एक दूसरे की हौसलाअफजाई में लगे हुए होते। कभी कोई एक थोड़ा थकता हुआ दिखता, तो दूसरा भी अपने कदम धीमे कर देता। इस तरह से धीमे-धीमे कदमों को रखते हुए वह उसको भी फिर से चलने के लिए उत्साहित करता। अपने पास तक आने के लिए प्रेरित करता और जब वो फिर से जोश में आ जाता तो फिर दोबारा से पर्वतों पर चढ़ाई की उसी तरह की उत्साहित कोशिशें शुरू हो जाती थीं।

एक पव्वा चढ़ाने के बाद अमरनाथ की आँखों से जब यह नजारे गुजरते थे तो उनका जोश भी उछाल मारने लगता था। वे भी उसी तरह के जोश से

पहाड़ की चोटी पर चढ़ने की कोशिश करना चाहते थे। पर उनके पास न तो वैसा हुनर था और न ही उनका साथी इतना साथ देनेवाला। खुद उनका हौसला भी बीच में टूट जाता। कई बार वे मंजिल तक पहुँचे बिना ही थककर सो जाते थे। और टेलीविजन चलता रहता था। अँधेरे कमरे में वे सतरंगी रोशनियाँ बिखरती रहती थीं। उसमें से बहुत हल्की रहस्यमयी आवाजें आती थीं।

इन आवाजों में छिपे रहस्य को बूझकर अन्दर से पता नहीं कितनी चीजें कुलबुलाने लगती थीं। कई बार कुछ देर बाद अमरनाथ की नींद टूट जाती और वे उठकर टीवी बन्द कर देते थे। कभी उनकी बीवी अपने ऊपर से उन्हें खिसकाने के बाद इस अवस्था में रहतीं कि जाकर टीवी बन्द कर दें। लेकिन, अगर ये दोनों परिस्थितियाँ नहीं होती तो वो कैसेट खतम होने तक चलता रहता। लेकिन, अब उन्हें देखने वाला कोई नहीं होता। बस अँधेरा कमरा और उसमें बिखरती हुई सतरंगी रोशनियाँ होती।

बगल के कमरे में रानी सोई रहती थी। उसकी निगाहें टेलीवीजन के स्क्रीन तक पहुँचने वाली नहीं थी। लेकिन, दरवाजे की निचली दरारों से उसके पास भी वे सतरंगी रोशनियाँ थोड़ी-थोड़ी पहुँचती थी। कभी-कभी सिसकारी की कोई हल्की-सी आवाज भी। ऐसी हालत में उसका पूरा शरीर एक कान में तब्दील हो जाता। उसे अपने आसपास की बहुत सारी चीजें बहुत साफ-साफ सुनाई देने लगती थी। घड़ी की टिक-टिक ऐसी लगती जैसे वो दीवार पर नहीं बल्कि उसके कान पर टँगी हो। अपने डंक गड़ाने की जगह तलाशने वाली किसी मच्छर के पंखों की आवाज, ऐसा लगता था कि उसके दिमाग में ही घुसी जा रही है। उसे वे सतरंगी रोशनियाँ दिखाई देतीं। बीच-बीच में कुछ हल्की रहस्यमयी आवाजें। बाकी के रिक्त स्थानों की पूर्ति उसे अपनी कल्पनाओं से करनी पड़ती थी। वो अपनी कल्पनाओं से उन अनदेखी तस्वीरों में बहुत सारे रंग भरती थी। कुछ भर पाते थे, कुछ खाली रह जाते थे। और जहाँ से वे रंग खाली रह जाते, वहाँ से उन्हें भरने की तड़प भी बहुत बढ़ जाती थी।

फूल से पहले फूल की खुशबू लोगों तक पहुँचती है। फूल भले ही ओझल हो लेकिन, खुशबू दूर तक जाहिर हो जाती है। ऐसे ही रानी से पहले ही रानी की बातें हर कहीं पहुँच जाती थीं। इसी इलाहाबाद शहर में जब से पापा की

बदली हुई थी, तब से चार मकान बदले जा चुके थे। कहीं पर साल भर रहना हुआ तो कहीं पर दो साल भी। एक जगह तो छह महीना भी निबाह नहीं हो सकी। वैसे भी किराए के मकान में बहुत ज्यादा दिन तक गुजारा हो नहीं पाता।

पिछले मकान से जब वे यहाँ पर शिफ्ट हुए तो रानी की बातों को भी वहाँ पहुँचने में ज्यादा वक्त नहीं लगा। रानी का उठना-बैठना, बोलना, चालना और चहकना पूरे मोहल्ले की आँखों में गड़ने लगा। कुछ ही दिनों में पिछले मकान की उसकी कारगुजारियों के बारे में भी लोगों ने जानकारियाँ जुटानी शुरू कीं और जाहिर है कि जहाँ पर जानकारियाँ नहीं होती हैं वहाँ पर कल्पनाओं के जरिए तथ्यों की जगह भरी जाती है। इस तरह से हर कोई अपनी एक तस्वीर मुकम्मल कर लेना चाहता है। पिछले मकान में जहाँ रानी रहती थी, उस मकान मालिक के तीन-चार बेटे थे। सबसे छोटा बेटा उसी घर में सबसे नीचे बनी दुकान चलाता था। मकान मालिक का बेटा थोड़ा मुँहफट था। किसी से सीधे मुँह बात करता नहीं था, तो दुकान ज्यादातर खाली ही रहती थी। नहीं तो किराने की दुकान चलाना शायद सबसे ज्यादा आसान काम रहा होता। लोगों का कहना था कि उसी दुकानदार के साथ रानी का चक्कर था।

उसके पहलेवाले मकान में जहाँ वो रहती थी, उसके बारे में भी कुछ किस्से लगातार नुमाया हो रहे थे। गुड्डू सिंह का कभी मैं अप्रेंटिस हुआ करता था। वो पतंग उड़ाते थे तो मैं लटाई पकड़ता था। मुझे वे किशोरावस्था की बहुत आवश्यक चीजें सिखाया करते थे। मैं उनकी सरपरस्ती में था। लेकिन, जैसे-जैसे उनकी उम्र बढ़ी, पतंगों में उनकी दिलचस्पी कम हो गई। वे साइकिल लेकर गर्ल्स कॉलेज के इर्द-गिर्द मटरगश्ती करते रहते थे। हालाँकि, अभी इसमें उन्हें खास कामयाबी नहीं मिली थी। स्कूल खुलने और बन्द होने के समय पूरे अनुशासन के साथ उसी सड़क पर भटकने के बावजूद अभी तक वे अपना फोकस तय नहीं कर पाए थे। इसके चलते निगाहें भटकती ही रहतीं। जबकि, उन्हें इस बात की जानकारी मिल चुकी थी उनके अप्रेंटिस का फोकस फिक्स हो गया है।

तो अपनी पुरानी वाली सरपरस्ती एक बार फिर उन्होंने हासिल करने की कोशिश की। एक दिन मुझे किनारे ले जाकर उन्होंने रानी के किस्सों की पोल खोलनी शुरू कर दी। मकान मालिक के बेटे के साथ उसका चक्कर है। बड़े राजदार अन्दाज में उन्होंने मुझसे कहा, "अबे, पुराने मोहल्ले में

कॉमिक्स की दुकानवाला था। उसने भी इसे फँसा रखा था। जब देखो तब उसी के यहाँ दिखाई पड़ती थी। दोपहर में तो जब भी लोग जाते थे, वो वहीं बैठी दिख जाती थी। मकान मालिक के बेटे के साथ तो फँसी ही हुई थी। ये तो तुम्हें भी पता है कि पूरी निम्फोमैनियाक है। जहाँ ये रहती थी, उस जगह पर हर कोई इसे जानता है।"

बेशकीमती समझकर उन्होंने मुझे सलाहें भी दीं, "दूर रहो, इससे। तुम हो अभी छोटे। अभी से इसके चक्कर में पड़ जाओगे तो जिन्दगी लुड़िस हो जाएगी। फिर परेशान होते फिरोगे। चूसकर फेंक देगी तुमको।"

गुड्डू सिंह ने उस दिन इसी तरह की बहुत सारी बातें साझा की। आगे का रास्ता दिखाने की कोशिश की। मैंने उनकी किसी बात पर खास कान नहीं दिया लेकिन, निम्फोमैनियाक शब्द मेरे कानों में आकर अटक गया। यह सुरेन्द्र मोहन पाठक का एक उपन्यास था। इसमें एक लड़की का कैरेक्टर था। जो कि बेहद दिलफेंक थी। मैं आपको पहले ही बता चुका हूँ न कि मैंने कितने सारे उपन्यासों में अपना दिमाग खपाया है। 'निम्फोमैनियाक' भी उन्हीं में से एक था। निम्फोमैनियाक का सबसे पहला मतलब उसी ने बताया था—ए वुमेन हैविंग अनकंट्रोलेवल सेक्सुअल डिजायर। उसकी सेक्स की इच्छाएँ हमेशा अतृप्त ही रहती हैं।

कुछ भी हो, रानी के लिए मुझे यह सम्बोधन अच्छा नहीं लगा। पर मैंने गुड्डू सिंह से कोई प्रतिवाद नहीं किया न ही उनके साथ कोई बात साझा की। बस चुपचाप उनकी बातें सुनीं और बोला कुछ नहीं।

मैंने कहा था न कि कानाफूसियाँ कई बार प्रकाश की गति को भी मात देती हैं। वे बेहद तेजी से एक कान से होते हुए दूसरे कान तक पहुँचती हैं। उनकी रफ्तार इतनी ज्यादा तेज होती है कि कई बार वे जब किसी के पास तक पहुँचती है, तब तक उसका मूल स्रोत खो चुका होता है। वे अपने मूल स्रोत से जितना ज्यादा दूर होती जाती हैं, उतना ही ज्यादा खिलती जाती हैं। उतना ही ज्यादा विकराल होती जाती हैं।

छत पर होनेवाली इस पतंगबाजी की तमाम कानाफूसियाँ भी चल रही थीं। सबसे पहले तो मेरे अप्रेंटिस ही जब रानी को देखते तो वे अनायास

मुस्कुराने लगते थे। जब कभी छत के पीछेवाले हिस्से में नीम की डालियों के बीच हम लोग चले जाते और कुछ बात कर रहे होते तो वे बड़ी जिम्मेदारी के साथ लटाई पकड़ लेते। अगर कोई बड़ा आने वाला होता तो हमें आगाह भी कर देते। खतरों के प्रति भी वे मेरे जितने ही सचेत थे। जैसे कोई एक सामूहिक कर्म है, जिसे हम सब मिलकर कर रहे हैं और उसमें हर कोई, हर किसी को बचाने की कोशिश कर रहा है। किसी को फँसने नहीं देना है।

इसके बावजूद, दीवारों की तरह ही छतों के कान भी होते हैं। आँखें भी होती हैं। जिन सूचनाओं और दृश्यों को वे ग्रहण करती हैं, उन्हें दूसरी जगह पर प्रेषित भी कर देती हैं। मुझे लगता है कि ऐसे ही कई किस्से मेरे बारे में भी प्रेषित हो गए होंगे। हालाँकि, किसी ने मुझसे कुछ कहा नहीं। इस विषय पर बात भी नहीं की पर अचानक ही घरवालों ने मुझे मेरी मौसी के पास भेज दिया। मौसी दिल्ली में रहती थीं। उनके यहाँ जाना मुझे अच्छा लगता था। पर इस बार जाना कुछ अचानक ही हुआ। पापा को मौसी के यहाँ जाना था। बोले, चलो, तुम भी साथ चलो। मैं खुश हुआ। माँ ने पूरा बैग पैक कर दिया। बैग कुछ ज्यादा बड़ा था। कई सारी किताबें और कॉपियाँ भी उसमें रखी गई थीं। माँ की हिदायत थी कि वहाँ रहने के दौरान भी पढ़ाई का नुकसान नहीं होना चाहिए। तैयारी बहुत सारी थी। पर मुझे कोई सन्देह नहीं हुआ। वहाँ पहुँचा। दो दिन बाद पापा ने वापसी में अपना बैग पैक कर लिया। मौसी ने बहुत प्यार से मुझे रोक लिया। बोली एक सप्ताह तुम मेरे साथ ही रुक जाओ। फिर मौसा को इलाहाबाद जाना है। हम सब लोग साथ चलेंगे। तुम्हें छोड़कर वापस चले आएँगे। मुझे इसमें भी खास परेशानी नहीं थी। मौसी का बड़ा-सा फ्लैट था। उनके घर बड़ा-सा टीवी-था और उसमें ढेर सारे चैनल आते थे। सामने बहुत बड़ा-सा पार्क था जिसमें दिन भर लड़के क्रिकेट खेलते रहते थे।

मैं भी उस क्रिकेट की टीम में शामिल हो गया। जब भी मौका मिलता क्रिकेट खेलने पार्क में भाग जाता। पर जब दोपहर ढलने लगती और पेड़ों की परछाइयाँ लम्बी होने लगती तो मुझे उस छत की याद आने लगती। मैं कल्पना करने लगता कि अभी उस छत पर क्या हो रहा होगा। क्या रानी पीछे की बाउंड्री से टेक लगाकर आसमान में टुकुर-टुकुर ताक रही होगी।

सप्ताह बीतते-बीतते मौसा का अचानक कोई दौरा बन गया। मौसी ने

बताया कि मौसा का जाना बहुत जरूरी है। कम्पनी के काम से बंगलौर जाना है। वहाँ पर पन्द्रह-बीस दिन लग सकते हैं। इसलिए जब तक वे नहीं आते हैं, मुझे मौसी के साथ ही रहना है। इस बार मेरी पढ़ाई का नुकसान नहीं हो, इसके चलते ट्यूशन भी लगा दिया गया। मैं जब शाम को क्रिकेट खेलकर आता तो ट्यूशन पढ़ता था। बीस दिनों बाद मौसा लौट आए। उन्होंने ऑफिस ज्वाइन कर लिया। लेकिन, उन्हें ऑफिस से छुट्टी नहीं मिल रही थी। फिर जब मौसा के ऑफिस से छुट्टी की सम्भावना बनी तो फिर मौसी की तबीयत खराब हो गई।

इस तरह से करते-करते दोबारा जब मेरी इलाहाबाद वापसी हुई तब तक दो महीने बीत चुके थे। मैं कभी भी इतने लम्बे समय तक घर से बाहर नहीं रहा था। कभी गया भी तो दो-चार दिन के लिए। फिर वापस आ गया। किसी रिश्तेदार के यहाँ ज्यादा पाँव टिकते नहीं। हालाँकि, मौसी के साथ बहुत ज्यादा घुला मिला था। फिर भी इतना ज्यादा समय पहली बार बाहर गुजारना हुआ। वहाँ से लौटा तो इलाहाबाद काफी बदल चुका था।

रानी का परिवार घर खाली करके जा चुका था। उन्होंने किसी और मोहल्ले में मकान ले लिया था। मेरे अप्रेंटिसों के पास मुझे बताने के लिए बहुत सारी बातें थीं। मैं अपनी लटाई और पतंग लेकर छत पर पहुँचा। लेकिन, उस दिन हवा शान्त थी और पतंग उड़ नहीं रही थी। छत सूनी पड़ी थी। नीम के पेड़ में अटकी हुई मेरी पतंग फटकर चीथड़े-चीथड़े हो गई थी। उसका रंग उतर चुका था। हवा चलती थी तो वह वहीं पर अटकी हुई फर-फर करती थी। छत सूनी थी। रानी वहाँ पर नहीं थी। लेकिन, उस छत के हर कोने पर उसकी यादें मौजूद थीं। मेरे गाल पर वो चुम्मा अभी वैसे ही जड़ा हुआ था। मेरी उँगलियों की पोरों में उसके शरीर की वैसी ही मीठी महक बसी हुई थी। मेरी गर्दन पर अभी भी रानी की गर्म साँसों के निशान थे।

अब मेरा मन नहीं लगता था। पतंग उड़ाने में अब मेरी खास दिलचस्पी नहीं रही। जी उचट गया। मैंने अपनी पतंग और लटाई अपने अप्रेंटिसों को दे दी। सिर्फ पतंग उड़ाने के लिए फिर कभी छत पर नहीं गया।

खुदा की तरह ही पैरेंट्स की लाठी भी कभी-कभी बेआवाज होती है।

हाँ, ये सच है, इन कुछ दिनों में ही मैं बहुत बड़ा हो गया था।

दो

जाहिर हकीकत है कि जो भी चीज पैदा होती है वो मरती भी है। खतम भी होती है। सबकी उम्र निर्धारित है। किसी के पास वक्त कम है तो किसी के पास ज्यादा। ख्वाबों और यादों की भी अपनी उम्र होती है। वे अपनी उम्र पूरी करके समाप्त हो जाती हैं। मर जाती हैं या किसी अनजाने जहान में गायब हो जाती हैं। फिर किसी को उनकी याद भी नहीं आती है।

पता नहीं नीम के पेड़ पर फँसी वह पतंग कितने दिनों तक फड़फड़ाती रही होगी। कितने दिनों तक उसने अपने रंगों को बचाए रखा होगा। फिर पेड़ों की डालों में फँसी उसकी तीलियाँ पेड़ों की शाखों में विलीन हो गई होंगी। वो कागज भी ऐसी ही किसी शाख से बना होगा। और वे धागे भी किसी पेड़ के ही फूलों के रेशों से बनाए गए होंगे। मिट्टी का तन, मिट्टी में ही मिल जाएगा। लकड़ी की तीलियाँ, कागज और डोरियाँ सब जहाँ से पैदा हुईं, वहीं पर बिला गई होंगी।

मुझे भी ऐसे ही मर जाना था। अपने ख्वाबों और यादों को अपने साथ लिए ऐसे ही चले जाना था। मुझे अपने गाल पर जड़े उन अधूरे चुम्बनों की याद भी नहीं आनी थी। अपनी गर्दन पर गिरी उन गर्म साँसों को दोबारा महसूस भी नहीं करना था। लेकिन, हर बार ऐसा हो, यह भी पक्का नहीं है।

पतंगों की विरासत को अपने अप्रेंटिसों को सौंपे हुए कई साल हो गए। इस बीच में मैंने न जाने कितनी किताबें पढ़ीं। कितनी जगहें घूमीं। कितनी छोटी-मोटी नौकरियाँ कीं। कितने लोगों से मिला। कितने लोगों से प्यार किया। कितने लोगों से प्यार मिला। शादी की। बच्चे किए। बच्चों को बड़ा किया। और इसी तरह के रूटीन में मैं बुढ़ापे और मौत की तरफ बढ़ रहा था कि उस नामुराद बीमारी ने पूरी दुनिया और मुझे जकड़ लिया।

शुरू में जब मैं दुनिया के दूसरे हिस्सों और खास तौर पर चीन में आई उस बीमारी के बारे में सुना करता था तो इस बात का अन्दाजा नहीं था। जब खुद अपने देश में बीमारी की पाबन्दियाँ लगनी शुरू हुईं, तब भी मामला इतना गम्भीर नहीं लगा। बीमारी से ज्यादा वे पाबन्दियाँ ही परेशानी का सबब बनती रहीं।

फिर एक दिन सबकुछ बदल गया। ये मई का महीना था। मेरे चारों तरफ मौत का कोहराम मचा था। हर तरफ चीख-पुकार मची थी। कोई ऑक्सीजन की तलाश में भटक रहा था। किसी को प्लाज्मा चाहिए था। किसी को अस्पताल में जगह चाहिए थी। किसी को आईसीयू बेड चाहिए था। मेरे आसपास लोग मर रहे थे। उनके मरने का रुदन और विलाप पूरी फिजाँ में बिखरा हुआ था। लोग एक-दूसरे से बात करने से परहेज करने लगे थे। अर्थियों को कांधा देने वाले भी पैसे देकर बुलाए जा रहे थे। हर कोई डरा हुआ था। लगता था कि मौत हर किसी के दरवाजे पर बैठी है। बिस्तर के सिरहाने पर इन्तजार कर रही है।

सुबह जब मैं फेसबुक खोलता तो किसी न किसी की मौत की खबर मेरा इन्तजार कर रही होती। कोई अपने किसी बहुत ही प्रिय की मौत की खबर देता। कोई अपनी बीमारी और उन भयंकर दुःस्वप्नों की जानकारी देता जिसका वो शिकार बना रहता। फेसबुक श्रद्धांजलियों, यादों और सहायता के लिए लगाई गई पुकारों से भरा हुआ था। जिन हुक्मरानों पर लोगों ने अपनी जान और जिन्दगियों के लिए भरोसा किया था, उनकी बेजा हरकतों पर लोगों का गुस्सा और भड़ास भी जाहिर हो रही थी।

ऐसी ही एक सुबह मैं जब सोकर उठा तो मुझे लगा कि जैसे मेरा एक कन्धा हड्डियों के उन ढाँचों से बाहर आ गया है, जिसमें कि वह फँसा रहता है। कन्धा उतर गया है। मुझसे करवट बदलते भी नहीं बन रही है। किसी भी पोजीशन में मुझे आराम नहीं मिल रहा है। कोविड का मेरा टेस्ट पॉजिटिव था। मैंने अपने-आप को एक कमरे में बन्द कर लिया। आइसोलेशन शुरू हो गया। पैरों में लगता कि जैसे मांसपेशियाँ फटी जा रही हैं। उधर घर में जब कुकर की सीटी बजती थी तो लगता था कि जैसे कुकर के अन्दर किसी ने रबर की नई चप्पलें बन्द करके उबाल दी हों।

पहले यही कुकर की सीटी जब बजती थी तो पूरा घर उसमें पक रहे मसालों की खुशबू से भर जाता था। अब मुझे लगता कि जैसे मैं चप्पलों की किसी दुकान में चला गया हूँ और वहाँ पर मुझे नई-नई रबर की चप्पलों की खुशबुओं ने जकड़ लिया है। मैं किसी भी चीज पर बहुत ज्यादा देर तक फोकस नहीं कर पाता। मन बहलाव का कोई साधन नहीं था। कुछ देर फेसबुक खोलता। फिर घबराकर उसे चुपचाप बन्द कर देता था। पहले

समय नहीं मिलता, तब सोचा करता कि अगर कभी बीमार हुआ तो चुपचाप बिस्तर पर पड़े रहकर नेटफ्लिक्स और प्राइम पर ढेर सारी फिल्में और सीरीज देखूँगा। लेकिन, मोबाइल एक तरफ पड़ा रहता और उसकी तरफ देखने की हिम्मत भी नहीं होती।

सोते-सोते कई बार साँस उखड़ने लगती। मैं बार-बार बीमारियों के लक्षणों को याद करता। हाँ, सब ठीक हो जाएगा। बस ऑक्सीजन का लेवल कम नहीं होना चाहिए। अगर ऑक्सीजन का लेवल कम होता है तब भर्ती कराए जाने की जरूरत पड़ेगी। मैं बार-बार अपने ऑक्सीजन का लेवल चेक करता। पेट और कमर पर जमा जिस फैट को कम करने के लिए मैं कितना ढेर सारा पैदल चलता था फिर भी वो जिद्दी फैट कहीं जाने का नाम नहीं लेती थी। वो वहीं पर जमकर बैठी हुई थी। हर दिन दस हजार स्टेप भी उसका कुछ नहीं बिगाड़ पा रहे थे। लेकिन, सिर्फ दो दिन में ही वो गायब हो गई। पूरे शरीर से जैसे किसी ने सारी वसा निचोड़ ली थी और मुझे खुद अपना मुँह भी तुतुही जैसा लगने लगा था।

आप समझ सकते हैं कि जब किसी बीमारी से आपके दोस्त, आपके बुजुर्ग, आपके आसपास के लोग मर रहे हों, तब खुद भी उस बीमारी से पीड़ित रहना कैसा लगता है। बहुत सारे लोगों ने इसे भोगा है, इसलिए इस पर ज्यादा क्या कहूँ।

उन भयावह दिनों में मेरा मन न जाने कहाँ-कहाँ भटकता रहता। अक्सर ही वो माउंट किलीमंजारो के आसपास मुझे मिल जाता। सेरेंजेटी के मैदान दूर-दूर तक फैले हुए हैं। नई ताजी घास की तलाश में विल्डबीस्ट और जेब्रा के झुंड दूर-दूर की दौड़ लगा रहे हैं। उनकी ताक में बैठे शेर, लकड़बग्गे, मगरमच्छ जैसे शिकारी जानवर मौका मिलते ही झुंड से अपना हिस्सा वसूल लेते थे। किलीमंजारो की चोटी पर इस समय बर्फ कम थी। वो एक ज्वालामुखी पहाड़ था। उस पहाड़ का मुँह किसी उथले कटोरे जैसा होना ही था। अफ्रीका में उसे ही एकमात्र ऐसी जगह होनी थी, जहाँ पर बर्फ जमा हो सकने लायक ऊँचाई मौजूद रहती। इसी किलीमंजारो के किनारे भटकते हुए मुझे मसाईमारा का कोई योद्धा भी दिख जाता था। वो अपनी लाल रंग की चादर को खास मसाई तरीके से अपने बदन पर लपेटे हुए है। उसके शरीर उन खास रिवाजों और गोदनों से भरे हुए हैं। उसके छिदे हुए कानों में

खास मसाई गहने लटक रहे हैं। वो एक ऊँचा लम्बा मसाई है। रंग उसका चमकदार काला है, बाल बेहद महीन और घुँघराले हैं। उसकी आँखें एक निश्छल चमक से भरी हैं। जब वो हँसता है तो उसके सफेद-सफेद दाँतों की उजली चमक उसके काले रंग के चलते और भी खिलकर बाहर आ जाती है। तभी मेरी नींद टूट जाती है।

मैं जाग जाता हूँ लेकिन मेरी चेतना में किलीमंजारो बना रहता है। क्या मैं कभी वहाँ पर जाऊँगा। उस चोटी पर, जो ज्वालामुखियों के फूटने से बनी हुई है। धरती के अन्दर जमा हुआ लावा पता नहीं कितने लाख सालों तक खदबदाता रहा होगा। फिर अचानक फूट पड़ा होगा। वह धरती पर किसी फोड़े की तरह उगा हुआ था। उसके मुँह से ढेर से सारी पीप और मवाद बहकर बाहर आ रही होगी। और जब अन्दर का सारा मरा हुआ खून बाहर आ गया होगा, जब वो कहीं जाकर शान्त हो गया होगा। अब ऐसे ही शान्त पड़ा है बहुत सालों से। घाव खतम हो गया। बस घाव के निशान रह गए हैं।

थोड़ी भी आँख लगती है तो मुझे खर्राटे आते हैं। इतने ज्यादा कि कई बार मैं खुद ही अपने खर्राटों की आवाज से जाग जाता हूँ। कई बार मैं सोते हुए भी जागता रहता हूँ। खर्राटे खुद मेरे होते हैं और मैं सोचता हूँ कि देखो मेरे बगल में सोया हुआ ये आदमी कितने जोर-जोर से खर्राटे भर रहा है। ऐसे में अगर इस आदमी को करवट दिला दी जाए तो उसके खर्राटे टूट जाएँगे। लेकिन, उसे करवट दिलाए कौन। मैं खुद सोचता कि उसे जगा दूँ। क्या ऐसे पलों में मैं खुद अपने शरीर से अलग होकर खुद को देखता हूँ। बाहर खड़ा होकर, मुझे दिखने लगता है कि ये देखो यह शरीर, यह वहाँ पड़े-पड़े खर्राटे भर रहा है।

इन खर्राटों के साथ-साथ अब नींद में मैं बड़बड़ाने भी लगा हूँ। दोस्तो, आप शायद मेरी इस उलझन को समझ सकें। हर वो आदमी जिसके पास छिपाने के लिए ढेर सारी चीजें होती हैं, वो नींद में बोले गए अपने शब्दों से कितना घबराता है। पता नहीं कौन से शब्द कौन सा भेद खोल देंगे। पर इन सबका आखिर किया क्या जाए। अब तो यह सबकुछ मेरा नसीब बन चुका था।

नीले आसमान में सफेद-सफेद बादलों के बड़े-छोटे टुकड़े तैर रहे थे। मैदान में घास दूर-दूर तक बिखरी हुई थी। घसियाले मैदानों के बीच-बीच में पेड़ों के कुछ छोटे झुरमुट खड़े थे। इसके बाद फिर दूर-दूर तक घास। मेरे आसपास विल्डबीस्ट और जेब्रा और इम्पाला और गैजेल चर रहे थे। घास को दाँतों से काटने की उनकी कुट-कुट की आवाज पूरे मैदान में चारों तरफ बिखरी हुई थी। वे काटते और फिर उसे चबाते। कानों पर बैठने वाली मक्खियों को वे कानों से ही फटकारते। कभी-कभी अपने पूरे थूथन को ही हवा में इधर-उधर घुमाकर मक्खियों को उड़ाते।

दूर किसी नदी में हिप्पो अपने तालाब और हरम की रक्षा करने के लिए तेज आवाज में हर किसी को वहाँ से दूर रहने की चेतावनी दे रहा था। शेरों का एक झुंड जंगली भैसों के इर्द-गिर्द घेरा काटकर एकत्रित होने लगा था। झुंड के शेरों को पता था कि कैसे भैसों के झुंड में भगदड़ मचानी है, कैसे उनमें से किसी एक को किनारे लाना और कैसे उस पर हमला करना है और कैसे उसकी जान ले लेनी है। वे बेहद सटीक तालमेल वाली किसी फुटबॉल टीम की तरह काम करते हैं। जैसे हर खिलाड़ी ने अपनी पोजीशन सँभाली हुई है और इन्तजार कर रहा है कि कब फुटबॉल उसकी तरफ आए और उसे अपना हुनर दिखाने का मौका मिले।

दूर क्षितिज में किलीमंजारो खड़ा है। उसकी ऊपरी चोटियों पर हल्की सफेद चाँदनी साफ दिख रही है। वह इतना ऊँचा है कि हर कहीं से दिख जाता है। हमेशा अपने साथ ही लगता है। कभी दूर नहीं जाता है। पर्वत वो सबसे ऊँचा, हमसाया आसमाँ का। वो संतरी हमारा। वो पासबाँ हमारा। मैदान में एक छोटे-से टीले पर खड़ा होकर एक चीता दूर-दूर तक नजरें दौड़ा रहा है। उसे तलाश है किसी शिकार की। चित्तीदार लकड़बग्घा अपनी माँद से बहुत दूर चला आया है। वो कुछ भी खा सकता है। कोई मरा हुआ जानवर। किसी का मारा हुआ शिकार। और कुछ नहीं मिले तो खुद भी शिकार कर सकता है।

अपनी थूथन से लार टपकाते उसने एक पूरी नजर मेरी तरफ डाली। सीधे मेरी आँखों में देखते हुए वह कुछ देर के लिए शान्त हो गया। उसकी निगाह सवालिया थी। मेरे यहाँ पर होने की उसे उम्मीद नहीं थी। उसकी निगाहों ने पूछा, “अब तुम कौन हो?” इससे पहले कि मैं जवाब देता, वह आगे बढ़ गया। ढेर सारी काली-सफेद धारियों का एक झुंड मुझसे कुछ दूरी

पर ही मौजूद था। यह धारियाँ खुद में इतनी घुल-मिल गई थीं कि इनमें से किसी एक पर निगाह टिकाना भी सम्भव नहीं लगता था।

मैं उनमें से किसी एक को अपनी निगाह की जद में लेने की कोशिश कर रहा था। लेकिन वो मेरी आँखों से फिसल जाती थीं। तभी किसी ने पीछे से मेरी आँखें ढाँप ली। अचानक ही पूरी तरह से अँधेरा छा गया। पूरे मैदान में खामोशी थी। अब वहाँ पर घास को काटने और चबाने की आवाजें नहीं आ रही थीं। पक्षी अपने डालों पर चुपचाप बैठ गए थे।

मेरे कानों में एक फुसफुसाती हुई आवाज आई, "बोलो कौन?"

एक ही झटके में यादों की तमाम रंगतें मेरे सामने बेहद चमकीली हो गईं।

मैंने उसी तरह से जवाब दिया, "ये तुम हो।"

उसने फिर पूछा, "तुम कौन?"

अब मुझसे ज्यादा इन्तजार नहीं सहन नहीं होना था, "तुम रानी हो। वही, रानी जो दिलों पर राज करती है।"

अपनी हथेलियों को मैंने उसके हाथों के ऊपर रख दिया। 'हाँ, ये तुम ही हो। तुम रानी हो। जो दिलों पर राज करती है।'

मेरे कानों में बहुत धीमे-से बुदबुदाते हुए उसने कहा, "जब मैं कहूँ तब आँख खोलना। अभी एकदम चुप रहना।"

ऐसे ही चुप में कुछ पल बीते। फिर उसने कहा, "अब आँख खोल दो।" मैंने अपनी आँखें खोल दीं।

यहाँ पर चारों तरफ ढेर सारा उजाला बिखरा हुआ था। मौसम में धूल थी। आसमान का रंग धूसर था। किसी बड़े शहर का यह एक कस्बा था। सामने एक बड़ी-सी हवेली थी। हवेली के आगे खूब ढेर सारी खुली जगह थी। एक तरफ बैठक थी। एक कोने में लाइन से जानवरों की हौदियाँ लगी हुई थीं। गाय और भैंसें वहाँ पर बँधी हुई थीं।

फ्रॉक पहनकर उछलती-कूदती एक छोटी बच्ची मेरे सामने से होकर भाग गई। कोने में काका गाय दुह रहे थे। उन्होंने अपने दोनों पैरों में बाल्टी फँसा रखी थी। गाय के दोनों पिछले पैरों में उन्होंने पगहा बाँध दिया था। गाय को दुहने से पहले उसके सामने बछड़ा लाया गया था। बछड़े ने थोड़ी देर तक दूध पिया। एक-एक कर काका ने बछड़े के मुँह में चारों थन दिए। वे अपने हाथों से एक थन हटाकर दूसरा वाला बछड़े के मुँह में डाल देते

थे। वो उसी को चूसने लगता था। फिर उन्होंने रस्सी से खींचकर उसे अलग किया और गाय के मुँह के आगे ही बाँध दिया। गाय चुपचाप अपनी चीभ से उसे चाटने लगी।

बाल्टी में रखे पानी से थनों को हल्का-सा धुलने के बाद काका ने दूध दुहना शुरू किया। गाय अपने बच्चे के शरीर पर अपनी जुबान से चाट-चाट कर कंघी कर रही थी। बच्चा मासूमियत और नाराजगी से कभी मुँह फेर लेता तो कभी अपनी माँ के मुँह से मुँह सटाने लगता।

फ्रॉक पहनी वह छोटी बच्ची वहीं पर जाकर बैठ गई। अपने बछड़े को चाटती हुई गाय को उसने बहुत गौर से देखा। फिर जाकर काका की बाल्टी में झाँकने लगी। काका गाय के थनों से दूध की निचोड़ रहे थे। उनकी मुट्ठियों में फँसे थनों से दूध की धार निकल रही थी। यह धारें इतनी तेज थी कि उनकी आवाजें भी आ रही थीं। वह मंत्रमुग्ध-सी होकर उन्हें देखती रही। काका ने एक थन से दूध निचोड़ते हुए उसकी धार उस लड़की के चेहरे की ओर कर दी। लड़की ने मुँह खोल दिया। धार सीधे उसके मुँह में गिरने लगी। कुछ बूँदें नाक और आँख में भी चली गई। उसने अपनी आँखें बन्द कर लीं।

जब से वह नानी के घर आई थी। यह उसका रोज का खेल हो गया था। दूध दुहते समय वह चुपचाप आकर वहाँ बैठ जाती। मुँह खोलती और काका दूध की एक धार उसके चेहरे पर छोड़ देते। और वह अपने मुँह में कच्चे दूध का मीठा स्वाद लेकर लौट आती।

गाय-भैसों के लिए हवेली के एक कोने में खपरैल का ओसारा बना हुआ था। रात के समय यहीं पर वे बँधी रहती थीं। दिन में उन्हें बाहर किया जाता। ओसारे में शाम के समय भैंस बाँधने के साथ ही नीम की पत्तियाँ सुलगा दी जातीं। भैंस अपनी पूँछ को किसी कोड़े की तरह फटकार-फटकार कर शरीर पर बैठी मक्खियों को भगाने में लगी रहती।

वह भैसों की पूँछ को हवा में झटकते हुए बड़े गौर से देखा करती थी। एक दिन तो भैंस के खुरों से उसके पैर कुचले जाने से भी बचे। काका ने तुरन्त ही उसे बचा लिया। फिर वे उसे किनारे ले गए।

उन्होंने धीमे से उसके कान में पूछा, तुमने कभी कपड़े में जान देखी है। वो छोटी बच्ची समझ नहीं पाई। उसने इनकार में सिर हिला दिया। काका ने एक बार इधर-उधर देखा और छोटी बच्ची की छोटी हथेलियों को अपने

हाथों में लिया और उसे अपने कपड़े पर एक जगह रख दिया। देखो हिल रहा है न। कपड़े में भी जान होती है। बच्चे के नन्हें हाथ उसी समय काँपने लगे। क्या हुआ। उसे कुछ समझ नहीं आया। लेकिन, कोई शरम की बात है। उसे पता था।

वो चुपचाप उठी और वहाँ से भाग आई। दृश्य बदल गया। चहारदीवारी के अन्दर ही नीम के एक पेड़ के तने से काका को बाँधा गया था। एक जांघिया को छोड़कर उसके शरीर के सारे कपड़े गायब थे। वह पेड़ के तने से किसी छिपकली की तरह चिपके हुए थे और मामा उसे पीट रहे थे। वो जोर-जोर से चिल्ला रहा था। छोड़ देने की दुहाई दे रहा था। उसके चीखने-चिल्लाने पर मामा का गुस्सा और बढ़ जाता। भैंसों को बाँधने वाले पगहे को अपने हाथों में लपेटकर उन्होंने उसकी पीठ पर नीली-काली धारियों का पूरा जाल बिछा दिया।

घर के अन्दर से ही कई लोग पेड़ से बाँध कर की जाने वाली इस पिटाई को देख रहे थे। एक कोने में वह छोटी बच्ची भी खड़ी थी। उसका पूरा शरीर थर-थर काँप रहा था। उसके चेहरे पर असमंजस के ढेर सारे भाव थे। वह समझ नहीं पा रही थी। कई बार तो उसकी आँखों से भी आँसू उमड़ने को होते। फिर रुक जाते।

उसने धीरे से मेरे कान में कहा। 'क्या तुमने पहचान लिया।' मैं अपने होंठों में ही बुदबुदाया। 'हाँ मैंने पहचान लिया।'

मेरी साँसें रुकने लगी। नींद उचट गई। जैसे सीने पर कोई बोझ रखा हुआ हो। मैं पसीने-पसीने था। हाँ, अभी डोलो खाई थी न। अब पसीना तो आना ही था। घबराहट की उसी अवस्था में मैंने चुपचाप अपनी उँगलियों पर ऑक्सीमीटर लगाया। नहीं, अभी ऑक्सीजन लेवल इतना कम नहीं हुआ है। काम चल सकता है।

मैं चुपचाप लेटे हुए सोच रहा था, अपनी आँखें बन्द करूँ या खोले रखूँ। क्योंकि, दोनों ही अवस्था में उसे कुछ दिखना तो नहीं ही था।

दूसरे दिन यह दर्द मेरी हड्डियों में भी घुसने लगा। रीढ़ की हड्डियों में कोई टीस-सी बनी रहती। पूरा शरीर अकड़ जाता। पैरों के जोड़ किसी

जंग लगे ताले की तरह जाम हो जाते। उन्हें जरा भी हिलाने-डुलाने पर दर्द जोर पकड़ने लगता। मुझसे उम्मीद की जा रही है कि मैं जल्द ही इससे उबर जाऊँगा। ठीक हो जाऊँगा। मेरे खाने-पीने का खयाल रखा जा रहा है। मुझे भी यह चेतना है। इस वक्त को निकाल देना है बस किसी तरह से। हिम्मत नहीं हारनी है। मानसिक मजबूती अगर हो तो बहुत कुछ का सामना किया जा सकता है। ध्यान लगाने से कुछ फायदा हो सकता है। मन को शान्त रखो।

नींद है या बेहोशी। नींद है या उनींदापन। कोई स्वप्न है कि दुःस्वप्न। मेरे दिमाग में बनने वाली छवियाँ धुँधली पड़ने लगी हैं। जैसे किसी आईने पर तेल चपोड़ दिया जाए। आभास पूरा होता है। लेकिन, स्पष्ट कुछ नहीं। नामिब रेगिस्तान में दूर-दूर तक रेत उड़ रही थी। ऊँचे टीलों के किनारे से उड़नेवाली रेत आगे जाकर किसी और टीले का निर्माण करती थी। रेत वही थी, लेकिन टीले अपनी जगह हर कुछ साल में बदल लेते थे। दूर कहीं नामिब रेगिस्तान समुन्दर से जाकर मिलता था। समुन्दर के खारे पानी से उठने वाली नमकीन हवाओं से नामिब की रेत भी हल्की नमकीन हो उठती थी। यहीं कहीं पर हाथियों का एक झुंड पानी की तलाश में भटक रहा है। बबून बन्दरों का एक झुंड उनके पीछे है। उन्हें यकीन है कि हाथी जब अपनी एक-डेढ़ मीटर लम्बी नाक का इस्तेमाल कर पानी को सूँघ लेंगे तो बबून बन्दरों को भी इसका फायदा मिलेगा। शेर अपने प्राइड का अस्तित्व बचाने के लिए किसी शिकार की तलाश में है। किसी पेड़ से गिरने वाले फलों पर गुजारा करने के लिए कई सारे हिरण जमा हो गए हैं।

मैं भी भटकते हुए वहाँ पहुँच गया हूँ। गर्मी से मेरी पूरी देह तप रही है। शरीर का पसीना खतम हो चुका है। सिर से सिर्फ गर्मी निकल रही है। रेत उड़-उड़कर मेरे मुँह पर तमाचे जड़ देती और मैं उनसे मुँह-छिपाता बचता हुआ निकलने में लगा हुआ था। रेत के ढेर में जाकर कहीं पर वह पगडंडी गुम हो गई। मैं एक जगह ठिठक गया। आखिर रास्ता किधर है। इतने में ही मुझे पीछे से फिर किसी ने जकड़ लिया।

उसने अपनी उँगलियों से मेरी आँखें बन्द कर दीं। 'पहचाना।' 'हाँ, पहचाना।' 'मैं कौन हूँ।' 'तुम, तुम हो।' 'तुम कौन।' 'ओह, बाबा, तुम रानी हो।' 'वही रानी जो दिलों पर राज करती है। मैं तुम्हें कुछ दिखाना चाहती

हूँ।' 'अब क्या दिखाना है।' 'बस अपनी आँखें बन्द करके रखना और जब मैं कहूँ तो खोल देना।' अपने होठों में ही बुदबुदाते हुए मैंने कहा, 'ठीक है।'

कुछ पलों का वक्त लगा होगा। फिर उसने मेरी आँखों से अपनी उँगलियाँ हटा लीं। 'अब देखो।' मैंने आँखें खोलीं। सामने नजारा बदला हुआ था। 'वो पार्क देख रहे हो। हाँ। वहाँ पर एक दुकान है। हाँ, है। उसे गौर से देखो।'

पार्क के एक कोने में एक दुकान थी। दुकान में बच्चों की दिलचस्पी की बहुत सारी चीजें थीं। कुछ एक आलमारी में बहुत सारे खिलौने सजे थे। जबकि, कॉमिक्स के ढेर लगे हुए थे। नई कॉमिक्स को एक डोरी में बाँधकर, उन्हें लटकाकर सजाया गया था ताकि दूर से ही उनके चमकीले कवर दिखाई पड़ सकें। पचास पैसे किराए पर वो कॉमिक्स घर ले जाने के लिए मिलती थीं। चौबीस घंटे बाद उन किताबों को वापस करना होता था। ऐसा नहीं करने पर किराया डबल हो सकता था। वो बच्ची किराए पर कॉमिक्स लेने आई है। अब वो कुछ बड़ी हो चुकी है। उसकी फ्रॉक भी बड़ी हो चुकी है। दुकानदार उसके गालों पर चिकोटी काटते हुए और बातों में मिठास घोलते हुए पूछ रहा है, 'कौन सी कॉमिक्स तुम्हें सबसे अच्छी लगती है।' 'सुपर कमांडो ध्रुव वाली।' 'और नागराज।' 'वो भी अच्छी है।' 'डोगा भी।'

दुकानदार अब उसके कन्धों पर हाथ फिराने लगता है। 'हाँ, नई कॉमिक्स आने वाली है। लेकिन, घर ले जाने के लिए नहीं मिलेगी। तुम चाहो तो यहाँ पर बैठकर पढ़ सकती हो।' यह कहकर दुकानदार ने काउंटर का पटरा उठा दिया। लड़की अन्दर चली गई। दुकान अन्दर से दो भागों में बँटी हुई थी। पार्टीशन के अन्दर बहुत सारी चीजें भरी हुई थीं। वहाँ पर एक स्टूल भी रखा हुआ था। दुकानदार ने एक कॉमिक्स उसके हाथ में पकड़ा दी। अन्दर बैठकर पढ़ लो। पूरी दोपहर वो वहीं बैठकर कॉमिक्स पढ़ती रही।

अगले दिन फिर वो आई। दुकानदार ने कॉमिक्स का ढेर उसके आगे कर दिया। बोला 'छाँट लो'। वो कॉमिक्स छाँटने लगी। इतने में उसने लड़की हाथ पकड़ लिया। उसकी पतली-पतली, छोटी-छोटी अँगुलियों को अपनी हथेलियों में जकड़ते हुए उसने पूछा, 'तुम कहाँ रहती हो'। उसने बताया कि पीछे की तरफ एक मकान है। उसने उसके हाथों को छोड़ा नहीं। 'किस क्लास में पढ़ती हो'। 'तीसरी कक्षा में'। 'अरे फिर तो तुम्हारे बहुत सारे दोस्त होंगे'। फिर उसने किसी राजदार की तरह कहा, 'सुपर कमांडो ध्रुव की नई किताब

आई है। लेकिन, घर ले जाने के लिए नहीं मिलेगी। अन्दर आकर पढ़ लो'। लड़की चुपचाप अन्दर चली आई।

अन्दर के पार्टीशन में एक कुर्सी भी मौजूद थी। राज कॉमिक्स की कई किताबें वहाँ थीं। किताबों से ताजे प्रिंट की महक उठ रही थी। वो खुद कुर्सी पर बैठ गया। दुकानदार ने लड़की को एक साथ चार-पाँच कॉमिक्स पकड़ा दीं। 'लो पढ़ लो'। कहता हुआ वह खुद भी कुर्सी पर बैठ गया। लड़की कॉमिक्स हाथ में लेकर इधर-उधर ताक रही थी कि कहाँ बैठे। इतने में ही उसने कन्धे से पकड़कर उसे अपनी तरफ खींच लिया। 'आओ, मेरी गोद में बैठकर पढ़ लो'। उसने खींचकर उसे अपनी गोद में बैठा लिया। लड़की सहम गई। वह अपने शरीर को सिकोड़ने लगी। कॉमिक्स का लालच भी था। उसने पन्ने पलटने शुरू किए। एक तरफ सुपर कमांडो ध्रुव दुनिया को बचाने की मुहिम में निकला हुआ था। वो कुछ देर इस मुहिम में उसकी साझी रही। एक तरफ नागराज की कलाइयों के कोरों से विष उगलते हुए साँप निकल रहे थे। दूसरी तरफ, उसे अपनी पीठ और कन्धे पर दुकानदार की उँगलियाँ महसूस हो रही थीं। वो कभी उसके सिर पर हाथ फेरने लगता तो कभी वो उसके गालों को छूता। उसका नाम पूछता। अपनी गोद में और अच्छी तरह से बैठने के लिए एडजस्ट करता।

कुछ ही देर में लड़की का चेहरा फीका पड़ गया। वो काँपने लगी। कुछ शर्म वहाँ मौजूद थी। वो चुपचाप वहाँ से उठ गई। उसने कॉमिक्स एक किनारे रख दी। दुकानदार ने पूछा, 'क्या हुआ पढ़ोगी नहीं'। वो कुछ नहीं बोली। उसकी निगाहें नीचीं थी। वो चुपचाप वहाँ से उठकर दुकान से बाहर आ गई।

बाहर सबकुछ सामान्य था। दिन के समय पार्क वैसा ही सूना पड़ा हुआ था। उसने इधर-उधर देखा। किसी को उसकी परवाह नहीं थी। वो चुपचाप, मरे हुए कदमों से अपने घर की ओर जा रही थी।

वो मेरे कानों में बुदबुदाई। 'क्या तुमने पहचान लिया।'

'हाँ,' मैं अपने होंठों में ही बुदबुदा रहा था। 'हाँ, मैंने पहचान लिया। मैंने उस दुकानदार को भी पहचान लिया। उस दुकान को भी मैं जानता हूँ।' मेरी बड़बड़ाहट तेज होती जा रही थी। बगल के कमरे से मेरे घरवाले दौड़ते हुए चले आए। हड़बड़ी में वे मास्क पहनना भी भूल गए थे। यह नियम था। मेरे कमरे में पहली बात तो किसी को आना नहीं था। कोई आए भी तो मास्क

पहनकर आना था। फिर कमरे से निकलते ही उसे अपने-आप को अच्छी तरह से सैनीटाइज करना था।

वे मेरे पलंग से थोड़ा दूर ठिठक गए। 'क्या हुआ। क्या हुआ तुम्हें।' मेरी नींद खुल गई। मेरा पूरा शरीर पसीने से भरा हुआ था। आँखें खोलने के बाद भी मुझे कुछ समय लगा। मेरे चेहरे पर अपमान का एक स्वाद भरा हुआ था। आँखें नीची थीं।

मैंने कहा, 'कुछ नहीं, बस लगता है कि सो गया था'।

उन पाँच दिनों में मेरा मन अफ्रीका के जंगलों में भटकता रहा। किलीमंजारो की चोटी को मैंने मैदान के अलग-अलग कोण से देखा। मैं कभी उससे सौ किलोमीटर दूर मौजूद होता। तो कभी उसके एकदम पास आकर उसकी तलहटी में खड़ा हो जाता। ऊपर चढ़ने की कोशिश करता तो मेरी साँसें फूलने लगतीं। ठंड से उँगलियाँ ठिठुर जातीं और शरीर काँपने लगता।

अचानक ही कहीं पर मैं हैरत से ठिठक जाता। फिर वो मेरी आँखें बन्द देती। फिर मैंने कई सारे दृश्य उसकी आँख से देखे। मेरी आँखों को बन्द कर-करके, फिर मेरी आँखों खोलकर वे सारे दृश्य उसने मेरे सामने उजागर कर दिए। वे छिपे हुए नहीं थे। बस दिख नहीं रहे थे।

यह भी उसी ने मुझे दिखाया था। इलाहाबाद के किसी मोहल्ले में यह एक किराए का मकान था। पापा घर पर नहीं थे। उनके दोस्त मिलने आए थे। सोफे पर बैठे थे। अपने हाथों में उन्होंने चॉकलेट पकड़ी हुई थी। चॉकलेट आगे बढ़ाते हुए उन्होंने कहा, 'मेरी गुड़िया चॉकलेट खाएगी'।

वो छोटी बच्ची पहले तो उसे आशंकित नजरों से देख रही थी। फिर उसने चॉकलेट लेने के लिए हाथ आगे किया। इस पर उन्होंने चॉकलेट वाला हाथ पीछे कर लिया। छोटी बच्ची सहमकर पीछे हट गई। फिर उन्होंने आवाज को बहुत दोस्ताना बनाते हुए कहा, 'मेरी गुड़िया, चॉकलेट खाएगी'। छोटी बच्ची उसे लालच से देखती रही। लेकिन, उसने खुद को चॉकलेट से दूर रखना ही बेहतर समझा।

लेकिन, अंकल ने फिर से उसके आगे चॉकलेट बढ़ा दी। इस बार फिर उसने चॉकलेट पकड़ ली। अंकल ने आगे से उसका हाथ पकड़ लिया। फिर

खुश होते हुए उठा लिया। उन्होंने उसके हाथ में चॉकलेट पकड़ा दी। फिर उसे अपनी गोद में बैठा लिया।

'मेरी गुड़िया को चॉकलेट कैसी लगी। लाओ मैं इसका कागज फाड़ देता हूँ'। उन्होंने उसे गोद में बैठाए हुए ही कागज निकाला और चॉकलेट उस छोटी बच्ची को पकड़ा दी। अपनी गोद में बैठाकर वो उसे प्यार करते रहे। इसी में कभी अंकल की दाढ़ी भी उस छोटी बच्ची के कन्धों पर गड़ने लगी। वो गोद में कसमसाती हुई जब उतरने की कोशिश करती तो अंकल की पकड़ थोड़ी सख्त हो जाती। फिर माँ चाय बनाकर ले आई। अंकल की गोद में कसमसाती हुई बच्ची उनकी गोद से कूदकर, छिटककर दूर जा खड़ी होती है। उस समय भी उसके चेहरे पर आशंका, अपमान और शर्म के कुछ भाव आ-जा रहे थे। माँ पहले की ही तरह अपने-आप में गुम रहने वाली थी। वो चाय देकर वहीं सामने बैठ गई।

इस दुनिया में वो किसी मेहमान की तरह थी। उसे कुछ भी परवाह नहीं थी। बस कुछ दिन बिताकर चले जाना है। वो तो अपने कपड़ों तक की सँभाल नहीं कर पाती थी। कभी आँचल ढलक जाता था। कभी ब्लाउज के हुक भी पूरे नहीं लगे हुए होते थे। या फिर ऊपर-नीचे लगे होते। ऐसे में किसी की निगाहें कहाँ से फिसलते हुए, कहाँ पर जाकर, क्या ढूँढ़ते हुए टहलती रहती थीं, इसकी भनक भी शायद उन्हें नहीं लगती थी। लेकिन, वो छोटी बच्ची इसे भाँपने लगी थी। वो इसे समझ गई थी।

कोविड मेरी जान लेने पर तुला था। उसने मेरी भूख छीन ली। मेरा स्वाद छीन लिया। मेरी गन्ध छीन ली। अक्सर ही मंडी हाउस पर मेट्रो बदलते हुए एक कोने में फूड स्टॉल पर बटर में पकते हुए भुट्टे के दानों की खुशबू बिखरी रहती थी। मुझे बटर पसन्द नहीं है। लेकिन, मैं देर तक उस गन्ध में डूबा रहता था। मेरे ऑफिस की इमारत के बगल में जब सलीम उस छिछले फ्राइंग पैन में मक्खन की टिक्की डाल देता और अपने गिलास में तैयार किए प्याज, मिर्च, अदरक और खूब मिलाकर फेंटे गए अंडे और मसाले को उस फ्राइंग पैन में डाल देता तो उसके आसपास ऑमलेट पकने की भीनी-भीनी खुशबू छा जाती थी। मैं कई बार खाता उबले अंडे

था। लेकिन, उसकी दुकान पर बैठे-बैठे उस ढेर सारी खुशबू को चुरा लेता था और उसे पता भी नहीं चलता था। इसके पैसे भी मुझे चुकाने नहीं पड़ते थे।

ठेले पर जब कोई मूँगफली भूनता, तो उस भुनी मूँगफली की खुशबू भी मुझे अपनी ओर खींच लेती थी। लेकिन, कोविड मुझसे वो सारी गन्ध छीन ले गया। हर चीज से मुझे बस रबड़ की नई चप्पलों जैसी गन्ध आती। खास तौर पर जब कुकर की सीटी बजती या कुकर को खोला जाता तो हर बार ऐसा ही लगता कि जैसे इन रबर की चप्पलों को किसी ने कुकर में डालकर उबाल लिया है। उसकी गन्ध से पूरा घर भर जाता। लगता कि जैसे अन्दर ही अन्दर मेरी मौत हो जाएगी।

मैं चुपचाप पलंग पर लेटे इन दिनों को काटने में लगा हुआ था। कुछ देर के लिए फेसबुक खोलता तो वहाँ मची चीख-पुकार को सुनकर, घबराकर वापस लौट आता। क्या मैं भी लोगों को अपना दुख बताऊँ। लोगों को बताऊँ कि मैं भी इसी परेशानी से जूझ रहा हूँ। मुझे भी कोविड ने जकड़ रखा है। क्या होगा उससे। दुख और पीड़ा के इस समुन्दर में अपना भी एक गिलास उड़ेलने में आखिर रखा क्या है।

चुपचाप अपने बिस्तर में पड़े हुए मैं एक बार फिर से अफ्रीका के सवाना में अपना मन लगाने लगा। मेरे लिए यहाँ पर बहुत कुछ था। दूर कहीं पर बबूल के एक पेड़ को हाथी अपने पैरों और सिर की ताकत से गिराने में लगा हुआ था। चित्तीदार लकड़बग्घों ने एक भैंस को चारों तरफ से घेर लिया था। वे बहुत बेरहम कातिल थे। शेरनियाँ अपने शिकार की गर्दन पकड़कर उसका दम घोंट देती है। शिकार का दम टूटने लगता है और वह जमीन पर गिर जाता है। लेकिन, वे उसकी गर्दन को नहीं छोड़ती हैं और कुछ ही देर में शिकार की मौत हो जाती है। जब शिकार मर जाता है तब वे उसे खाना शुरू करती हैं। कहीं दूर से शिकार होता हुआ देखकर झुंड का मुखिया शेर अपने अयालों को लहराता हुआ चला आता है। शिष्टाचारवश शेरनियाँ दूर हो जाती हैं। सबसे पहले मुखिया शेर को खाना खाना है।

पर चित्तीदार लकड़बग्घे शिकार को जिन्दा ही खाना शुरू कर देते हैं। झुंड के बीच फँसी भैंस एक तरफ से उन्हें भगाने की कोशिश करती कि पीछे से कोई उसे काट जाता। वो थक चुकी थी। सहायता के लिए वो अपने

झुंड को आवाज दे रही थी। लेकिन, झुंड उसके करीब नहीं था। पता नहीं उनके पास तक उसकी आवाज पहुँच भी रही थी या नहीं।

यह दृश्य बहुत ही जुगुप्सा पैदा करने वाला था। लकड़बग्घे पूरी तरह से भैंस पर हावी हो गए थे। उसमें से किसी एक ने उसके पेट के पास लगातार हमले करके उसे फाड़ दिया था। वो जमीन पर गिर पड़ी थी। चारों तरफ से घेरकर उन लोगों ने उसे खाना शुरू कर दिया। वो बीच-बीच में हाथ-पैर फेंकने लगती। चिल्लाती भी। पर कौन उसकी पुकार सुनता।

मैंने अपनी आँखें बन्द कर लीं। फिर किसी ने उस पर अपनी उँगलियाँ रख दीं। मैंने तुरन्त पहचान लिया। इससे पहले कि वो पूछे, मैंने बोलना शुरू कर दिया। 'तुम रानी हो। तुम वही रानी हो जो दिलों पर राज करती हो। बोलो ठीक है या नहीं'।

'हाँ, तुमने एकदम ठीक पहचाना'। उसने अपनी उँगलियों को मेरी आँखों पर और भी तेजी से कस दिया। 'अभी आँखें मत खोलना। मुझे कुछ दिखाना है'।

मेरी आँखें बन्द करके उसने मुझे घुमा दिया। फिर उसने कहा कि अब आँखें खोलो। मैंने अपनी आँखें खोल दीं। अरे, इस जगह को तो मैं पहचानता हूँ। मुझे इसका एक-एक कोना याद है। मोहल्ले से गुजरते हुए यह सड़क गंगा जी तक जाती है। गंगा की तरफ जाने के चलते एक ढलान बनी हुई है। वहीं पर एक मकान दिखा मुझे। इस मकान में कई सारे किराएदार रहते हैं। मकान मालिक के एक बेटे ने एक किराने की एक दुकान खोली हुई थी।

मकान को किराएदारों के रहने के हिसाब से ही बनाया हुआ था। यहीं पर दो कमरों के एक सेट में वो रहती थी। अपने माँ-बाप के साथ। उसकी तीन छोटी बहनें नानी के यहाँ पल रही थीं। पिता एक भाई के लिए अथक प्रयास कर रहे थे। अपने अथक प्रयासों में कई बार इतने ज्यादा मशगूल और एकाग्र हो जाते कि वीडियो प्लेयर में से कैसेट निकालना भी भूल जाते। ऐसे में उन वीडियो में मौजूद रहस्यों की हल्की और महीन झलक उसे मिल चुकी थी। लेकिन, इसका पूरा खुलासा होना अभी बाकी थी।

मकान मालिक के दुकानदार बेटे ने एक दिन उसे वीडियो गेम खेलने के लिए बुलाया। उसके कमरे पर कोई नहीं था। रानी के पिता जी का भी टूर लगा हुआ था। माँ अन्दर सोई हुई थी। वो धीरे से अपने कमरे से निकल गई। गलियारा पार करते ही वह उसके कमरे में पहुँच गई। उसने टीवी की

आवाज म्यूट कर दी। दोनों वीडियो गेम खेलने लगे। कोई भाग रहा था, कोई दौड़ा रहा था। जीतने पर कुछ ईनाम मिलने थे। हारने पर मौत मिलनी थी। इसलिए कोई हारना नहीं चाहता था।

इतने में ही मकान मालिक के दुकानदार बेटे ने धीरे से वीडियो प्लेयर में एक दूसरा कैसेट लगा दिया। इस वीडियो में लोग बिना कपड़ों के मौजूद थे। वे कुछ ऐसी क्रियाओं में लगे हुए थे, जिनके बारे में उसे आभास तो था, लेकिन टुकड़े-टुकड़े में। उसके पूरे शरीर पर थरथरी दौड़ने लगी। वह चुपचाप उठी और बाहर जाने लगी। मकान मालिक के बेटे ने उसका हाथ पकड़कर उसे बैठा लिया। उसके चेहरे पर परेशानी और शर्मिंदगी के भाव देखकर उसने तुरन्त ही वीडियो बन्द कर दी। उससे माफी माँगने लगा। बोला, अब ऐसा नहीं होगा। तुम तो मेरी अब दोस्त बन गई हो।

वह चुपचाप वहाँ से चली आई। लेकिन, इस सिलसिले को रुकना नहीं था। कुछ दिनों बाद दोबारा उसने वीडियो गेम खेलने के लिए बुलाया। कहा कि अब वैसा नहीं होगा। वह चली गई। लेकिन, इस बार उससे ज्यादा हुआ। उसने चुपचाप वीडियो चला दी और उसके पास आकर बैठ गया। उसने उसके हाथों को अपने हाथों में पकड़ लिया। उन हथेलियों को सहलाने लगा। फिर उसने उसके कन्धे पर हाथ रख दिया। रानी ने अपने पूरे शरीर को कड़ा कर लिया। वो झुककर दोहरी होने लगी। अपने मुँह को आगे बढ़ाकर उसने उसके गालों को चूम लिया। फिर गर्दन के पास अपना मुँह गड़ाने लगा। उसके हाथ शरीर पर इधर-उधर भटकने लगे। जब वे छातियों तक पहुँचे तो रानी काँप उठी। उसका पूरा शरीर कसमसाने लगा। उसने पूरा जोर लगाया। वहाँ से उठने की कोशिश की। लेकिन, उसने उसे छोड़ा नहीं। उसने कुछ बोलना चाहा। लेकिन, मकान मालिक के दुकानदार बेटे ने अपने हाथों से उसका मुँह बन्द कर दिया।

पूरी जोर-जबरदस्ती से वो उसके ऊपर चढ़ गया। रानी लकड़बग्घों के बीच में फँसे हुए किसी शिकार की तरह सहमी हुई थी। उसे अपनी पुकार किसी के सुने जाने की उम्मीद नहीं थी। फिर भी वो किसी को मदद के लिए पुकारना चाहती थी। लेकिन, कौन। वहाँ पर कोई नहीं था। खैर, कुछ देर में उसने उसे छोड़ दिया। तूफान गुजर गया था। वो माफी भी माँगने लगा। बोला, अब ऐसा नहीं होगा। लेकिन, इस सिलसिले को बन्द कहाँ होना था।

वो अगर उससे कुछ दिन बात करना बन्द कर देती तो वो कहता कि फिर वो सब लोगों को बता देगा। हर कोई जान जाएगा। रानी चुप रह जाती।

वो अक्सर उसके कमरे में भी चला आता। मकान मालिक का बेटा था। घर तो उसी का था। चेष्ठा भले ही उसकी अनधिकार थी। लेकिन, वह पूरे हक के साथ बैठा रहता।

सिलसिला, तब थमा, अमरनाथ को इसका आभास हुआ। जब उन्होंने घर बदल लिया।

ये पता नहीं कौन सी जगह थी। इसकी दीवारें और छतें भी किसी अजनबी की तरह मुझे घूर रही थीं। इसके एक बिस्तर पर मैं चित लेटा हुआ था। बिस्तर के सिरहाने एक तरफ ऑक्सीजन का सिलेंडर लगा हुआ था। इसका मास्क मेरे मुँह पर था। पतली छोटी नलियों से ऑक्सीजन आ रही थी और मेरे फेफड़े उस ऑक्सीजन को छानकर उसके छोटे-छोटे कणों को पूरे शरीर में पहुँचा रहे थे।

अजीब-सा अहसास हो रहा था। एक तरफ माथे पर पसीने की बूँदें थीं। सिर पसीने से तर था। बाल पसीने से भीगे हुए थे। लेकिन, पीठ पूरी तरह से ठंडी थी। ऐसा लगता था कि पीठ ठंड से अकड़ गई है। वहाँ तक कोई गरमाहट नहीं पहुँच रही है। अँगुलियों के पोर भी एकदम ठंडे लगते और काले पड़ते जा रहे थे। नाखून जो हमेशा अपनी रक्तिम आभा देते थे, इस समय काले बैंगनी हो रहे थे।

रात का कोई वक्त रहा होगा। शायद एक या दो बजे होंगे। या फिर तीन। अचानक से मेरी नींद टूट गई। ऐसा लगा कि कोई मेरे बालों में हाथ फेर रहा है। मैंने चुपचाप आँखें खोली। मेरे सिरहाने पर वो बैठी थी। मेरे बालों पर अपनी उँगलियों से कंघी करते हुए। पहले कभी वो मेरे बालों को बिखेर देती थी।

उसने कहा, "पहले तुम्हारे बाल भूरे थे न।"

मैंने कुछ चिढ़ते हुए कहा, "हाँ, कभी हुआ करते थे।"

वो बोली, "तुम अब बालों को कलर क्यों नहीं करते। ऐसे ही छोड़ दिया है। इतनी कम उम्र में बुड्ढे लगने लगे हो।"

यह सवाल मुझसे पहले भी कई लोग पूछ चुके थे। मेरे होठों के कोनों पर एक व्यंग्य भरी क्षीण सी मुस्कान आई—अब क्या करना है बाल काले करके। जिस उम्र में जो बालों का रंग होता है, उन्हें वैसा ही होना चाहिए।

वो कुछ नहीं बोली। बस बालों पर हाथ फिराती रही। मेरे बाल भीगे और चिपचिपे थे। वो बोली—"तुम्हारे बाल पहले भी कितने मुलायम थे।"

मुझे अब कुछ चिढ़ सी हो रही थी, "आखिर तुम मुझसे चाहती क्या हो। क्यों आ जाती हो, तुम हमेशा।"

उसके चेहरे पर नाराजगी नहीं थी—"तुम वो पहले थे, जिसे मैंने छुआ था। तुम वो पहले थे, जिसे मैंने चाहा था कि वो मुझे छुए। बाकी, उससे पहले ही कई लोग मुझे छू चुके थे। वे हरदम मुझे नोंचने की फिराक में लगे रहते थे।"

मेरी आवाज में भी थोड़ी नमी बैठ गई, "क्या तुम मुझसे प्यार करती थी।"

वो बोली, "उस समय जो मेरी उम्र थी, उसमें तुम कह सकते हो कि हाँ। मैं तुम्हें पाना चाहती थी। पर पता नहीं प्यार क्या होता है। वो अभी तक तो कहीं मिला नहीं। इसलिए ठीक से कह नहीं सकती। अगर कभी मिला तो जरूर बताऊँगी।"

मैं चुप हो गया। हमारे बीच कुछ वक्त यूँ ही बीत गया। वो चुपचाप मेरे सूखे हुए मुँह को देख रही थी। मेरे होठों पर पपड़ियाँ पड़ी हुई थीं जिन्हें मैं अपनी जुबान फिरा-फिराकर मुलायम करने की कोशिश करता। जब वे मुलायम हो जातीं तो मैं उन्हें अपने दाँतों के बीच फँसाकर अन्दाज लेता कि वे अभी त्वचा से पूरी तरह अलग हुई हैं या जुड़ी हुई हैं। अगर वे अलग हो चुकी होतीं तो मैं उन्हें अपने दाँतों से खींचकर अलग कर देता। लेकिन, कई बार मेरे अन्दाजे गलत हो जाते। वो पपड़ी त्वचा से जुड़ी होती। जब मैं उसे खींचता तो अन्दर से खून निकल आता। होंठ फट जाते। उनमें दरारें पड़ जातीं।

उसने मेरे चेहरे पर हाथ फेरा। फिर मेरा माथा सहलाया। बोली, "डरो नहीं, तुम मरोगे नहीं। तुम जिन्दा रहोगे। अभी तुम्हें बहुत कुछ कहना है। तुम्हारे शब्दों से लोग अभी बहुत कुछ जानेंगे। तुम यहाँ से सही-सलामत जाओगे।"

मैंने अपनी बुझी हुई आँखों और क्षीण मुस्कान से उसे देखा। वह सीधे मेरी आँखों में देखने लगी। "क्या तुम भी मुझे प्यार करते थे।"

मैं चुप रहा। इतने साल हो गए। मैंने इस सवाल पर कभी सोचा नहीं। अब यह अचानक ही मेरे सामने इस तरह से आ खड़ा हुआ। बोला,"तुम

अच्छी थी पर मैं बहुत छोटा था। उम्र में तो शायद तुमसे कुछ बड़ा होऊँ। लेकिन, तुमने जीवन को बहुत करीब से देखा-भाला था। मैं हमेशा ही तुमको अपने से ऊँचा समझता रहा। तुम रानी थी। मैं वहाँ तक पहुँच नहीं सकता था। शायद तुम मुझे फुसलाना चाहती थी। लेकिन, तुम हमेशा मेरे साथ रही।"

मैंने अपने गालों पर ठीक उस जगह हाथ रखा जहाँ पर वह अधूरा चुम्बन जड़ा हुआ रखा था। "तुम हमेशा मेरे साथ रही। ठीक यहीं पर। ये कभी गायब नहीं हुआ। मेरे साथ बना रहा। तुम अब कहाँ रहती हो।"

वो बोली, "फिक्र मत करो। मैं तुमसे मिलूँगी। शायद, कभी ऐसा होगा। तुम मेरे सामने होगे। और हाँ, इस बार मुझसे ज्यादा तवज्जो अपनी पतंग को मत देना। नहीं तो मेरे पास एक जादू है। जादू डालकर मैं उसे फिर से नीम के पेड़ में फँसा दूँगी। जब मिलूँगी, तुम मुझे पहचान जरूर लेना।"

फिर वो चली गई।

दो-तीन दिन बाद मैं सही-सलामत घर वापस आ गया। कमजोर था। मुझसे चला नहीं जाता था। दो कदम में ही हाँफने लगता था। अपने हाथ ही लकड़ियों—जैसे लगते थे। एक-एक सीढ़ी पर हाँफता और रुकता था। पर मैं जिन्दा था। मेरे आसपास के बहुत सारे लोग मर चुके थे। कई बार उनकी अर्थियों को कांधा देने वाला भी कोई नहीं था। वे अन्तिम संस्कार के लिए अपने परिजनों का इन्तजार करते रहे थे।

लेकिन, मैं बच आया था। मेरी उँगलियाँ काँपती थीं पर पैन पकड़ने भर की ताकत अब इनमें आ चुकी थी। उससे पहले मैंने बहुत कुछ लिखा। उसके बाद भी मैंने बहुत कुछ लिखा। किताबों पर कुछ भी लिखने के मैं बहुत खिलाफ रहा।

पर इस बार मैंने ये कसम तोड़ी। मेरे पास कॉलिन्स की मोटी-सी डिक्शनरी है। एन एल्फाबेट के अन्तिम पेज पर मुझे निम्फोमैनियाक शब्द मिल गया—एन एबॉर्मली इंटेंस एंड परसिस्टेंट डिजायर इन ए वोमेन फॉर सेक्सुअल इंटरकोर्स।

ये अक्षर बहुत छोटे थे। मेरे हाथ काँपते थे। मैंने उन्हीं काँपते हुए अक्षरों से उसी अन्तिम पेज की बची हुई जगह पर लिखा—'निम्फोमैनियाक : ए सोसाइटी व्हेयर मेल्स हैविंग अनकंट्रोलेवल एंड एक्सेसिव सेक्सुअल डिजायर।'

□□□